Hintergründe & Infos

① Der Westen

② Der Norden

③ Der Osten

④ Der Süden

⑤ Ertholmene (Erbseninseln)

Kleiner (Rad-)Wanderführer

UNTERWEGS MIT ANDREAS HALLER

Auf der Hitliste Bornholmer Merk-, Denk- und Sehenswürdigkeiten nehmen die sogenannten Wackelsteine einen bescheidenen Rang ein. Warum, mag dahingestellt sein; vermutlich liegt es jedoch an der Tatsache, dass die Steine auf den

ersten Blick unspektakulär wirken. Einmal bin ich sogar versehentlich mit dem Rad an einem Wackelstein vorbeigefahren. Und das, obwohl an der Straße eigens ein Schild mit der dänischen Aufschrift *rokkesten* auf das Objekt hinwies. Aber was, zum Kuckuck, ist eigentlich ein Wackelstein?

Wackelsteine sind Granitfindlinge aus der letzten Eiszeit. Sie wurden von den Gletschern rund geschliffen und über die Erdoberfläche geschoben. Nach der großen Eisschmelze blieben sie ganz einfach liegen, und wenn an bestimmten Stellen erhebliche Kräfte auf die tonnenschweren Brocken einwirkten, konnten sie gefährlich kippeln, schaukeln und wackeln. Im 19. und 20. Jh. rückten die drei verbliebenen Findlinge auf Bornholm in den Fokus der wachsenden Freizeitwirtschaft und mauserten sich zu veritablen Ausflugszielen. Gestandene Männer probierten sich an ihnen – unter den bewundernden Blicken des schönen Geschlechts. Allerdings man muss schon wissen, wo genau die Kraft zu walten hat. Viel Glück beim Ausprobieren!

Text und Recherche: Andreas Haller **Lektorat:** Anja Elser, Nicola Braun (Überarbeitung) **Redaktion:** Heike Dörr **Layout:** Susanne Beigott **Karten:** Janina Baumbauer, Annika Diedrich, Judit Ladik, Annette Seraphim, Gábor Sztrecska **GIS-Consulting:** Rolf Kastner **Fotos:** Andreas Haller **Grafik S. 10/11:** Johannes Blendinger **Covergestaltung:** Karl Serwotka **Covermotive:** oben: Sandstrand bei Balka, unten: Inselhauptstadt Rønne, gegenüberliegende Seite: Windkraftanlagen im Süden Bornholms (alle Andreas Haller)

2., KOMPLETT ÜBERARBEITETE UND AKTUALISIERTE AUFLAGE 2016

BORNHOLM

ANDREAS HALLER

Bornholm – Die Vorschau   12

Bornholm – Hintergründe & Infos   16

Landschaft und Geologie   18

Die Küste – Klippen und Sandstrände 18	Das Zentrum – Hügel und Wälder 19
	Eiszeitliches Erbe 20

Pflanzen und Tiere   22

Inselflora 22	Inselfauna 23

Geschichte   25

Vor- und Frühgeschichte 25	Bornholm im Zweiten Weltkrieg 30
Bornholm im Mittelalter 27	
Der Kampf um die Ostsee 28	Von der Nachkriegszeit bis heute 31
Wirtschaft und Handwerk im 18./19. Jh. 29	

Kunst und Kultur   33

Felszeichnungen, Bauta- und Runensteine 33	Bildende Kunst 38
Mittelalterliche Kirchen 35	Kunsthandwerk 39
Historische Vierseithöfe 36	Literatur 41

Klima und Reisezeit   44

Anreise   46

Anreise über Rügen 47	Anreise mit dem Flugzeug 49
Anreise über Kopenhagen 48	Anreise mit dem eigenen Boot 50

Unterwegs auf Bornholm   52

Mit dem eigenen Auto 53	Mit dem Schiff 56
Mit dem Wohnmobil 54	Mit dem Fahrrad 56
Mit dem Bus 54	Taxis und Mietfahrzeuge 57

Übernachten   58

Ferienhäuser 59	Jugendherbergen 61
Hotels und Pensionen 60	Campingplätze 61

Essen und Trinken _____ 62

Gutes aus dem Lebensmittelregal	63	Frokost zum Mittagessen	65
		Restaurantbesuch am Abend	66
Bornholmer Fischspezialitäten	64	Getränke	67

Feste und Feiertage _____ 68

Die wichtigsten Sommerevents im Überblick	69	Feiertage	70

Kultur auf einen Blick _____ 70

Sportliche Aktivitäten _____ 72

Angeln und Sportangeln	72	Wandern und Radfahren	74
Golf und Minigolf	73	Wassersport	75
Klettern	74	Wellness	75
Reiten	74		

Auf einen Blick _____ 76

Bornholm – Reiseziele _____ 78

Der Westen _____ 80

Rønne	81	Arnager	91
Store Torv (Marktplatz)	83	Nylars	92
Hjorths Fabrik (Keramikmuseum)	85	Vestermarie	94
		Klemensker	94
Erichsens Gård	85	Nyker	95
Kulturhistorisk Museum	86	Hasle	96
Hauptwache	86	Grønbechs Gård	97
Rønne Theater	86	Hasle Kirke	97
Rønne Fæstning (Forsvarsmuseum)	87	Rund um Hasle	99
Rund um Rønne	90		

Der Norden _____ 100

Die Küste nördlich von Hasle	101	Jons Kapel	102
Helligpeder	102	Vang	104
Teglkås	102	Rund um Vang	106

Festung Hammershus	107	Die Küste zwischen Allinge	
Geschichte	109	und Gudhjem	121
Rundgang	110	Sandkås	121
Halbinsel Hammeren	111	Tejn	122
Hammerodde	112	Helligdomsklipperne und Døndal	123
Salomons Kapel	112		
Hammer Fyr (Leuchtturm)	112	Bornholms Kunstmuseum	125
Hammer Havn	113	Abstecher ins Hinterland	126
Sandvig	114	Rø	126
Allinge	116	Olsker	126
Rund um Allinge	120	Rutsker	129

Der Osten _____ 130

Gudhjem	131	Svaneke	143
Oluf Høst Museum	133	Rund um Svaneke	150
Gudhjem Kirke	133	Die Küste zwischen Svaneke und Nexø	151
Gudhjem Museum	134		
Rund um Gudhjem	138	Årsdale	152
Melsted	138	Abstecher ins Hinterland	153
Die Küste zwischen Gudhjem und Svaneke	140	Paradisbakkerne	153
		Ibsker	154
Saltuna	140	Østermarie	155
Bølshavn	141	Østerlars	156
Listed	142		

Der Süden _____ 158

Nexø (Neksø)	159	Dueodde	171
Andersen Nexø Hus	161	Die Küste zwischen Dueodde und Arnager	173
Nexø Museum	161		
DBJ Museum	162	Østre und Vestre Sømarken	174
Nexø Kirke	162	Boderne	175
Sommerfuglepark	162	Abstecher ins Hinterland	176
Bright Park Bornholm	163	Poulsker	176
Rund um Nexø	165	Pedersker	177
Die Küste zwischen Nexø und Dueodde	167	Åkirkeby	178
		Åkirke	180
Balka	167	NaturBornholm	181
Snogebæk	169	Rund um Åkirkeby	182

Almindingen	183	Lilleborg	186
Ekkodalen	185	Bornholms Brand Park (Trabrennbahn)	187
Gamleborg	186		
Rytterknægten	186		

Ertholmene (Erbseninseln) _____ 188

Christiansø	193	Græsholm	197
Frederiksø	195		

Kleiner Wanderführer für Bornholm 198

Tour 1	Wanderung an der Küste von Rønne nach Hasle	203
Tour 2	Runde um die Halbinsel Hammeren	205
Tour 3	Auf dem Drahtesel zu den Höhepunkten im Norden Bornholms	207
Tour 4	Zu Fuß von Gudhjem zu den Helligdomsklipperne	211
Tour 5	Fahrradrunde von Gudhjem zu Rø Plantage und Spellinge Mose	213
Tour 6	Wanderung von Gudhjem ins Kobbeådalen	215
Tour 7	Küstenwanderung von Svaneke nach Nexø	217
Tour 8	Paradisbakkerne – Wandern im Paradies	219
Tour 9	Strandwanderung an der Südküste Bornholms	221
Tour 10	Wanderung durch Almindingen – grünes Herz der Insel	223

Alle Wanderungen sind mittels GPS kartiert. Waypoint-Dateien zum Downloaden unter: www.michael-mueller-verlag.de/gps

---

Etwas Dänisch _____ 227

Register _____ 235

 Mit dem grünen Blatt haben unsere Autoren Betriebe hervorgehoben, die sich bemühen, regionalen und nachhaltig erzeugten Produkten den Vorzug zu geben.

Kartenverzeichnis

Bornholm Übersicht _____ vordere Umschlagsklappe

Rønne _____ hintere Umschlagsklappe

Allinge	119	Ermholmene (Erbseninseln)	191
Buslinien	55	Fährverbindungen	51
Der Norden	102	Geologische Karte	21
Der Osten	132	Gudhjem	137
Der Süden	160	Nexo	164
Der Westen	82	Svaneke	148/149

Wanderkarten

Übersicht der Touren	202
Tour 1: Wanderung an der Küste von Rønne nach Hasle	204
Tour 2: Rund um die Halbinsel Hammeren	206
Tour 3: Höhepunkte im Norden Bornholms	209
Tour 4: Helligdommen und Døndal	212/213
Tour 5: Rø Plantage und Spellinge Mose	214
Tour 6: Von Gudhjem ins Kobbeådalen	217
Tour 7: Von Svaneke nach Nexø	218
Tour 8: Paradisbakkerne	220
Tour 9: Wanderung an der Südküste	222/223
Tour 10: Almindingen	224

Zeichenerklärung für die Karten und Pläne

Alles im Kasten

Bornholms Trolle: Nachrichten aus der Sagenwelt I	26
Bornholmer Höhenflüge	32
Universelle Orientierung	37
Bornholms Trolle: Nachrichten aus der Sagenwelt II	42
Die Guldgubber von Sorte Muld	84
Trolle, Meerjungfrauen und Fabelwesen: Der Steinpark bei Nylars	93
Hotel Jons Kapel	103
Leonora Christina Ulfeldt: Prinzessin, Landesverräterin und Hexe	108
Gräber und Skulpturen: Künstlerisches Vermächtnis zweier Bildhauer	128
Wo die Zeit „herkommt"	132
Wie kommen die Hufspuren an die Kirchhofmauer?	178
Das Wisent-Projekt: Wie Wildrinder zur Renaturierung beitragen	184
Freiheitskämpfer in Gefangenschaft: Szenen aus dem Arresthaus	196

Was haben Sie entdeckt? Haben Sie eine ein gemütliches Restaurant, eine schöne Wanderung oder ein nettes Ferienhaus entdeckt? Wenn Sie Ergänzungen, Verbesserungen oder neue Tipps zum Buch haben, lassen Sie es uns bitte wissen!

Schreiben Sie an: Andreas Haller, Stichwort „Bornholm" | c/o Michael Müller Verlag GmbH | Gerberei 19, D – 91054 Erlangen | andreas.haller@michael-mueller-verlag.de

Vielen Dank! Für die Unterstützung bei der Recherche für diesen Reiseführer bedanke ich mich bei den Mitarbeiterinnen und Mitarbeitern des *Bornholms Velkomstcenters* in der Inselhauptstadt Rønne. Ebenfalls bedanken möchte ich mich bei den Bornholmern, die mir mit Tipps und Hinweisen weitergeholfen haben. Ein besonderer Dank geht an Steffen Fietze für die Erstellung des Kleindiagramms auf Seite 45.

Wohin auf Bornholm ?

(1) Der Westen → S. 80

Rønne ist immer einen Besuch wert. Neben dem alten Ortskern rund um die Nikolaikirche locken sehenswerte Museen, u. a. ein traditionelles Bürgerhaus und eine Keramikmanufaktur. Ein Wanderweg entlang der Westküste, vorbei an romantischen Badestellen, verbindet den Inselhauptort mit Hasle, bekannt durch die idyllisch gelegene Fischräucherei. Im Hinterland setzen zwei Rundkirchen die wichtigsten architektonischen Akzente.

(2) Der Norden → S. 100

Im wildromantischen Norden läuft die Landschaft Bornholms zur Hochform auf. Zu den Urlaubshöhepunkten zählt sicherlich ein Spaziergang über die Halbinsel Hammeren. Aber auch das Städtchen Allinge mit seinen pittoresken Fachwerkhäusern lohnt den Besuch. Wichtige Ausflugsziele sind ferner die Ruine Hammershus und das Kunstmuseum unweit der Helligdomsklipperne. Letztere gelten als höchste Steilküste Dänemarks.

(3) Der Osten → S. 130

An der Nordostküste gelingt Gudhjem und Svaneke die perfekte Mesalliance zwischen skandinavischem Flair und mediterranem Ambiente. Nicht umsonst zählen beide Orte zu den wichtigsten Tagesausflugszielen. Dazwischen verführt die hinreißende Schärenküste dazu, die Beine in die Hand zu nehmen oder sich in den Sattel zu schwingen. Einen architektonischen Paukenschlag landet im Hinterland die Rundkirche von Østerlars.

④ Der Süden → S. 158

Der flache Süden der Insel eignet sich am besten für ausgedehnte Radtouren. Auch für Wasserratten bietet die Südküste zahlreiche Wohlfühlzonen mit reichlich Sand, Dünen und Kiefernwald. Fast alle Straßen führen in die Inselmitte nach Åkirkeby; das Städtchen sollte man keinesfalls links liegen lassen. Nördlich davon erstreckt sich das Waldgebiet Almindingen mit anmutigen Talauen und der höchsten Erhebung Bornholms.

⑤ Ertholmene (Erbseninseln) → S. 188

Die kleine Inselgruppe nordöstlich von Bornholm versprüht einen Hauch von Exklusivität. Der herbe Charme der einstigen Militärfestung zieht Tagesbesucher und Übernachtungsgäste in ihren Bann, Natur und Kultur verbinden sich zu einem Gesamtkunstwerk. Lediglich die beiden bewohnten Hauptinseln Christiansø und Frederiksø mit ihren Mauern und Kasematten dürfen überhaupt betreten werden, der Rest steht unter Naturschutz.

Bornholm: Die Vorschau

Ein göttliches Stück Erde

Als nach biblischen sieben Tagen der Herrgott sein Werk vollendet hatte, war noch etwas Material übrig. Er formte es, warf es ins Meer und schuf daraus Bornholm – die Krone der Schöpfung. Das Eiland in der Ostsee ist wahrhaftig ein göttliches Stück Erde. Die heute zu Dänemark gehörende Insel wirkt wie ein Skandinavien en miniature: Anmutig schmiegen sich frisch getünchte Fachwerkhäuser an enge Hafenbecken, in denen Fischerboote und Segeljachten vor Anker liegen. Im Norden ist die Küste steil, in den Felsklippen wohnen Seevögel. Im Süden hingegen locken lange Sandstrände zum Baden. Das Hinterland ist von Felsspalten durchzogen, Moore und Heide laden zu Wanderungen und Radtouren ein, rund ein Viertel der Insel ist von Wald bedeckt. Hin und wieder wachen mittelalterliche Kirchen von einsam gelegenen Hügelsolitären über die Küste und ihre Bewohner. Und an manchen Tagen reicht der Blick von den Aussichtspunkten bis zu den Erbseninseln weit draußen im Meer.

Mallorca des Nordens

Wer hier wohnt, ist privilegiert, denn Bornholm verzeichnet durchschnittlich zwei bis drei Sonnentage mehr als die übrigen Gebiete Dänemarks. „Capri des Nordens" oder „Mallorca des Nordens" wird die Sonneninsel in der Ostsee deshalb auch genannt. Das Flair in den Hafenstädtchen ist mitunter mediterran, in den Gärten gedeihen Pflanzen, die sonst eher am Mittelmeer heimisch sind. Bornholms ausgezeichneter Ruf als Badeziel überrascht daher wenig. Bei Wasserratten sehr beliebt sind die langen Sandstrände im Süden zwischen Dueodde und Arnager, der Sand ist hier so feinkörnig, dass er als Füllung für Sanduhren verwendet wurde. Kaum weniger populär ist der Sand-

„Skandinavien en miniature"

strand von Balka mit dem einzigen Wassersportzentrum der Insel. Weitere einladende Strände finden Sonnenanbeter an der Westküste sowie ganz im hohen Norden in Sandvig. In Svaneke und Dueodde ist das Wasser am saubersten; hier weht seit Jahren die „Blaue Flagge" – das internationale Ökolabel prämiert vorbildliche und nachhaltig bewirtschaftete Badezonen.

Auf Rappen und Rädern

Am besten lässt sich die vielfältige Landschaft Bornholms auf zwei Rädern, mit dem Pferd oder zu Fuß erschließen. Denn manch märchenhaft gelegenes Ausflugsziel liegt nicht immer bequem an der Landstraße, sondern mitten in der Walachei. Zu den Granitfelsen der Halbinsel Hammeren oder den Klippen von Jons Kapel führen schmale Pfade; die Attraktionen im drittgrößten Wald Dänemarks (Almindingen) entdeckt man am besten mit dem Fahrrad oder ebenfalls auf Schusters Rappen; die Felsformationen an der Schärenküste sowie manch botanische Rarität genießt man beim entspannten Spaziergang. Küstenpfade und Fahrradwege sind gut markiert, sodass kürzeren oder längeren Exkursionen nichts im Weg steht. Ausflugskioske oder Cafés sind ebenfalls zur Genüge vorhanden. Und zur Not tut es auch ein lukullisches Picknick im Freien.

Inselgeheimnisse

Hügelgräber und Menhire, die in großer Zahl über die Insel verstreut liegen, wirken – würde man es nicht besser wissen – als wären sie direkt der Erde entwachsen. Daher verwundert es auch nicht, dass Einheimische in den Grabhügeln die Heimstätten der Trolle vermuteten. Die Geschichten vom unsichtbaren Kleinvolk ranken sich um geheimnisvolle Naturphänomene, mittelalterliche Kirchen und verleihen

Bornholm: Die Vorschau

stillen Moorlandschaften eine fast mystische Aura. Auch die vier wehrhaften Rundkirchen Bornholms, Wahrzeichen der Insel, sind noch nicht gänzlich erforscht. Wurden sie in der Vergangenheit tatsächlich als Wehrkirchen zur Verteidigung genutzt? Oder handelt es sich um heidnische Relikte, die erst seit der Christianisierung Bornholms ihrer heutigen Bestimmung zugeführt wurden?

Mit Kind und Kegel

Lange Zeit war das Ostseeeiland eine klassische Destination für Senioren. Die älteren Jahrgänge sind natürlich noch immer willkommen, aber inzwischen hat sich Bornholm verstärkt anderen Zielgruppen zugewendet. Die vielleicht wichtigste Gruppe sind heute Familien. Kaum ein Feriengebiet ist so kindgerecht wie Bornholm: Das Mittelalterzentrum bei Gudhjem, der Freizeitpark Joboland bei Svaneke, das Naturerlebniszentrum bei Åkirkeby und viele weitere Einrichtungen haben sich auf Familien regelrecht eingeschossen. Hinzu kommen die Strände und familiengerechte Ferienhäuser. Nach und nach löst sich die Urlaubsinsel vom überkommenen Image eines altmodischen und dem Prinzip der Bewahrung verpflichteten Reiseziels. Heute ist das „neue" Bornholm auf Schritt und Tritt zu spüren: Pensionen, Cafés oder Galerien geben sich ein hippes Outfit, um alternative Zielgruppen anzusprechen.

Sonne über Gudhjem

Egal ob altes oder neues Bornholm, ein Evergreen sind die Heringsräuchereien. Ihre hoch aufragenden Kamine sind zu Wahrzeichen der Insel geworden. An rustikalen Holztischen verzehren die Gäste frisch geräucherten Hering, Makrele, Dorsch oder Lachs. Besonders in Svaneke und Hasle prägen die Räuche-

„mitunter mediterran"

reien die Skyline; wer auf sich hält, muss zumindest einmal hier einkehren und Bornholms Nationalgericht probieren: „Sonne über Gudhjem" meint nichts anderes als frisch geräucherten Hering mit besonderen Zutaten – ein leichtes und gleichwohl schmackhaftes Mittagsgericht. In der Hauptsaison haben die Räuchereien auch am Abend geöffnet, müssen sich jedoch reichlicher Konkurrenz hochklassiger Restaurants erwehren. Wer es hingegen einfacher mag, sucht eine der zahlreichen „hyggeligen" Kneipen auf; der populäre skandinavische Begriff ist das Pendant zur urdeutschen Gemütlichkeit.

Flagge zeigen

Zum Verdruss vieler Einheimischer gehört Bornholm seit der Verwaltungsreform 2007 zur Region Hovedstaden. Die politischen Geschicke der Insel werden seitdem vom neuen Verwaltungssitz in Hillerød auf Seeland gelenkt; Rønne ist jedoch nach wie vor Gemeindesitz. Das Verhältnis Bornholms zum dänischen Mutterland ist distanziert, was wegen der Entfernung zu Kopenhagen nicht weiter verwundert. Das von älteren Menschen noch gesprochene *Bornholmsk* gilt wegen der Verwandtschaft zum Dänischen als ostdänisches Idiom, schwedische und plattdeutsche Einschläge sind jedoch unverkennbar. Dänen diffamieren den Sprachdialekt daher ab und an als *Reservesvensk* – Ersatzschwedisch. Das freilich hört man auf der Insel nicht gern, gilt doch Schweden als ungeliebter Nachbar, was wiederum historisch begründet ist. Da ist der Schoß der dänischen Nation doch das kleinere Übel. Lokale Unabhängigkeit betont man gerne mit der eigenen Regionalflagge, die in mehreren Varianten kursiert. Diese Flaggen sind zwar in Dänemark nicht unüblich, auf der Insel wehen sie jedoch besonders häufig.

Østre Sømarken: Der Hafen ist winzig

Hintergründe & Infos

Landschaft und Geologie	→ S. 18	Übernachten	→ S. 58
Pflanzen und Tiere	→ S. 22	Essen und Trinken	→ S. 62
Geschichte	→ S. 25	Feste und Feiertage	→ S. 68
Kunst und Kultur	→ S. 33	Kultur auf einen Blick	→ S. 70
Klima und Reisezeit	→ S. 44	Sportliche Aktivitäten	→ S. 72
Anreise	→ S. 46	Auf einen Blick	→ S. 76
Unterwegs auf Bornholm	→ S. 52		

Ekkodalen – Königin der Schluchtentäler

Landschaft und Geologie

Wer zum ersten Mal nach Bornholm kommt, ist von der Schönheit und der landschaftlichen Vielfalt überwältigt. Wald und Heide, schroffe Steilküste und sanfte Hügel, einsame Moore und nicht zuletzt die Spaltentäler sorgen für immer neue Natureindrücke.

Die Faustregel für Bornholm lautet: Im Süden ist das landschaftliche Gesicht eher lieblich und von sanfter Weite geprägt, während sich der Norden stärker von seiner rauen und schroffen Seite zeigt. Nähert man sich der Insel mit der Fähre von Südwesten, wie es die meisten Ankömmlinge tun, so ist der erste Eindruck ein anmutiger.

Die Küste – Klippen und Sandstrände

Die Küste bei Rønne wirkt unspektakulär: Im Vordergrund schmiegen sich die Häuser um den Hafen der Inselhauptstadt; die Horizontlinie im Hintergrund bestimmen ein waldreicher Höhenrücken sowie einige Windräder. Etwas weiter nördlich hingegen wird die Szenerie zunehmend dramatisch: **Granitfelsen** tauchen senkrecht aus dem Wasser der Ostsee, aus den Klippen der Steilküste ertönt Möwengeschrei. Wie eine Krone überragt die Ruine Hammershus die seltsam archaisch wirkende Landschaft. Nach der Ruine entpuppt sich der Granitschild der Halbinsel Hammeren als ein eigener Mikrokosmos und bildet an der Nordspitze Bornholms ein Kap, das weit in die Ostsee stößt. Bei klarer Sicht ist von dort die schwedische Südküste zu sehen. Jenseits der Halbinsel und der Hafenstadt Allinge setzt eine typisch skandinavisch wirkende **Schärenküste** neue Akzente. Die Bilderbuchlandschaft der Nordostküste wird zu Recht als „Bornholmer Riviera" bezeichnet. Ein weiteres Mal stürzt das Land senkrecht ins Meer – bei den Helligdomsklipperne handelt es sich um die spektakulärste **Steilküste**, die Dänemark zu bieten hat.

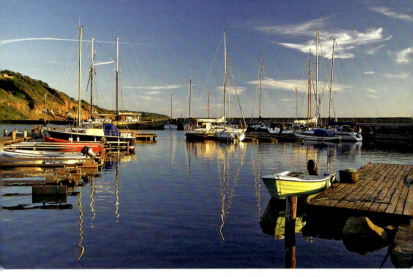

Abendstimmung im Hammer Havn

Gudhjem und Svaneke, zwei kuschelige Fachwerkstädtchen an der Riviera, ragen wie ein Bug ins Meer und sind bereits von Weitem zu sehen. Svaneke markiert den östlichsten Punkt Dänemarks, sieht man einmal von der Inselgruppe **Ertholmene** ab. Die Erbseninseln, wie sie auf Deutsch heißen, sind ein flacher Archipel nordöstlich von Bornholm, der per Fähre mit den beiden Häfen Allinge und Gudhjem verbunden ist. Südlich von Nexø, der zweitgrößten Stadt der Insel, beginnt die Hemisphäre ellenlanger **Sandstrände,** die durch einen Dünen- und Kieferngürtel vom flachwelligen Hinterland getrennt sind. Herrliche Buchten laden an der Südküste zum Bad im Meer oder zu ausgedehnten Strandspaziergängen ein, bevor einmal mehr die Hafenanlagen der Inselhauptstadt ins Blickfeld rücken.

Das Zentrum – Hügel und Wälder

Das Hinterland Bornholms zeigt zwei unterschiedliche Gesichter: Von der Südküste steigt das Land sachte an und bildet dabei eine sanft gewellte schiefe Ebene, die im Norden von dem **waldreichen Hügelgürtel** Almindingen begrenzt wird. Dieser erstreckt sich in west-östlicher Richtung und teilt die Insel in zwei Hälften. Die höchste Erhebung Bornholms, der 162 m hohe Rytterknægten, markiert das Zentrum des Waldgürtels. Nördlich davon prägt abwechslungsreiches Hügelland die landschaftliche Szenerie. Abgesehen von landwirtschaftlichen Nutzflächen – Raps- und Buchweizenfelder bestimmen noch heute in vielen Teilen der Insel das Bild – war Bornholm im Mittelalter fast vollständig bewaldet. Der Bedarf der Menschen an Brenn- und Bauholz lichtete den Wald, das Übrige besorgte die intensive Weidewirtschaft. Mit der Folge, dass der Wald sukzessive verschwand und die **Heide** an dessen Stelle trat. Etwa 25 % der Insel war um die Wende vom 18. zum 19. Jh. mit Heide bedeckt, die Inselmitte hieß Højlyngen (Hochheide). Im Verlauf des 19. Jh. wiederum musste die Heide der Neuanpflanzung von Mischwald weichen. Die florierende Holzwirtschaft hielt auch auf der Insel Einzug. An der Küste sollten zudem im Süden Kiefern bzw. im Südwesten unterschiedliche Baum- und Straucharten

Bornholm auf einen Blick

Fläche und Ausdehnung: Die Insel hat die Form eines Parallelogramms und ist 588 km² groß (zum Vergleich: Rügen hat eine Fläche von 926 km²). Von der Nordspitze bis zum äußersten Südosten beträgt die Diagonale 40 km, die größte Breite hat eine Luftlinie von 30 km. Für eine Inselrundfahrt auf der Küstenstraße ist man 105 km unterwegs, die Gesamtküstenlänge beträgt 158 km.

Lage in der Ostsee: Bornholm ist der östlichste Punkt Dänemarks, der Weg nach Kopenhagen beträgt 180 km. Kürzer ist der Abstand nach Rügen (90 km), die kürzeste Entfernung ist die nach Schweden (40 km). Im Süden Bornholms kreuzen sich der 15. östliche Längengrad und der 55. nördliche Breitengrad. Im Nordosten sind die Erbseninseln (Ertholmene) vorgelagert.

Höchste Erhebung: Der Rytterknægten mit 162 m liegt im Zentrum der Hügelkette Almindingen, dem drittgrößten Waldgebiet Dänemarks.

Bevölkerung: Der Inselhauptort Rønne ist mit knapp 13.900 Einwohnern (Stand 2012) die bevölkerungsreichste Stadt. Die Insel hat insgesamt 41.300 Bewohner (Stand 2012).

Längster Fluss: Der Øleå mit 13 km entspringt im Naturschutzgebiet Ølene zwischen Almindingen und Paradisbakkerne und fließt bei den Østre Sømarken ins Meer.

---

die Sandflucht verhindern (der vom Wind aufgewirbelte Sand machte die Felder unfruchtbar). Die staatlichen Förstereien, die zu diesem Zweck eingerichtet wurden, beaufsichtigten den Umbau der Landschaft. Seit den 1960er-Jahren schwingt das Pendel wieder in die andere Richtung: Stück um Stück wird Wald gerodet, Schafe weiden auf den neu entstandenen Lichtungen, um der Heide zu neuem Wachstum zu verhelfen. Auch dieser Prozess geschieht unter Anleitung dieser Förstereien (Plantage): Die Flurnamen bzw. Waldgebiete wie Blykobbe Plantage, Rø Plantage oder Poulsker Plantage weisen auf diese Förstereien hin. Ein weiteres Phänomen im Inselinneren sind die **Spaltentäler**. Der Druck, den tektonische Bewegungen auf den Granit ausübten, war so groß, dass das Gestein aufriss. Die Risse erweiterten sich zu Spalten, die sich mit weit weniger erosionsbeständigem Material füllten, u. a. mit erstarrtem Magma aus der Erdtiefe (Diabas). Im Verlauf von Jahrmillionen verschwand dieses Füllmaterial und hinterließ die heutigen Spaltentäler, von denen es auf Bornholm nicht weniger als 65 gibt. Das Ekkodalen im Almindingen – dem drittgrößten Wald Dänemarks – ist das bekannteste Spaltental der Insel.

Eiszeitliches Erbe

Die Insel wirkt auf den ersten Blick wie ein kompakter Block. Dieser ist im Wesentlichen ein Werk der letzten Eiszeit und entstand in den letzten 2,5 Mio. Jahren: Die von Norden vorrückenden Gletscher schoben das Gestein zusammen und schufen die heute typische wellige Oberfläche. Die Eisbewegungen schabten das Gestein ab und hinterließen eine blank polierte Oberfläche. Obwohl inzwischen die Vegetation ihren schützenden Mantel über das Gestein gebreitet hat, sind die vom Eis geformten Felsen an zahlreichen Stellen auf der Insel gut zu erkennen. Zum eiszeitlichen Erbe zählen auch die tonnenschweren Findlinge, die sog. **Wackelsteine** *(rokkestenen)*. Früher gab es tatsächlich zahlreiche von ihnen, die unter großem Kraftaufwand zum Schaukeln gebracht werden konnten. Heute ist es nur noch ein Felsbrocken, der in den Paradisbakkerne liegt und über 30 t wiegt.

Eiszeitliches Erbe

Geologisch betrachtet ist die Landmasse Bornholm ein schräg sitzender Block: Im Norden erhebt sich das **Grundgestein** (Granit und Gneis) aus der Ostsee, während im Süden die **Sedimente** vorherrschen (Sandstein und Kalk). Genauer gesagt handelt es sich lediglich um ein schmales Band im Süden und Südwesten, das von Sedimentgesteinen geprägt ist. Im Inselnorden sind diese Sedimente, aus welchen komplexen Gründen auch immer, schlicht erodiert. Obwohl zwischen Grundgestein und Sedimenten über 1 Mrd. Jahre Erdgeschichte liegen, kann oft nur das geologisch geschulte Auge den Unterschied entdecken. Am besten ist die Trennlinie in den Klintebakken ganz in der Nähe des sehenswerten Museums NaturBornholm in Åkirkeby erkennbar. Eine virtuelle Zeitreise durch die interessante Erdgeschichte verdeutlicht dort den Besuchern, dass der „Punkt" Bornholm nicht immer so ausgehen hat, wie er sich heute präsentiert, und dass er auch nicht immer in den nördlichen Breiten lag. Dieser „Punkt" Bornholm hat schon einiges erlebt: So war er u. a. bereits vollständig von Eis bedeckt, war einst auch eine Wüste, und in der Kreidezeit, vor ca. 144–65 Mio. Jahren, lebten auf Bornholm sogar Dinosaurier und Krokodile!

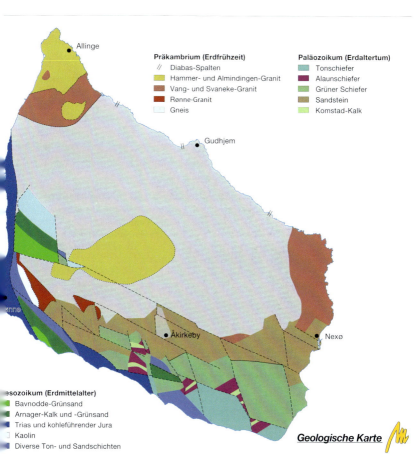

Geologische Karte

„Seh ich Schwäne nordwärts fliegen …"

Pflanzen und Tiere

Trotz der zahlreichen Naturschutzgebiete gleicht die Insel eher einem Park, der sich als fruchtbares Mekka seltener Blumen und Pflanzen entpuppt. Die Tierwelt hingegen beschränkt sich, von Ausnahmen abgesehen, auf Vögel, die im Marschland wohnen oder in den Felsklippen nisten.

Die Gesteinsart ist einer der wichtigsten Faktoren für die Bodenbeschaffenheit und das Pflanzenvorkommen. Aus diesem Grund findet man im Inselnorden, wo Granit den Untergrund bildet, andere Bedingungen als im sandsteingeprägten Süden vor. Botanisch interessierte Gäste auf Bornholm entdecken auch deshalb eine große Pflanzenvielfalt, weil neben den landwirtschaftlichen Nutzflächen große Gebiete mehr oder weniger sich selbst überlassen bleiben. Im Moor fühlen sich natürlich andere Pflanzen und Tiere heimisch als auf der Besenheide, im Küstenmarschland oder in den Felsklippen.

Inselflora

In **Sumpfgebieten** oder im flachen Grund der **Spaltentäler** gedeiht u. a. das Nordische Moosglöckchen *(Linnaea borealis)*. Angeblich war das Geißblattgewächs die Lieblingsblume des schwedischen Naturforschers Carl von Linné (1707–1778) und ist nach diesem benannt. Direkt hinter der Küste entdeckt der aufmerksame Wanderer hin und wieder kleine **Salzgraswiesen,** wo im Frühjahr Orchideen wachsen, u. a. Breitblättriges und Geflecktes Knabenkraut *(Dactylorhiza majalis* und *maculata)*. Im **Dünenschutzgürtel** an der Westküste gehören weiß oder violett blühende Heckenrosen *(Rosa corymbifera)* zum allseits vertrauten Bild. Trotz ver-

Pflanzen und Tiere

wandt klingender (deutscher) Namen ist das Wildrosengewächs nicht mit der Stockrose verwandt, die sich häufig in den Gassen an Fachwerkhäusern emporrankt *(Alcea rosea)*; Letztere zählt nämlich zu den Malven und nicht zu den Rosen. An der Ostküste wiederum sind zur Blütezeit im Juni Fingerhut *(Digitalis purpurea)* und Gewöhnlicher Natternkopf *(Echium vulgare)* sowie vieles mehr zu entdecken. Wer wiederum die **Heide** in Blüte erleben möchte, sollte die Bornholmreise in den Spätsommer legen. Dann blüht nämlich die Besenheide *(Calluna vulgaris)* in allen erdenklichen Varianten, vorzugsweise im typischen Violett. An der windumtosten **Felsküste** wiederum können sich nur wenige Pflanzen halten, u. a. Nachtschattengewächse, Wegeriche und alle möglichen Flechtenarten. Auch einige **endemische Pflanzen**, die nur auf Bornholm vorkommen, fallen Kennern ins Auge – u. a. besonders sehenswerte Arten wie Braunstieliger oder Nordischer Streifenfarn *(Asplenium trichomanes* und *septentrionale)*, Echte Mondraute *(Botrychium lunaria)*, Spieß-Helmkraut *(Scutellaria hastifolia)* aus der Familie der Lippenblütler oder Weißer Mauerpfeffer *(Sedum album)* aus der Familie der Dickblattgewächse bzw. Sukkulenten.

Frühling und Herbst auf Bornholm

Neben dem Gang in die freie Natur bietet der Besuch eines **Gartens** eine gute Gelegenheit, tiefer in die Flora einzusteigen. Schön ist u. a. der Felsengarten am Hvide Hus zwischen Svaneke und Gudhjem (→ S. 140) oder der orientalisch-fernöstlich inspirierte Garten Fuglesang Haveparadis zwischen Svaneke und Ibsker (→ S. 154 f.). Auf den Erbseninseln wiederum lässt sich der eine oder andere Hinterhofgarten bestaunen. Selbst tropische Pflanzen gibt es auf Bornholm – allerdings nur im Gewächshaus am Stadtrand von Nexø im Sommerfuglepark (→ S. 162 f.).

Inselfauna

Ein Tummelplatz wilder Tiere ist die Insel nicht gerade. Und doch gibt es eine Reihe wild lebender Säugetiere wie Füchse, Hirsche und Rehe. Diese waren einmal fast ausgerottet, mittlerweile haben sich ihre Populationen aber wieder erholt, sei es durch natürliche Vermehrung oder Wiedereinführung durch den Menschen. **Wildkaninchen** kommen inzwischen so zahlreich vor, dass sie als Plage gelten. Sie haben beinahe jegliche Scheu verloren, weshalb es vorkommen kann, dass sie zu früher Morgenstunde durch den Hotelgarten springen. Auch der **Amerikanische Nerz** oder **Mink** *(Mustela vison)* wird nicht gerne gesehen, weil die marderartigen Raubtiere über die Vogelnester herfallen und sich auch ansonsten blendend auf Bornholm zurechtfinden. Sie sind ursprünglich ihren Besitzern entlaufen und haben sich dann vermehrt. Darüber hinaus gibt es rund zehn Arten von Fledermäusen, Igel, Mäuse, Eidechsen, Schlangen und jede Menge Lurche, Frösche und Kröten. Ein besonders erhebender Anblick bei der Anfahrt auf die Erbseninseln sind die **Kegelrobben** *(Halichoerus grypus balticus)*; scharfe Augen entdecken sie insbesondere auf dem kleinen Felsen namens Tat nördlich von Græsholm.

Zu den wild lebenden Tieren gesellen sich auf Bornholm natürlich auch **Nutztiere:** Ein erhebender Anblick sind frei grasende Pferde an der Schärenküste im Nordosten. Auf dem Vasagård westlich von Svaneke laufen die Schweine – es sind spezielle Züchtungen – frei herum und ernähren sich u. a. von Nüssen und wilden Kräutern (Østermarievej 12, www.vasagaard.dk). Neben dem Kunstmuseum weiden schottische Hochlandrinder, die an ihren langen Hörnern und dem zottig-braunen Fell gut zu erkennen sind. Das gälische Rind ist die erste Viehrasse, die überhaupt registriert worden ist (1884). Zuchtversuche in den Alpen und in den nordischen Ländern haben gezeigt, dass es sich auch außerhalb der schottischen Hochebene wohlfühlt. Seit Sommer 2012 ist im Waldgebiet Almindingen der **Wisent** *(Bison bonasus)* wieder heimisch. Der Europäische Bison war lange Zeit gänzlich von der Bildfläche verschwunden (→ Kasten, S. 184).

Die wichtigste Tiergruppe Bornholms sind jedoch die **Vögel**. Die meisten leben im Süden auf Salzgraswiesen bzw. im Marschland oder im Norden in den Felsklippen. Die wichtigsten Brutzonen sind die Vogelfelsen an der Westküste zwischen Hasle und dem Hammerknuden sowie die Vogelinsel Græsholm, die zu den Erbseninseln gehört. Nicht nur auf Bornholm, sondern überhaupt in den gemäßigten Breiten der Nordhalbkugel ist die **Sturmmöwe** *(Larus canus)* verbreitet. Sie brütet in Kolonien an der Steilküste und in aufgelassenen Granitsteinbrüchen; ihr Geschrei gehört zur vertrauten Akustik im Nordwesten Bornholms und auf den Erbseninseln. Seltener sind der Tordalk *(Alca torda)* und die Trottellumme *(Uria aalge)*, die sich beide auf der Insel Græsholm am wohlsten fühlen. Zugvögel sind auf Bornholm eher selten zu beobachten, weil die populäre Vogelflugroute weiter westlich von Fehmarn über Seeland nach Südschweden führt. Dafür leben in den Wäldern, auf Wiesen und der Heide u. a. Saatkrähen, Nachtigallen, Kauze, Kraniche und auch einige Greif- und Raubvögel. Sehr selten ist der Rote Milan *(Milvus milvus)*, der erst in den 1990er-Jahren auf Bornholm eingewandert ist. Wer sich für geflügelte Räuber interessiert, sollte vielleicht die Falknerei im Westen der Insel besuchen, wo u. a. Gänsegeier und Turmfalken zu bestaunen sind (→ S. 94).

In den Granitfelsen am Meer wohnen die Möwen

Küstenschutzdenkmal bei Nexø

Geschichte

Die Insel lag immer ein wenig im Windschatten der großen geschichtlichen Ereignisse. Betroffen war sie dennoch von den Bewegungen der Menschen und Völker zwischen Skagerrak und Schweden, Baltikum und deutscher Ostseeküste.

Von der Vorgeschichte bis zum Mittelalter liegt nur wenig aussagekräftiges Material vor. Bei der Rekonstruktion der Inselgeschichte sind Historiker und Archäologen daher gezwungen, sich auf ihren detektivischen Spürsinn sowie auf die Auswertung der zahlreichen Grabungsfunde zu verlassen. Erste schriftliche Quellen tauchen erst im 9. Jh. n. Chr. auf. Ein Element zieht sich jedoch wie ein roter Faden durch die Inselhistorie: Auf Bornholm findet stets alles etwas später als andernorts statt. Zeitliche Moden, die auf dem europäischen Kontinent bereits wieder im Abklingen waren, hatten nicht selten auf Bornholm noch eine Zukunft – denn hier gingen die Uhren schon immer etwas langsamer.

Vor- und Frühgeschichte

Steinzeitliche Jäger waren die ersten Menschen, die sich auf Bornholm aufhielten. Um etwa 8000 v. Chr. gelangten sie auf die Insel, die damals durch eine waldreiche Landzunge mit Rügen verbunden war. Diese Menschen lebten vom Fischfang oder von der Elchjagd und siedelten auf der Halbinsel Hammeren sowie an der Ostküste. Das zunehmend wärmer werdende Klima verbesserte die Lebensbedingungen, und die ersten Ackerbaukulturen der Jungsteinzeit (ca. 3900–2400 v. Chr.) entwickelten sich. Grabungen legten monumentale Ganggräber aus dieser Epoche

Bornholms Trolle: Nachrichten aus der Sagenwelt I

Viele der alten Sagen sind verbunden mit Naturphänomenen wie besonderen Bäumen oder Steinen. Andere beziehen sich auf historische Ereignisse wie diese: In einer Nacht im Jahr 1645, man schrieb die Zeit der Kämpfe gegen die feindlichen Invasoren aus dem Norden, gewahrte eine Strandwache eine sich nähernde schwedische Flotte. Leider hatte sich die Schutzgarde aufgrund eines Verrats aus dem Staub gemacht, und der einsame Wächter sah wenig Sinn darin, allein gegen die feindliche Übermacht zu kämpfen und harrte der weiteren Dinge. Plötzlich nahm er hinter sich ein leises Wispern wahr: „So schieß doch endlich!", mahnte die Stimme. Ohne dass er recht begriff, lud er seine Flinte durch und begann Schüsse auf den Feind abzufeuern. Und welch ein Wunder: Rings um ihn her schoss und pfiff es aufs Meer hinaus, dass die Invasoren glaubten, ein ganzes Bataillon stünde ihnen gegenüber. Einer nach dem anderen wurde durch die Kugeln niedergestreckt, und Bornholm war glücklich gerettet. Und die Moral von der Geschicht: Trolle, diese hilfreichen Erdgeister, existieren in der Tat. Sie fördern menschliches Bemühen, strafen aber auch, wenn sich der Mensch eitel und hochmütig gebärdet. Insgesamt sind die Menschen gut beraten, dem Rat der Unterirdischen zu folgen.

Doch wer sind diese merkwürdigen Gesellen? Der Legende nach leben sie schon seit jeher auf der Insel – tief im Erdinneren, weshalb sie auf Dänisch *underjordiske* (Unterirdische) heißen. Und wenn Eltern ihre Kinder von bestimmten Orten fernhalten wollen, dann sagen sie bis heute: „Geht nicht dorthin, denn dort hausen die Unterirdischen!" Über die Entstehung des Kleinvolkes kursiert folgende Erzählung: Auch wenn die Bibel sich darüber ausschweigt, so kann keineswegs geleugnet werden, dass Adam und Eva im Paradies zahlreiche Kinder hatten. Jeden Tag kam der Herrgott auf einen Besuch und besah sich die Sprösslinge. Damit er sich an ihrem Anblick ergötzen konnte, wusch Eva sie jedes Mal vor seinem Auftauchen. Eines Tages kam der Herrgott zu früh, und eilends versteckte Eva die noch ungewaschenen Kinder im Wald. Als Gott nachhakte, ob denn alle Kinder da seien, griff Eva zu einer Notlüge und bejahte. Aber weil dem Herrn nun einmal nichts entgeht, durchschaute er die Täuschung und verfluchte die versteckten Kinder: Was ihm verborgen geblieben wäre, solle hinfort auch allen Menschen verborgen sein. Seit diesem Ereignis leben jene Nachkommen von Adam und Eva unter der Erde (→ Fortsetzung: Kasten, S. 42).

frei, in denen man Äxte und Bernsteinperlen fand. Besagte Grabbeigaben wurden ab 2400 v. Chr. vermehrt von Flintdolchen abgelöst (damit sind Dolche aus Feuerstein gemeint, die mit einer speziellen „Flachhautechnik" bearbeitet wurden). Aufgrund dieser Funde wird die folgende Epoche bis ca. 1800 v. Chr. in Dänemark und Schleswig-Holstein auch **Dolchzeit** genannt. An deren Ende traten erstmals Gegenstände aus Metall in Erscheinung, die Nordische Bronzezeit (1800–530 v. Chr.) sowie die Römische und Germanische Eisenzeit (bis 800 n. Chr.) warfen ihre Schatten voraus. In der Bronzezeit änderten sich die Bestattungssitten, aus dieser Epoche stammen u. a. Felsritzungen und Bautasteine (→ S. 33 f.), die es auf Bornholm ebenso zahlreich gibt wie die typischen Steinhügelgräber (Röser). Lange vermuteten die Menschen in den besagten Hügeln die Wohnsitze der Trolle (→ Kasten, S 26 und S. 42). Der Siedlungsschwerpunkt lag in jener Zeit in den küstennahen Zonen im Osten der Insel zwischen Svaneke und Stammershalle. Münzfunde belegen eine teils beträchtliche Handelsaktivität mit dem europäischen Kontinent, größeres Aufsehen in der Archäologieszene erregte ein umfangreicher Goldfund bei Svaneke – die Guldgubber von Sorte Muld (→ Kasten, S. 84).

Bornholm im Mittelalter

Die frühgeschichtlichen Gräber wurden auch in späterer Zeit genutzt, ein Beispiel dafür, dass die Germanische Eisenzeit mehr oder weniger nahtlos in die **Epoche der Wikinger** (800–1050) übergeht. Bis auf einige Runensteine, die zum großen Teil erst nach der Christianisierung Bornholms errichtet wurden, hat das nordische Volk nicht viel hinterlassen. Aus dem frühen Mittelalter ist daher wenig bekannt: Aus anderen Ländern Skandinaviens sind Runen bereits ab Ende des 2. Jh. bekannt, auf Bornholm tauchen sie hingegen erst ab dem 9. Jh. auf; es handelt sich um die frühesten schriftlichen Zeugnisse der Insel. Zunehmender Bevölkerungsdruck und ein Aufschwung im Schiffsbau begünstigten die Raubzüge der Wikinger, die Europa lange Zeit in Atem hielten. Die wichtigste Siedlung der Nordmänner auf dem Kontinent war Haithabu in der Umgebung von Schleswig. Die Wikinger waren in politisch lose miteinander verbundene Clans aufgeteilt, die sich auf jährlichen Thingversammlungen trafen. Die Nordmänner auf Bornholm waren vorwiegend Ackerbauern, die mit Haithabu und anderen Niederlassungen Handel trieben. Die wichtigste Wikingersiedlung der Insel befand sich in Grødby südlich von Åkirkeby, insgesamt untersuchte man 250 Hausbefunde auf der Insel.

Um das Jahr 890 erwähnt eine Quelle die Insel erstmals als *Burgundarholmr* (Land der Burgunder). Das mittelalterliche Inselwappen, ein goldener Drache auf blauem Grund, ist erstmals im

Ruine Hammershus: Detailansicht

12. Jh. historisch verbürgt. Heraldische Analogien sowie die erstmalige Namensnennung lassen vermuten, dass in der Völkerwanderungszeit ein Zweig des Hauses Burgund auf die Insel gelangte. Historische Belege hierfür gibt es jedoch nicht. Als 1149 der dänische König Svend Grathe alias Sven III. (ca. 1120–1157) einen großen Teil der Insel dem **Erzbischof von Lund** übertrug, begann ein neues Kapitel der Geschichte: Von der Domstadt Lund in der südschwedischen Provinz Schonen aus beaufsichtigte der Kirchenhirte den Prozess der Christianisierung, derweil das Ostseeeiland zum Spielball zwischen der Kirche und dem dänischen Königshaus wurde. Möglicherweise residierten die Statthalter oder Regionalfürsten zunächst auf der Lilleborg in den Almindingen, bevor sich ab Mitte des 13. Jh. die Burg Hammershus als neues Herrschaftszentrum etablierte und die politischen Gewichte sich

in den Inselnorden verlagerten. Beide Burgen sind heute Ruinen, können aber gleichwohl besichtigt werden. Im Sommer 1259 neigte sich die Waagschale zu Gunsten der Kurie (und damit zu Ungunsten der weltlichen Krone), als im Auftrag des Erzbischofs Fürst Jaromar II. von Rügen (ca. 1218–1260) die Burgen auf Bornholm eroberte und plünderte. In der Folgezeit blieb die Insel ein Spielball der beiden Mächte, ehe 1362 König Valdemar Atterdag bzw. Waldemar IV. (ca. 1321–1375) die Kontrolle über Bornholm errang und man sich salomonisch darauf einigte, dass der Bischof die Insel vom König dauerhaft übertragen bekommt. Abgesehen von einem kurzen Intermezzo zu Beginn des 16. Jh., als der König Bornholm zurückforderte, blieb die Insel bis zur Reformation unter der Oberhoheit des Kirchenfürsten. Mit dem Ende der erzbischöflichen Herrschaft 1522 endet gleichzeitig das Mittelalter und beginnt die Neuzeit.

Der Kampf um die Ostsee

Die frühe Neuzeit bis zum Schicksalsjahr 1658 war geprägt von zahlreichen Kriegen, in denen verschiedene Großmächte um die Vorherrschaft im Ostseeraum rangen. Die ersten sieben Jahrzehnte gehörten der Lübecker Hanse. Mehrere Plünderungen seitens der Hanseaten versetzten der Insel zunächst empfindliche Nadelstiche, bis 1525 dem Dänenkönig Frederik I. (1471–1533) nichts anderes übrig blieb, als Bornholm den Lübeckern zu verpfänden. Bis zum Ablauf des Vertrags 1576 regierten die von den neuen Lehnsherren entsendeten Vögte, die Festung Hammershus wurde ausgebaut, ein Aufstand gegen die fremden Herren rigoros niedergeschlagen. Manche Kirchenglocke, die noch heute in den Bornholmer Glockentürmen schlägt, wurde damals in Lübeck gegossen und anschließend über die Ostsee auf die Insel verschifft. Während des Nordischen Siebenjährigen Krieges (1563–1570), auch Dreikronenkrieg genannt, schaltete sich erstmals die Ostseemacht Schweden in den Zwist um die Insel ein. Zum damaligen Zeitpunkt war Schweder Kettingk der Inselverwalter, der flugs die Küstenbefestigungen ausbauen ließ, um eine Invasion aus dem Norden zu verhindern. Seine Grabplatte ist heute im Bornholmer Dom in Åkirkeby zu bewundern. Gegen Ende des Dreißigjährigen Krieges (1618–1648) war es dann doch soweit: 1645 landete der schwedische Generalmajor Carl Gustav Wrangel (1613–1676) mit einem Trupp

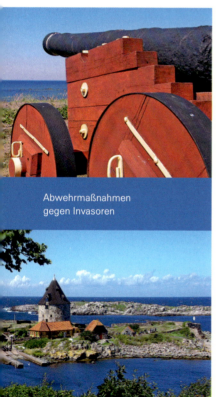

Abwehrmaßnahmen gegen Invasoren

Soldaten in der Nähe von Nexø und eroberte darauf die Festung Hammershus. Das schwedische Intermezzo währte jedoch nur kurze Zeit, denn bereits wenig später fiel die Insel nach einem Friedensabkommen wieder an die dänische Krone. Allerdings hielt der Status quo nicht lange an: Einmal mehr ein Krieg zwischen dem Staatenbund Dänemark-Norwegen und Schweden im Jahr 1657 führte zu dem für Dänemark so unvorteilhaften **Frieden von Roskilde.** Die dänische Krone verlor alle ihre Besitztümer in Südschweden und musste bei dieser Gelegenheit auch Bornholm an den ungeliebten Nachbarn abtreten. Dies ließen sich aber Teile der Bevölkerung nicht gefallen, woraufhin man unter Führung von Jens Pedersen Kofoed (1628–1691) sich des schwedischen Gouverneurs und anschließend des Bürgermeisters von Rønne bemächtigte. Der Handstreich gelang, und die Revolte zeitigte den Erfolg, dass 1658 die Schweden kapitulierten und aus Bornholm verschwanden. Am Jahresende vermachten die Aufständischen ihre Insel für alle Zeiten der dänischen Krone. Es folgte eine lange Friedensepoche, in deren Verlauf die Festung Hammershus geschleift und die Erbseninseln zum königlichen Flottenstützpunkt ausgebaut wurden.

Wirtschaft und Handwerk im 18./19. Jh.

Die Friedenszeit erwies sich als wohltuend für die wirtschaftliche Entwicklung der Insel. Neben der traditionell starken Landwirtschaft und Fischerei etablierten sich andere Erwerbszweige: Weit verbreitet war das **Müllerhandwerk.** Vor allem in der Osthälfte der Insel zeugen zahlreiche Windmühlen noch heute vom zurückliegenden Boom. Das Handwerk war besonders lukrativ, weil die dänischen Herrscher kein Interesse an ihrem Mühlenprivileg zeigten und daher von den Müllern keine Abgaben forderten. Einige Mühlen sind noch immer in Betrieb: Die Mühle in Åkirkeby verarbeitet Getreide aus Bornholm zu Mehl; in der Museumsmühle von Årsdale ist das Mahlwerk original erhalten (→ S. 152). Auch von den Wassermühlen sind einige noch gut in Schuss – u. a. in Vang und in den Østre Sømarken. Seit den 1930er-Jahren wurde das Gewerbe weniger lukrativ, weshalb in der Folge die meisten Mühlen verfielen.

Ein weiterer wichtiger Erwerbszweig war das **Uhrmacherhandwerk.** Zwischen 1750 und 1900 waren Bornholmer Uhren ein begehrtes Markenprodukt. 1744 strandete vor der Westküste ein holländisches Schiff, das u. a. englische Standuhren geladen hatte. Die Holzdrechsler nahmen die Herausforderung an, reinigten das erbeutete Material und begannen damit, Uhren nachzubauen. In der Folge entwickelte sich die Inselhauptstadt Rønne zum Zentrum der Uhrmacher. Am begehrtesten wurden die Werkstücke der Gebrüder Otto Poulsen Arboe (1719–1773) und Peter Poulsen Arboe (1726–1766). Die Geschichte der Uhrmacher wird – neben anderen Epochen – im kulturhistorischen Museum in Rønne dokumentiert (→ S. 86).

Im 19. Jh. etablierte sich der **Granitabbau** als wichtigster Wirtschaftszweig auf der Insel. Die Steinbrüche lagen um Rønne, bei Årsdale und natürlich an der Westküste zwischen Vang und dem Hammerknuden. Ein Entrepreneur besaß i. d. R. mehrere Granitbrüche, wobei nicht wenige eher provisorischen Gruben von überschaubarer Größe glichen. Die industrielle Produktion entwickelte sich seit den 1820er-Jahren, als Inselkommandant Poul Magnus Hoffmann (1778–1842) bei Rønne damit begann, den Abbau im großen Stil zu betreiben. In Vang startete der erwerbsmäßige Abbau erst Ende des 19. Jh. mit Gründung der Vang Stenhuggeri durch den

Steinmetz Jacob Mogensen. Die Chiffre „Klondyke" (→ S. 104) spiegelt die damals aufkeimende Goldgräberstimmung wider. Um die Steine besser abtransportieren zu können, ließ er eigens eine Kipploren-Schienenbahn an der Westküste verlegen. Ein Sturm zerstörte diese jedoch Anfang des 20. Jh., die Reste sind noch heute am Küstenschutzpfad zu entdecken. Im „Stein" arbeiteten zumeist ganze Familien, die Kinder mussten mittags das Essen bringen. Seit den 1890er-Jahren herrschte in der Granitindustrie akuter Arbeitskräftemangel, der durch Gastarbeiter aus Schweden gedeckt wurde. Die physischen Anstrengungen und die bittere Armut der Beschäftigten dokumentierte der Schriftsteller Martin Andersen Nexø in seinen Büchern (→ S. 41 ff.). Neben dem Granitabbau etablierte sich die Steinhauerei und -schleiferei als bedeutender Wirtschaftszweig. Italienische Arbeitsmigranten waren für den Know-how-Transfer von der Apenninhalbinsel verantwortlich. Einen lebendigen Einblick ins Reich der Steinklopfer und Natursteinmetze gewährt das Steinbruchmuseum zwischen Allinge und der Burg Hammershus. Es handelt sich um einen Granitsteinbruch, in dem heute noch gearbeitet wird (→ S. 120).

Bornholm im Zweiten Weltkrieg

Truppen der deutschen Wehrmacht landeten im Zuge der Besatzung Dänemarks am 10. April 1940 auch auf Bornholm. Sonderlich groß war die strategische Bedeutung nicht, die Hitler-Deutschland der Ostseeinsel zumaß: Die knapp 8000 Soldaten zogen rasch weiter, am Strand von Dueodde wurden Geschütz- und Bunkeranlagen errichtet, die in strategischem Zusammenhang mit dem sog. Atlantikwall standen. Erst gegen Ende des Weltkriegs rückte Bornholm stärker in den Fokus: Bereits vor Beginn der Besetzung durch die Deutschen war das Eiland ein Auffangbecken von **Emigranten** gewesen. Ein prominenter Exilant war z. B. der Schriftsteller und Musiker Hans Henny Jahnn, der sich bereits 1934 bei Rutsker niedergelassen hatte und von der Bevölkerung zunächst für einen deutschen Spion gehalten worden war. Dabei wollte er nur schreiben und Pferde züchten. Zweimal erhielt er in den folgenden Jahren Besuch von seinem alten Weggefährten Werner Helwig (1905–1985). Als die Wehrmacht anrückte, verpachtete Jahnn den Hof und zog sich vor der zunehmenden Deutschfeindlichkeit in die Einsamkeit zurück. Heute sind diese beiden literarischen Außenseiter nur einer verschworenen Fangemeinde ein Begriff (→ S. 43). Wenig besser erging es dem deutsch-dänischen Kunsthändler Herbert von Garvens, der bereits 1931 seine Zelte an der Nordostküste Bornholms aufgeschlagen und in der Folge zahlreiche Avantgarde-Künstler auf die Insel gelockt hatte (→ S. 39).

Bombentrauma – in Ton gebrannt

Während deutsche Exilanten beim Eintreffen der Wehrmacht i. d. R. von der Insel flüchteten, wurde Bornholm aufgrund der Nähe zum politisch neutralen Schweden zum heimlichen Umschlagplatz: Waffen für den dänischen

Widerstand gelangten von Schweden via Bornholm nach Kopenhagen, umgekehrt wurden Flüchtlinge aus Dänemark – mit tatkräftiger Hilfe zahlreicher Fischer – über die Insel nordwärts geschmuggelt. Die Rettung von rund 7000 dänischen Juden sowie einiger jüdischer Flüchtlinge aus Deutschland 1943 ist ein exzellentes Beispiel für Zivilcourage: Mit Unterstützung des deutschen Diplomaten Georg Ferdinand Duckwitz (1904–1973), der den entscheidenden Hinweis gab, wurden die Juden in einer Nacht-und-Nebel-Aktion nach Schweden verschifft. Von den Häfen Bornholms befuhren zu besagten Zwecken u. a. die Skipper Axel Hansen und Hans Peder Bendtsen die Ostsee.

Auf die Aktivitäten der Widerstandsbewegung antwortete die Gestapo mit Terror und Repressalien. Als am 4. Mai 1945 die deutschen Truppen kapitulierten, schien der Weltkrieg auch auf Bornholm vorbei zu sein. Um so größer war der Schock, als wenige Tage darauf russische Flieger Rønne und Nexø mehrfach bombardierten. Mehrere Zivilisten kamen ums Leben, 85 % der Häuser von Rønne wurden zerstört. Die Hafenstadt Nexø traf es noch schlimmer, denn hier verwüsteten Feuerbomben beinahe das gesamte Zentrum. Die Spuren der Verwüstungen sind in beiden Orten bis heute zu sehen. Die dänische Bevölkerung aus anderen Landesteilen spendete Geld für den Wiederaufbau, auch Schweden schickte Bauelemente für komplette Holzhäuser. Die **Bombennächte** sind ein traumatisches Ereignis in der jüngeren Inselgeschichte und vielen Bewohnern bis heute im Gedächtnis haften geblieben. Natürlich hat man sich gefragt, wie es zu dem Drama kommen konnte: Ursache waren nicht nur die eingeschränkten Kommunikationsmöglichkeiten. Auslöser war vielmehr, dass der Wehrmachtskommandant die Kapitulationsaufforderung der sowjetischen Streitkräfte ignoriert hatte, weil er offenbar der Auffassung war, dass die deutsche Kapitulation sich ausschließlich auf die Westmächte bezöge. Erst als die Nachricht der Gesamtkapitulation eingetroffen war, ordneten die Befehlshaber das Ende des Widerstands an. Zu diesem Zeitpunkt lagen Rønne und Nexø bereits in Schutt und Asche.

Von der Nachkriegszeit bis heute

Nach 1945 rückten zwei geopolitische Verschiebungen die Insel zunächst an die Peripherie und wieder zurück ins Zentrum: Nach dem Abzug der sowjetischen Militärs und mit der dänischen NATO-Mitgliedschaft wurde Bornholm zum strategischen Außenposten des westlichen Militärbündnisses. Während des **Kalten Kriegs** wurde die Insel aufgrund einer Absprache zwischen der dänischen Regierung und der Sowjetunion dennoch nicht zur waffenstarrenden Seefestung ausgebaut, was in den 1950er-Jahren einige konservative Abgeordnete zu kritischen Bemerkungen veranlasste. Die Antennen auf dem Rytterknægten, der höchsten Erhebung der Insel, zeugen jedoch von erheblichen Abhöraktivitäten in östlicher Richtung. Ein weiterer Horchposten befand sich bis 2012 in Dueodde.

Die zweite geopolitische Verschiebung nach dem Fall der Berliner Mauer 1989 und dem Zusammenbruch des Warschauer Pakts rückte die Insel auf einen Schlag wieder ins Zentrum der Ostseeregion. Als 2004 Polen und die baltischen Republiken in die EU eintraten, wurde die Ostsee zum europäischen Binnenmeer. Verschiedene politische, wirtschaftliche und soziale Netzwerke im baltischen Raum wollen seither die Kooperation der Ostseeanrainer fördern und vertiefen, u. a. das Ostsee-Bündnis CBSS (Council of the Baltic Sea States). Mit Rügen, Gotland, Åland und anderen Inseln ist Bornholm Teil des B7-Netzwerks (Baltic Islands Network), das gemeinsame Interessen zur wirtschaftlichen Entwicklung formuliert und nach außen vertritt (Infos unter www.b7.org). Darüber hinaus liegt Bornholm heute am Rand der **Öresundregion**, einer europäischen Metropolregion mit dem Ballungsraum Kopenhagen-Malmö. Seit Eröffnung der Öresundbrücke im Jahr 2000 ist sie die wichtigste transnationale Wirtschaftsregion im Ostseeraum.

Innenpolitisch führten diverse **Verwaltungsreformen** zu Veränderungen: Die erste Reform schaffte 1970 die Verwaltungsstruktur der Kirchspiele *(sogn)* ab und reduzierte die Anzahl der selbstständigen Gemeinden. Auf diese Weise fusionierten die 22 Kirchspiele Bornholms zu den fünf Flächenkommunen Åkirkeby, Allinge-Gudhjem, Hasle, Nexø und Rønne. Diese unteren Verwaltungseinheiten waren dem Amt Bornholm (Bornholms Amt) zugeordnet. Das war nicht selbstverständlich, denn seit Bildung der Ämter im Jahr 1662 wurde deren Anzahl peu à peu reduziert, wobei das Amt Bornholm stets unangetastet blieb. Drei Jahrzehnte blieb der Status quo erhalten, ehe eine Volksabstimmung im Mai 2001 wieder größere Veränderungen ins Rollen brachte: Als Ergebnis wurden die 1970 gebildeten Kommunen, die sich im gesamtdänischen Vergleich als relativ klein und finanzschwach zeigten, zu einer Gemeinde zusammengelegt. Und weil zum Amt Bornholm jetzt kein territorialer Unterschied mehr bestand, ging das Amt nebst den fünf Gemeinden im Jahr 2003 in der Bornholms Regionskommune auf. Die neue Einrichtung war ein Unikum, weil Amts- und Kommunalebene identisch sind. Allerdings konnte Bornholm den Status einer kreisfreien „Amtsgemeinde" nur kurz kultivieren: Denn die nächste Reform, die am 1. Januar 2007 in Kraft trat, schaffte sämtliche dänischen Amtsbezirke radikal ab bzw. ersetzte sie durch fünf Regionen. Verwaltungstechnisch betrachtet ist die Insel heute ein Teil der Region Hovedstaden auf Seeland.

Bornholmer Höhenflüge

Ob die Tüftler und Weltraumenthusiasten Kristian von Bengtson und Peter Madsen je einen Gedanken an den griechischen Mythos von Daedalus und Ikarus verschwendet haben, ist nicht überliefert. Die Parallelen sind jedoch – bis zu einem bestimmten Grad – unverkennbar. Beide zeigten sich darüber verwundert, dass staatliche Raumfahrtprogramme regelmäßig Unsummen verschlingen. Die Reise ins Weltall könne vielleicht auch zum Discountpreis bewerkstelligt werden. Gesagt, getan: Eine Spendenaktion brachte 60.000 € ein, die Teile zum Bau der Plattform und der Rakete holten sich die Erfinder schlicht aus dem Baumarkt. Sogar der Verkehrsminister Dänemarks ließ sich vom öffentlichen Buhei, den inzwischen das Projekt „Copenhagen Suborbitals" beförderte, zu einem Besuch der Werkstatt hinreißen und zeigte sich vom eigenwilligen dänischen Raumfahrtprogramm angetan. Allerdings floppte im Sommer 2009 der erste Testversuch mit einer unbemannten Rakete, die auf dem Meer vor der Insel Bornholm abgeschossen werden sollte. Der dritte Versuch vor Bornholm im Sommer 2011 hingegen glückte: Die in Eigenbau hergestellte Rakete – mit einem Hitzeschild aus Kork und einer Puppe an Bord – flog 8 km in den Orbit, wobei sich in einer bestimmten Höhe planmäßig Raumschiff und Antriebseinheit trennten. Die vorerst letzte Rakete, die am 2. Juni 2013 vom Basislager namens „Spaceport Nexø" gezündet wurde, trug den schmucken Namen „Sapphire". Weitere Projekte sollen folgen (Infos unter www.copenhagensuborbitals.com).

Holger Drachmann suchte sich seine Motive in der Natur

Kunst und Kultur

Prähistorische Kunstwerke, Runensteine, romanische Wehrkirchen und die Meisterwerke der sog. Bornholmer Malschule unterstreichen die kulturelle Vielfalt, die auf der Ostseeinsel herrscht. Eine herausragende Bedeutung kommt heute vor allem dem Kunsthandwerk zu.

Nicht immer liegen Bornholms Kulturschätze in bequemer Reichweite. Oft führt nur ein Rad- oder Wanderweg zum ansonsten verborgenen Kleinod: Sei es ein Skulpturenpark weitab vom Schuss, auf den kein Hinweisschild deutet, oder eine vorgeschichtliche Felszeichnung, die sich – mit oder ohne Hinweis – in der Heide verbirgt. Andere kulturelle Attraktionen liegen wiederum in der Stadt oder direkt an der Straße und können ohne viel Aufhebens angesteuert werden, z. B. die mittelalterlichen Rundkirchen oder Galerien und Museen. Neben Letzteren sind es vor allem die zahlreichen kulturellen Veranstaltungen und geselligen Events, die einen sinnlichen Einblick in die Inselkultur vermitteln (→ S. 68 ff.).

Felszeichnungen, Bauta- und Runensteine

Felszeichnungen gehören zu den frühesten historischen Dokumenten im Norden Europas. Eigentlich handelt es sich um Ritzzeichnungen (*helleristninger*): Umrisse von Schiffen, Fußabdrücke, Radkreuze oder abstrakte Zeichen. Die prähistorischen Kunstwerke aus der Bronzezeit (1800–500 v. Chr.) werden wissenschaftlich korrekt Petroglyphen genannt. Zwei Drittel der in Dänemark entdeckten Fundorte befinden sich auf Bornholm, die meisten davon im Norden der Insel in der Umgebung von Allinge. Die schönsten Exemplare liegen direkt am Radweg zwischen Allinge und Sandvig (Madsebakken) und sind bequem zu erreichen, andere Fundorte verstecken sich in der schwerer zugänglichen Heide. Der typische Fundort liegt aber in Küstennähe, was Rückschlüsse hinsichtlich der Deutung dieser Kunstwerke erlaubt. Denn möglicherweise handelt es sich hier um vorgeschichtliche Kultplätze (das Schiff als kulturübergreifende Metapher für den Übergang vom Leben in den Tod). Allerdings ist dies nur eine Vermutung, denn wir wissen letztlich so gut wie nichts über die Menschen der damaligen Zeit. Besser zu erklären ist die Entstehung der Petroglyphen: Die Zeichnungen befinden sich vorzugsweise auf Granitrundfelsen, die während der letzten Eiszeit von Gletschern glatt geschliffen wurden. Die Zeichnungen wurden mit einem harten Gegenstand entweder in den Stein geschabt oder geritzt. Ziemlich rätselhaft hingegen sind die schalenartigen Vertiefungen im Fels (Schalensteine): Wurden sie während religiöser Zeremonien als Öllampen verwendet? Handelt es sich um Sternbilder? Oder sind es schlicht Mörser zum Zerstoßen von Kräutern?

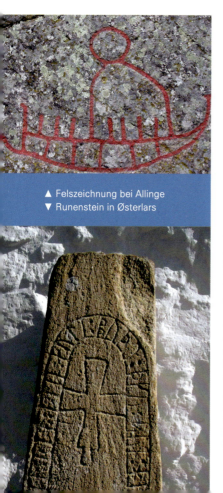

▲ Felszeichnung bei Allinge
▼ Runenstein in Østerlars

Zu den frühesten kulturellen Zeugnissen auf Bornholm zählen u. a. die Menhire, die in Skandinavien auch **Bautasteine** genannt werden. Es handelt sich dabei i. d. R. um aufgerichtete und wie Grabsteine in den Boden versenkte Blöcke, die auf einer Seite durch Handbearbeitung abgeflacht sind. Möglicherweise befanden sich dort einst Inschriften. Datiert werden die Findlinge gewöhnlich vom 5. Jh. v. Chr. bis zum 5. Jh. n. Chr. Auch was ihre Funktion betrifft, tappen die Forscher im Dunkeln. Es wird jedoch angenommen, dass die Menhire einst als Grabsteine dienten. Eventuell wurden sie auch als Grenzsteine verwendet. Die größte Gruppe von Bautasteinen auf Bornholm umfasst ca. 50 Exemplare, die in einem Hain namens Louisenlund bei Svaneke stehen. Eine weitere ansehnliche Gruppe von Menhiren findet man im Waldstück Gryet nördlich von Bodilsker. Einst soll es auf der Insel über 1000 Bautasteine gegeben haben, nicht wenige wurden in späteren Epochen anderen Zwecken zugeführt. Oft bilden sie aber noch heute an der Küste fotogene Motive vor dem Hintergrund der blauen Ostsee.

Auch 40 **Runensteine** gibt es auf Bornholm. Das größte Exemplar ist der über 3 m hohe Brogårdsstenen in der Umgebung von Hasle. Andere Runensteine befinden sich auf Friedhöfen oder zieren den Eingang mittelalterlicher Kirchen. Es kommt sogar hin und wieder vor, dass Runensteine im Kirchenvorraum stehen. Auf Bornholm existiert schwerlich eine Kirche von Rang, die nicht mit dem einen oder anderen Runenstein aufwartet. Den meisten Steinen wurde ihr heutiger, repräsentativer Standort erst in jüngerer Zeit zugewiesen, denn bis in die Neuzeit scherte man sich wenig um die Bedeutung der kulturhistorischen Zeugnisse. Über Jahrhunderte dienten die Runensteine daher nicht selten als Grenzsteine oder Brückendeckplatten. Auf der flachen Vorderseite befindet sich die Runeninschrift und manchmal auch ein heidnisches (Midgårdschlange) oder christliches Symbol (Kreuz). Die meisten Steine stammen aus der Wikingerzeit (800–1050) und fungierten schlicht als Grab- bzw. Gedenksteine. Die Inschriften erinnern zumeist an (auf der Seefahrt) verstorbene Verwandte, seltener an großartige Taten (siegreiche Kämpfe).

Mittelalterliche Kirchen

Die **Rundkirchen** mit dem typischen Kegeldach sind bedeutende kulturhistorische Relikte und ein Wahrzeichen Bornholms. Sie liegen nicht an der Küste, sondern auf erhöhter Warte wenige Kilometer landeinwärts. Wie stolze Feldherren überblicken sie die umliegenden Hügel und Felder. Bei einem Bornholmurlaub darf der Besuch eines solchen Gotteshauses keinesfalls fehlen. Unter einer Rundkirche versteht man einen einfachen Zentralbau mit kreisförmigem Grundriss. Zwar kommt der Typus auch in anderen skandinavischen Ländern vor, die Bornholmer Kirchen von Nyker, Nylars, Olsker und Østerlars zählen jedoch zu den bemerkenswertesten Beispielen. Obwohl die Annalen von keiner kriegerischen Handlung berichten, die sich jemals in einem solchen Gotteshaus zugetragen hat, vermuten Experten in den Rundkirchen ehemalige Wehrkirchen. Der Verteidigungszweck der romanischen Bauten aus dem 12. Jh. ist noch heute an der Architektur zu erkennen: Während das Erdgeschoss früher wie heute zu sakralen Zwecken genutzt wurde, dienten die Obergeschosse als Schutzraum für die Dorfbevölkerung bzw. der Verteidigung. Während die Nykirke als kleinste Rundkirche zweistöckig ist, haben die anderen drei Gotteshäuser ein Stockwerk mehr. Vielleicht befand sich aber auf der Nykirke früher einmal anstelle des fehlenden dritten Stockwerks ein Wehrgang aus Holz. Die größte und bekannteste Rundkirche ist jene in Østerlars. Eine Besonderheit aller Rundkirchen ist die Wendeltreppe, die zwischen Außen- und Innenmauer aufwärtsführt: Sie ist i. d. R. so schmal, dass sich eine Person regelrecht hindurchzwängen muss, was etwaige Angreifer in eine ungünstige Position brachte. In der Kirche von Nylars kommt der Umstand hinzu, dass die Treppe linksläufig ist, mit der Folge, dass ein von unten kommender Aggressor seinen rechten Schwertarm nicht führen konnte. Ob im Mittelalter die Ritter des Templerordens auf der Insel ansässig waren, ist ein Sachverhalt leidenschaftlicher Erörterung. Geschürt wurden die Spekulationen im Jahr 2006, als der erfolgreiche dänische Abenteuerfilm „Der verlorene Schatz der Tempelritter" in die Kinos kam, der z. T. in den Bornholmer Rundkirchen gedreht wurde (→ S. 129). Historische Belege für die Anwesenheit der Templer gibt es keine, auch wenn die Kirchen noch so manch unerforschtes Geheimnis bergen.

Auch die anderen **mittelalterlichen Kirchen** Bornholms sind von Interesse. Wobei hier nicht unbedingt die anmutig herausgeputzten Gotteshäuser in den Küstenorten gemeint sind, sondern die erhöht liegenden Sakralbauten im Hinterland. Denn wie die Rundkirchen liegen die traditionellen spirituellen Zentren geschützt im Inselinneren. An vielen Kirchen ist die romanische Bausubstanz noch gut zu erkennen.

Pedersker: mittelalterliche Kirche in strahlendem Weiß

Ebenso wie die weiß getünchten Wehrkirchen liegen sie häufig am Ortsrand und sind von einem Friedhof umgeben. Fast immer kann im Kirchgarten oder in der Vorhalle der eine oder andere Runenstein entdeckt werden. Die Vorhalle wird auch Waffenhaus genannt, weil die Kirchgänger früher vor dem Betreten des Sakralraums hier ihre Waffen ablegten. Wo hingegen die Reit- und Zugtiere angebunden wurden, zeigt z. B. ein Besuch der Kirche in Ibsker, denn dort sind noch heute die Eisenringe an der Friedhofsmauer zu erkennen. Jedoch besitzen nicht alle Gotteshäuser ein ehrwürdiges Alter: Nicht selten wurden sie im 19. Jh. durch zeitgemäße Neubauten ersetzt, wobei der Altbau als Steinbruch diente und dabei zerstört wurde. In Østermarie ist der romanische Vorgängerbau jedoch noch als Ruine erhalten, in Gudhjem sind zumindest die Fundamente erkennbar. Eine mittelalterliche Kirchenruine gibt es zudem auf der Halbinsel Hammeren zu bewundern.

Historische Vierseithöfe

Bis zum Beginn des 20. Jh. gab es auf Bornholm – abgesehen von Åkirkeby und wenigen Küstenortschaften – keine Dörfer, sondern nur Einzelgehöfte *(bondegård)*. Noch heute drücken diese Hofgüter dem Inselinneren ihren Stempel auf. Die wehrhaft wirkenden Anlagen erinnern an Burgen: Im Karree gruppieren sich die Gebäude um einen gepflasterten Wirtschaftshof, weshalb man auch von Vierseithöfen spricht. Dieser Hof ist über ein Gatter oder eine Toreinfahrt zugänglich, Stichwege verbinden das Gehöft mit der nächsten Straße. Diese teils verstreut liegenden Güter bildeten zusammen sog. Kirchspiele *(sogn)*; deren spirituelles Zentrum war ein – ebenso frei in der Landschaft stehendes – Gotteshaus. Kleine Höfe hatten oft wenig mehr als 10 ha Land, die größten waren herrschaftlich geführte Güter mit bis zu 30 Arbeitern, von denen die meisten bis weit ins 19. Jh. hinein Leibeigene waren oder unter Bedingungen schufteten, die der Sklaverei nahe kamen. Im sozialistisch gefärbten Roman „Pelle der Eroberer" gibt der Inseldichter Martin Andersen Nexø

(→ S. 41 ff.) verschiedentlich Einblicke, wie ein solches Hofgut – in diesem Fall der Steinhof der Familie Kongstrup – aussah: „Das hohe weiße Wohnhaus, welches das obere Ende des Hofes abschloss, war nicht mit den übrigen Gebäuden zusammengebaut, sondern hielt sich vornehm zurück (...). Es hatte eine Mansarde nach beiden Seiten und ein hohes Kellergeschoss, in dem sich Gesindestube, Mägdestube, Braustube, Mangelstube und die großen Vorratsräume befanden."

Einige Hofgüter stehen mittlerweile unter Denkmalschutz und sind noch immer in Betrieb. Andere wurden zu Ferienwohnungen umgebaut, in wieder anderen haben heute Künstler oder Kunsthandwerker ihre Ateliers und Ausstellungsräume eingerichtet. Den besten Einblick in die Landwirtschaft alter Tage bietet der Besuch des Bauernmuseums Melstedgård **bei Gudhjem** (→ S. 138 f.). Der Vierseithof, in dem noch immer gearbeitet wird, steht seit 1950 unter Denkmalschutz. Er wurde – nicht untypisch für Bornholm – zu Beginn des 17. Jh. auf einer sog. Hofstelle *(ødestel)* errichtet, mit anderen Worten: auf einer Planstelle für Bauernhäuser. Wichtige Hinweise, wie ein Hof in alten Zeiten funktionierte, zogen die Museumsmitarbeiter aus den Tagebuchnotizen des Bauern Julius Svendsen. Demnach fiel ein Hof im Januar und Februar in eine Art Winterstarre, erst im März begann man allmählich mit den Vorbereitungen und Ausbesserungsarbeiten. Traditionell wurden die Höfe auf Bornholm alljährlich zu Pfingsten – nach dem letzten Frost und vor der Sommerhitze – frisch gekalkt. Im Oktober neigte sich die Erntesaison dem Ende zu, im November wurde traditionell geschlachtet und das getrocknete Korn gedroschen. Die abschließenden Arbeiten vor der Winterruhe fanden im Dezember statt.

Wer sich in Melstedgård ausführlich umgesehen hat, kann viele Passagen aus dem oben erwähnten Inselroman besser verstehen. Abschließend soll der für Bornholm so wichtige Martin Andersen Nexø noch einmal zu Wort kommen: „Um den eigentlichen Hof herum lagen die vielen kleinen und großen Wirtschaftsgebäude: Kälber- und Schweinestall, Geräteschuppen, Wagenremise, eine Schmiede, die nicht mehr benutzt wurde. Sie lagen da wie eine Menge Mysterien, mit Luken, die zu pechschwarzen unterirdischen Rüben- und Kartoffelkellern führten, von wo aus man natürlich auf geheimen Gängen zu den sonderbarsten Stellen unter der Erde gelangen konnte – und mit anderen Luken, die zu dunklen Bodenräumen hinaufführten, wo die wunderbarsten Schätze in Form von altem Gerümpel aufbewahrt wurden."

Universelle Orientierung

Eigentümlicherweise werden auf Bornholm die einzelnen Baukörper oder Flügel eines Vierseithofes – aber auch die Lage einzelner Gegenstände zueinander – nach der Himmelsrichtung benannt, in der sie sich befinden. Der Literat Hans Henny Jahnn (→ S. 43) beschrieb dieses Phänomen wie folgt: „Der Bornholmer unterscheidet nicht rechts und links. Er bezeichnet die Lage einer Wand, einer Stube, eines Bodens als südlich oder östlich. Stehen in einer Stube zwei Tische, so werden sie in ihrem Verhältnis zur Himmelsachse bezeichnet. Die magnetischen Ströme, die die Insel umspielen, scheinen bei den Bewohnern einen absoluten Richtungssinn entwickelt zu haben. Sie wissen, solange sie sich auf der Insel befinden, die Himmelsorte genau."

Bildende Kunst

Das intensive Licht und natürlich auch die Schönheit der Landschaft faszinieren seit jeher die Künstler. Ab dem 19. Jh. zog es Kunstschaffende verstärkt auf die Insel; Maler bildeten Zirkel und Kreise, deren Impulse die europäische Kunstgeschichte befruchteten. Bildende Künstler wie z. B. Anton Kieldrup (1827–1869) und Viggo Fauerholdt (1832–1883) orientierten sich am Programm der Düsseldorfer Malschule und schufen vom Geist der Romantik beseelte Werke. Am Ende des Jahrhunderts rückten Maler mit einem anderen Credo ins Blickfeld; sie reisten nicht mehr nach Mitteleuropa, sondern studierten an der Königlich Dänischen Kunstakademie (Det Kongelige Danske Kunstakademi) in Kopenhagen. Im Gegensatz zur idealistischen, mystisch angehauchten Atelierkunst glichen deren Gemälde exakten Naturstudien und entstanden im Freien in der Konfrontation des Malers mit der Landschaft. Der bekannteste Vertreter dieser Richtung, der auf Bornholm malte, war Vilhelm Kyhn (1819–1903). Dem naturalistischen Leitbild waren auch die **Skagenmaler** verpflichtet, wobei deren Werke sich z. T. am französischen Impressionismus orientierten: In den letzten zwei Jahrzehnten des 19. Jh. traf sich in Skagen, einem Fischerort an der Nordspitze Jütlands, jeden Sommer ein illustrer Kreis von Künstlern, darunter Protagonisten, die aus Bornholm stammten (Michael Ancher) oder mehrfach die Insel besuchten und dort wirkten (Holger Drachmann und Laurits Tuxen). Letzterer war innig mit Kristian Zahrtmann (1843–1917) verbunden, dem ersten bedeutenden Maler der Insel. Mit ihm begann eine neue Phase der Kunstgeschichte Bornholms.

▲ Bauernkate von Oluf Høst
▼ Karl Isakson: Blick über Gudhjem

Der aus Rønne stammende Zahrtmann verewigte in seinen Gemälden vorzugsweise historische Persönlichkeiten. Sein vielleicht berühmtestes Portrait zeigt Prinzessin Leonora Christina Ulfeldt (→ S. 108) im Schlossgarten Frederiksborg. Bislang waren die Maler hauptsächlich ihren jeweiligen Schulrichtungen verpflichtet gewesen, mit Zahrtmann hielt die künstlerische Individualität Einzug ins Malgenre. In der Folge verpflichtete sich die Zahrtmannschule (Kunstnernes Studieskole) dem neuen Geist und beeinflusste zukünftige Künstlergenerationen. Somit ist Zahrtmann auch ein wichtiger Vorläufer der **Bornholmer Malschule** (Bornholmerskolen): Darunter versteht man eine Gruppe von Malern, die 1910–30 auf Bornholm wirkten. Deren Werke – vorwiegend Milieu- und Landschaftsmalerei – zählen zur klassischen Moderne. Die Festung Christiansø auf den Erbseninseln und die putzigen Hafenstädtchen Svaneke und Gudhjem wurden zu bevorzugten Aufenthaltsorten der Künstler, darunter Niels Lergaard (1893–1982), Kræsten Iversen (1886–1955) und Edvard Veie (1879–1943). Der berühmteste Vertreter der Schule hieß Oluf Høst (1884–1966), dessen Wohnhaus in Gudhjem heute ein Museum ist (→ S. 133). Er ist auch der einzige Vertreter der Schule, der gebürtiger Bornholmer ist. Den Bauernhof Bognemark über den Klippen Gudhjems malte er über 200 Mal, nach der Hochzeit mit Hedvig Wiedemann 1913 entwickelte sich sein Haus zum Treffpunkt von Künstlern und Intellektuellen.

Gudhjem blieb auch in der Folgezeit im Fokus künstlerischer Aktivitäten. Seit den 1930er-Jahren lebte eine Gruppe bedeutender Künstler verstreut im Ort, die sich verstärkt der surrealistischen bzw. abstrakten Kunst zuwandten, u. a. der dänische Maler Richard Mortensen (1910–1993). Von Ausnahmen abgesehen, blieb die Bindung dieser Künstler zur Insel eher lose. Das änderte sich mit dem Zweiten Weltkrieg, als sich der aus Deutschland stammende Impresario Herbert von Garvens (→ Geschichte, S. 30) auf Bornholm niederließ. Der Kunstsammler zog zahlreiche Vertreter der künstlerischen Avantgarde an, die sich regelmäßig auf seinem Hof zwischen Allinge und Tejn trafen. Else Alfelt (1910–1974) und Carl-Henning Pedersen (1913–2007) zählten u. a. zu den regelmäßigen Besuchern. Nach 1945 wurde es merklich ruhiger um die Insel, obwohl heute nach wie vor zahlreiche Künstler auf Bornholm leben. Die Geschichte dokumentiert das Kunstmuseum Helligdommen, wo auch zahlreiche Werke von Zahrtmann, Iversen, Høst oder Mortensen im Original bewundert werden können (→ S. 125).

Kunsthandwerk

Die Unterschiede zwischen Kunst und Handwerk sind fließend, sodass vieles, was für die Künstler galt und noch immer gilt, ebenso auf das Kunsthandwerk zutrifft. Letzteres erwies sich für die Insel fast als noch bedeutender, sodass Bornholm mit Fug und Recht als Insel der Kunsthandwerker bezeichnet werden kann. Eine lange Tradition weist die Keramik- und Glaskunst auf. Vielerorts trifft man auf Ateliers, in denen **Glasbläser** ihre Handwerkskunst demonstrieren. Ein hohes Renommee genießt z. B. das Ehepaar Maibritt Jönsson und Pete Hunner, das zwischen Gudhjem und Svaneke eine Werkstatt mit Ausstellungsraum betreibt. Ihre Firma Baltic Sea Glass genießt inzwischen Weltruf und erhielt zahlreiche internationale Preise. Künstlerisches Credo ist, natürliche Formen – wie Meereswellen, Mais oder Bienenwaben – in Glas nachzubilden. Den Künstlern bei ihrer Arbeit zuzusehen, ist ein erhebendes Erlebnis (www.balticseaglass.com). Nicht minder ausgezeichnet ist der Branchenruf von Pernille Bülow. Mittlerweile beschäftigt die aus Jütland stammende Künstlerin 25 Mitarbeiter und gibt ihr Wissen in Kreativkursen weiter. Die beiden Verkaufsstudios in Svaneke und Snogebæk sind auf alle Fälle den Besuch wert (www.pernillebulow.dk). Zu ihren Schülerinnen gehörten zwei Norwegerinnen, Ninette Ellingsen und Evelyn Sivertsen, die sich später selbstständig machten und unter dem Label Glasværk ein eigenes Studio eröffneten. Weitere Ateliers liegen u. a. in Gudhjem, Østerlars und bei Arnager. Die Vielzahl renommierter Glas- und Keramikkünstler, die sich in den letzten hundert Jahren auf Bornholm niederließen,

Glaskunst vom Feinsten – Baltic Sea Glass südlich von Gudhjem

führte sogar zur Eröffnung einer eigenen Schule: der School of Design am Stadtrand von Nexø. Es handelt sich um eine kleine, aber in Europa führende Einrichtung, die zur Königlich Dänischen Kunstakademie gehört. Pro Jahrgang und Klasse werden nur zwölf Auszubildende zugelassen (www.dkds.dk).

Neben Glas ist Keramik das zweite Standbein im Portfolio dieser Eliteschule. Die **Keramikherstellung** genießt fast mehr Reputation als die Glaskunst, immerhin gehen Tonarbeiten bereits auf die Steinzeit zurück. Anno 1790 gründete der Engländer James Davenport eine Keramikmanufaktur in Rønne. Grund für seine Standortwahl war die seit jeher hochgeschätzte Bornholmer Lehmerde. Spiritus Rector war ein gewisser Johannes A. Spietz aus Holstein, dessen Söhne das Keramikhandwerk auf Bornholm bis 1858 betrieben. Im 19. Jh. ließen sich in Rønne über 20 Keramikmanufakturen nieder. Nicht wenige Entrepreneurs absolvierten zuvor den Meisterkurs der Königlichen Porzellanfabrik Kopenhagen, die unter dem Label „Royal Copenhagen" bis heute Vasen und Teller produziert. Die Wirtschaftskrise zwischen den Weltkriegen ließ die alteingesessenen Betriebe nicht ungeschoren, die meisten schlossen für immer. Von den Traditionsbetrieben hielt einzig die 1835 gegründete Fabrik Søholm bis 1996 durch. Deren Steingutware mehrte über Jahre den ausgezeichneten Ruf, den die Marke „Bornholmer Keramik" bis heute genießt, obwohl der Betrieb seine Rohstoffe aus produktionstechnischen Gründen gar nicht von der Insel bezog. Anders die Terrakottafabrik Lauritz Hjorth, die gewöhnlich als Erstes genannt wird, wenn von der Keramikherstellung die Rede ist. Der Meister machte sich vor allem mit wertvollen Kopien antiker Skulpturen und Vasen einen Namen. Seine Produkte wurden auf den großen Ausstellungen in Belgien, den Niederlanden und sogar in Amerika gezeigt. Die einstigen Werkstätten sind noch originalgetreu erhalten und können in Rønne besichtigt werden (→ S. 85).

Ohnehin genießt das Label *Danish Design* heute internationale Reputation. Daher verwundert es nicht, dass außer Glas und Keramik weiteres Kunsthandwerk auf der Insel beheimatet ist. Viele Künstler erwarben ehemalige Hofgüter und leben

Sehenswertes Künstleratelier in Arnager

zurückgezogen auf dem Land. Wer sie in ihren Ateliers aufsucht, sollte sich anmelden oder sich nach den regulären Besuchszeiten richten. Nicht wenige von ihnen lebten einige Zeit im Freistaat Kristiana in Kopenhagen, bevor sie nach Bornholm zogen. Das links-alternative Flair, das einige Ateliers und Künstlercafés heute ausstrahlen, ist ein Erbe dieser modernen Immigranten. Was die kunsthandwerkliche Qualität betrifft, so ist allerdings in den Galerien und Ateliers nicht alles Gold, was glänzt: Zwischen künstlerisch hochwertige Werkstücke mischt sich leider mitunter auch anspruchslose Dutzendware. Wer jedoch auf die schönen Dinge des Lebens steht, wird sicher das eine oder andere für sich entdecken.

Wo der Künstler werkelt
Eine gute Gelegenheit, das Kunsthandwerk kennen zu lernen, ist das **Zentrum für Kunsthandwerk** in einem Kaufmannskontorhof in Hasle (→ S. 97). Das Kunstmuseum an der Bornholmer Riviera verfügt ebenfalls über eine Kunsthandwerksabteilung (→ S. 125). Adressen vieler Werkstätten und Ateliers finden Sie im Reisehandbuch bei den jeweiligen Orten unter der Rubrik „Einkaufen".

Literatur

Der Inselheilige literarischen Schaffens heißt **Martin Andersen Nexø** (1869–1954), dem heute in Nexø, wo er einen Großteil seiner Kindheit verbrachte, ein Museum gewidmet ist (→ S. 161). Geboren in Kopenhagen, siedelte die Familie nach Bornholm über, wo der zukünftige Literat bei Nexø als Hütejunge arbeitete. Später absolvierte er in Rønne eine Schusterlehre, bevor er Dänemark ganz verließ. Drei Jahre vor seinem Tod ließ er sich in der DDR nieder. Um einer Verwechslung mit dem Märchendichter Hans Christian Andersen vorzubeugen, fügte er seinem Namen den Zusatz „Nexø" hinzu. Er pflegte ein enges Verhältnis zu den Deutschen: 1925 heiratete er in dritter Ehe die Deutsche Johanna May, im deutschen Sprachraum

Bornholms Trolle: Nachrichten aus der Sagenwelt II

Einer der sog. Unterirdischen *(underjordiske)*, der unter dem Langebjerg bei Sandvig hausen soll, legte im 20. Jh. eine beispiellose Karriere hin: 1943 unterhielt Ludvig Mahler seinen Sohn Ole mit Geschichten um einen Troll namens Krølle-Bølle (Lockenstrolch). Offenbar war er damit so erfolgreich, dass sich fünf Jahre später ein Verlag in Rønne bereit erklärte, die Geschichten vom frechen Knirps mit der Kringellocke und dem Kringelschwanz – das dänische Wort *krølle* bedeutet „Kringel" – zu publizieren.

Das Kinderbuch mit Ludvig Mahlers Zeichnungen wurde ein großer Erfolg und unter dem Titel „Der kleine Troll Krølle-Bølle" ins Deutsche übersetzt. Zwar ist die Übersetzung inzwischen vergriffen, aber als offizielles Inselmaskottchen ist Krølle-Bølle allgegenwärtig: Es grüßt von T-Shirts und aus Vorgärten, und das Plüschtier oder die Tonfigur sind ein begehrtes Souvenir. Sohn Ole Mahler hat sich mittlerweile die Namensrechte sichern lassen und vertreibt in Hasle entsprechende Keramikfiguren; der Familienfreizeitpark Joboland (→ S. 150) lässt in unterirdischen Höhlen die Welt des Kleinvolks aufleben. Einen schönen Einstieg in die Welt der Sagen und Legenden auf Bornholm bietet ferner ein Skulpturenpark zwischen Rønne und Nylars (→ S. 93). Nur das legendäre Krølle-Bølle-Eis wird seit 2008 nicht mehr in der Inselmolkerei Klemensker produziert. Nach langem Streit um Marken- und Patentrechte wird es heute in Jütland gefertigt.

Krølle-Bølle im Skulpturenpark bei Nylars und als Eisreklame in Rønne

hatte er die größte Leserschaft, die Stadt Dresden ernannte ihn zum Ehrenbürger. Es verwundert nicht, dass besonders die DDR sein Erbe pflegte. Der Autor war Mitglied der Kommunistischen Partei, sein Hauptwerk „Pelle Erobreren", das 1912 unter dem Titel „Pelle der Eroberer" auf Deutsch erschien, atmet den Geist der Arbeiterbewegung. Der erste Band spielt auf Bornholm und trägt unverkennbar autobiografische Züge: Mit seinem Vater Lasse landet der elfjährige Pelle auf der Insel. Er erlebt die bittere Armut der Tagelöhner, Steinbrecher und Wanderarbeiter. Es handelt sich um einen Roman der Kindheit; er erzählt, wie Pelle Schritt um Schritt in die Welt hineinwächst und sie begreifen lernt. Später verlässt er den Hof und beginnt eine Lehre in der Inselhauptstadt. Der zweite Band spielt nicht mehr auf Bornholm: Pelle zieht in die Welt hinaus, um schließlich dort sein Glück zu machen. Der Roman, der zum Kanon der Weltliteratur zählt, wurde 1987 vom dänischen Regisseur Bille August verfilmt. Das cineastische Werk erhielt die Goldene Palme in Cannes, den Golden Globe Award sowie einen Oscar als bester fremdsprachiger Film.

Auf der Flucht vor den Nazis verbrachte zwischen 1934 und 1950 der Hamburger Schriftsteller, Orgelbauer und Pferdezüchter **Hans Henny Jahnn** (1894–1959) viele Jahre auf der Insel (→ Geschichte, S. 30). Im Norden Bornholms, in der Nähe von Rutsker, ließ er sich mit Frau und Tochter nieder und verfasste große Teile seines Hauptwerkes „Fluss ohne Ufer". Die Trilogie des Kleist-Preisträgers zählt zu den wichtigsten deutschsprachigen Werken des 20. Jh. und ist zu unrecht heutzutage ein wenig in Vergessenheit geraten. Einige Passagen der „Niederschrift des Gustav Anias Horn", die den Hauptteil der Trilogie ausmacht, atmen unverkennbar den Geist der Insel. Eine gewisse Beachtung fand zudem ein Artikel aus dem Jahr 1941 in der Zeitschrift „Atlantis". Darin

Porträt des Inseldichters in seinem Wohnhaus in Nexø

schreibt der Literat: „Das Meer prägt die Insel. Es ist die zweite Landschaft. Es liegt tief unter den Hügeln. Alle Straßen, die zur Küste führen, münden in den unbeschreiblichen Anblick, dass eine blaue, graue, spiegelnde oder stumpfe, verhangene oder windgepeitschte Wasserfläche sich wie in einem ungeheuren Tal sich unter einem ausbreitet" (www.hans-henny-jahnn.de).

Lauschiger Platz an der Schärenküste im Inselnorden

Klima und Reisezeit

Ein mildes Klima sowie im gesamtdänischen Vergleich überdurchschnittlich viele Sonnenstunden brachten Bornholm den werbewirksamen Beinamen „Mallorca des Nordens" ein. Die Reisezeit beschränkt sich dennoch auf das Sommerhalbjahr, die Hochsaison dauert sogar nur sechs Wochen.

Die Insellage erzeugt ein **maritimes Klima** mit geringen Temperaturschwankungen. Besonders an der Küste gedeihen daher Pflanzen wie Feigen- und Maulbeerbäume, die ansonsten eher im mediterranen Raum zuhause sind. Während es im Winter bis in den Monat März hinein zu leichten Frösten kommen kann, steigen bereits im Mai die durchschnittlichen Maximaltemperaturen auf 14 °C an. Von Mai bis Oktober sind die Temperaturen am angenehmsten. Selbst im Hochsommer kratzen die Temperaturen selten an der Dreißig-Grad-Marke, schwüle Tage sind die Ausnahme. Fast immer weht vom Meer ein kühlender Wind, der freilich – je nach Großwetterlage – auch im Sommer auffrischen kann. Die durchschnittliche Anzahl der Sonnenstunden liegt mit etwa 9,4 Std. zur Mittsommerzeit im Juni am höchsten, wenn die Sonne im August wieder tiefer steht, sind es immerhin noch 7,1 Std. Im Vergleich zu Restdänemark verzeichnet Bornholm durchschnittlich zwei bis drei Sonnentage mehr. Im Frühjahr und Frühsommer müssen Reisende mit sechs bis sieben Regentagen pro Monat rechnen, von Juli bis Oktober nimmt ihre Anzahl zu und steigt auf acht bis zehn Regentage. Auch hinsichtlich der Niederschlagsmenge erweist sich die zweite Jahreshälfte als niederschlagsreicher, mit durchschnittlich etwa 62 mm fällt der meiste Regen im November. Jedoch ist die Gesamtregenmenge im Jahr mit 536 mm vergleichsweise niedrig (zum Vergleich: Im Schwarzwald fallen schon mal mehr als 2000 mm). Interessant ist das Mikroklima Bornholms: Denn auch bei einer günstigen Großwetterlage können sich die Wetterverhältnisse je nach Gegend teils beträchtlich unterscheiden. Hängt z. B. an der Südküste der Nebel, kann zur selben Zeit im Westen die Sonne scheinen (und umgekehrt). Die **Wassertemperaturen** der Ostsee schwanken im Jahr zwischen 2 °C und 17 °C. Am wärmsten ist das Wasser in den Monaten Juli und August, weshalb sich die eigentliche Badesaison auf diese zwei Monate beschränkt. Bereits Mitte September sinkt die Ostseetemperatur auf etwa 15 °C. Das Wasser ist an Bornholms Stränden tendenziell etwas kühler als an der deutschen Ostseeküste. Gründe hierfür sind die größere Tiefe des Meeres sowie die fehlenden Buchten der Boddenküste.

Die beste **Reisezeit** für Bornholm ist das Sommerhalbjahr von Mai bis Oktober. Zwar lässt sich die Insel das ganze Jahr über bereisen, die meisten Unterkünfte und Restaurants öffnen jedoch erst um Ostern und schließen Ende Oktober, wenn die dänischen Herbstferien zu Ende gehen. Die eigentliche Touristensaison beschränkt sich auf die drei Sommermonate, die Hauptsaison geht sogar nur von Anfang Juli bis Mitte August, wenn ganz Dänemark Urlaub macht. In diesen nur sechs Wochen herrscht mit Abstand der meiste Betrieb, wer seine Reise in diesen Zeitraum legt, muss am ehesten mit ausgebuchten Quartieren rechnen. Bereits Mitte August geht das Gästeaufkommen spürbar zurück, was zur Folge hat, dass in der zweiten Augusthälfte die eine oder andere Tourismuseinrichtung Feierabend macht. Wer also in der Vor- oder Nachsaison reist, steht eventuell hin und wieder vor verschlossenen Türen. Die Beherbergungs- und sonstigen Gästebetriebe haben sich mit gestaffelten Preisen auf den Saisonbetrieb eingestellt: Logischerweise ist das Preisniveau in der Hauptsaison von Anfang Juli bis Mitte August am höchsten; vergleichsweise preiswert reist, wer auf die anderen Zeiten ausweicht.

	Rønne		
	Ø Lufttemperatur (Min./Max. in °C)		Ø Niederschlag (in mm)	Ø Wassertemperatur (in °C)
Jan.	-1,6	1,9	44	3
Febr.	-2,1	1,7	26	2
März	-0,7	3,8	34	3
April	1,7	8,1	33	4
Mai	6,2	14,0	34	7
Juni	10,7	18,1	38	12
Juli	13,0	19,6	53	16
Aug.	13,1	19,8	53	17
Sept.	10,6	16,2	58	15
Okt.	7,2	11,9	51	12
Nov.	3,5	7,3	62	8
Dez.	0,1	3,9	50	6
Jahr	5,1	10,5	536	9

Sonnenbad auf der Fähre von Rügen nach Bornholm

Anreise

Von wenigen Ausnahmen abgesehen beginnt der Inselaufenthalt in Rønne. Obwohl der Flughafen in der Feriensaison einmal pro Woche von mehreren Abflughäfen im deutschsprachigen Raum angesteuert wird, bevorzugen die meisten Reisenden die Überfahrt mit dem Schiff.

Samstag und Sonntag sind auf Bornholm traditionell die wichtigsten An- und Abreisetage. Unabhängig davon sollten folgende Grundsatzentscheidungen vor der Urlaubsreise getroffen werden: Die erste betrifft die Frage, ob der eigene fahrbare Untersatz auf die Insel mitgeführt wird. Wer mit dem Auto nach Bornholm fahren möchte, muss sich dann nur noch für eine der zahlreichen Überfahrtmöglichkeiten mit der Fähre entscheiden (→ Kasten, S. 51). Eine Alternative ist während der Hauptsaison der Flieger, wobei in diesem Fall das auf der Insel gemietete Auto die individuelle Mobilität sichert. Die zweite Grundsatzentscheidung betrifft die Anreiseroute: Gegenüber der klassischen Fährüberfahrt von Rügen erweist sich u. U. die Anreise über Kopenhagen und Südschweden als günstiger, seit die im Jahr 2000 dem Personen- und Güterverkehr übergebene Öresundbrücke die Fahrzeit von Dänemarks Hauptstadt auf die Insel auf rund 3 Std. verkürzt hat. Wer außerhalb der Saison reist, besitzt ohnehin nur die Anreiseoption über Seeland oder Schweden. Die genannten Möglichkeiten stehen natürlich auch denen offen, die öffentliche Verkehrsmittel (Zug, Bus und Fähre) bevorzugen. Der Verzicht auf den eigenen fahrbaren Untersatz ist bei der Planung durchaus eine Überlegung wert, zumal die einzelnen Destinationen auf Bornholm gut an das öffentliche Busnetz angebunden sind. Zudem transportieren Fähren und Eisenbahnen (Letztere mit Einschränkung) das eigene Fahrrad, andererseits kann ein solches auch problemlos auf der Insel gemietet werden. Übrigens lohnt es sich, bei den Preisen genauer hinzusehen, denn oft ist die Fähre an Werktagen preiswerter als am Wochenende.

Anreise über Rügen

Ob mit dem eigenem Auto oder öffentlichen Verkehrsmitteln – wer die direkte Anreise wählt, setzt mit der Fähre von Rügen nach Bornholm über. Der Hafen von Mukran bei Sassnitz wurde ursprünglich für den Güterverkehr von der vormaligen DDR ins Baltikum gebaut. Nach dem Fall der Berliner Mauer 1989 und dem Ende der DDR wurde er für den Personenverkehr nach Skandinavien erweitert, wobei bereits seit 1959 Fährschiffe vom alten Hafen in Sassnitz nach Trelleborg und Rønne fuhren. Leider weist der Terminal einige Unzulänglichkeiten auf, die besonders Reisende ohne fahrbaren Untersatz oder mit eigenem Fahrrad zu spüren bekommen. Die Überfahrt nach Rønne dauert 3:30 Std., die Schiffe legen i. d. R. gegen 12 Uhr mittags ab. Im Gegensatz zu Mukran ist der Fährhafen Rønne hervorragend organisiert, die Schiffe zurück nach Rügen starten meist am Morgen oder frühen Vormittag, sodass das Endreiseziel noch am selben Tag erreicht wird. Bei der Anreise nach Bornholm ist hingegen wegen der frühen Abfahrt einiger Schiffe u. U. eine Übernachtung in Stralsund oder Sassnitz erforderlich (Infos zum Fährterminal unter www.faehrhafen-sassnitz.de).

Mit dem Auto nach Mukran: Von Stralsund (Mecklenburg-Vorpommern) führt die B 96 über den Rügendamm auf die größte deutsche Ostseeinsel. Kurz vor Sassnitz zweigt die Zufahrt zum Fährterminal (B 96b) ab. In der Hauptreisezeit sowie an sonnigen Wochenenden herrscht zwischen Stralsund und Mukran viel Betrieb, Verkehrsstaus sind nicht auszuschließen.

Parken: Dauerparkplätze befinden sich am Terminal 1 (12 € in Münzen an der Schranke bezahlen und den Parkschein gut sichtbar ins Auto legen).

Mit Zug und Taxi nach Mukran: Der Bahnhof Sassnitz ist Endhaltepunkt der Regionalzüge der Deutschen Bahn von Stralsund. Urlauber aus der Schweiz und aus dem Süden Deutschlands reisen bequem mit dem City Night Line (CNL) von Zürich nach Berlin; Juli/Aug. verkehrt 1-mal pro Woche ein direkter Nachtzug aus der Schweiz nach Rügen – mit Umstieg in den Regionalzug nach Sassnitz in Bergen. ✆ 0180-6996633 (20 ct/Min. aus dem Festnetz), www.bahn.de, www.citynightline.de.

Vom Bahnhof Sassnitz benötigt das **Taxi** für die 7 km zum Fährhafen rund 10 Min. Es empfiehlt sich, das Taxi einige Tage vorher zu reservieren. Die einfache Fahrt kostet ca. 15–17 €. Funktaxi Rügen, ✆ 038392-3030.

Übernachten in Sassnitz: Quartiere sind u. a. über das Hotelportal des Tourist Service Sassnitz buchbar (www.insassnitz.de).

Eine Alternative zum Logis auf Rügen ist die Übernachtung in Stralsund. Wer vor der Überfahrt nach Bornholm einige Tage auf Rügen verbringen möchte, ist mit dem Reisehandbuch „Rügen" aus dem Michael Müller Verlag bestens beraten. Die Verlagshomepage listet empfehlenswerte Hotels und Pensionen auf der Insel Rügen (www.michael-mueller-verlag.de/hotel/index.html).

Buchung der Fährtickets: Tickets sind am Schalter im Terminal Sassnitz-Mukran erhältlich oder können telefonisch bzw. online bei der Reederei BornholmerFærgen gebucht und mit Kreditkarte bezahlt werden. In der Hauptsaison und zur Hauptferienzeit empfiehlt sich die frühzeitige Reservierung. ✆ 0045-70231515, www.faergen.de.

Verbindungen: In der Hauptsaison (Ende Juni bis Anfang Sept.) legen die Schiffe von Rügen i. d. R. um 11.50 Uhr (tägl.) und 13.45 Uhr (Do–So) ab. In der Nebensaison fahren die Schiffe 2- bis 3-mal pro Woche. Von Nov. bis März gibt es keine Verbindungen.

Preise: Einzelreisende ohne Fahrzeug zahlen für die einfache Fahrt 25 € (Nebensaison) bzw. 32 € (Hauptsaison). Kinder (12–15 J.) zahlen die Hälfte, unter 11 J. ist die Überfahrt frei. Ein Pkw bis 1,95 m Höhe kostet inkl. 5 Pers. je nach Jahreszeit und Wochentag 120–242 €. Für Gefährte ab 1,95 m Höhe, Anhänger, Motor- und Fahrräder gelten gesonderte Tarife.

Anreise über Kopenhagen

Wer die Route über Fehmarn wählt, muss zur Weiterreise nach Bornholm nicht bis in die dänische Hauptstadt fahren: Bereits 40 km vor Kopenhagen können Autofahrer die Europastraße E 47/E 55 verlassen und von Køge nach Bornholm übersetzen. Wem die gut 5 Std. auf dem Schiff zuviel sind, der muss ebenfalls nicht in die Stadt hineinfahren, sondern kann südlich von Kopenhagen auf der mautpflichtigen Schrägseilbrücke den Öresund queren (E 20) und anschließend von Südschweden auf die Insel übersetzen. Gleiches gilt für Reisende auf der Landroute via Schleswig-Holstein und Jütland. Wer hingegen mit dem Zug fährt, muss in Kopenhagen umsteigen und mit Bahn oder Bus weiterreisen. Die Schiffsreedereien vermitteln kostengünstige Angebote in Kombination mit der Fährüberfahrt von Schweden nach Bornholm. Der Vorteil bei den zuletzt genannten Varianten ist, dass die Überfahrt nach Bornholm ganzjährig möglich ist (→ Kasten, S. 51).

Mit der Fähre nach Bornholm: Dieselbe Reederei, welche die Linie von Sassnitz auf Rügen nach Rønne betreibt (s. o.), zeichnet auch für die Strecken Køge–Rønne sowie Ystad–Rønne verantwortlich (BornholmerFærgen, ✆ 0045-70231515, www.faergen.de). Beide Linien sind Personen- und Autofähren und werden ganzjährig betrieben.

Mit dem Auto über die Öresundbrücke: Die Øresundsbron ist knapp 8 km lang und verbindet seit dem Jahr 2000 die dänische Hauptstadt mit Malmö auf der schwedischen Seite des Öresunds. Die Benutzung der Brücke ist mautpflichtig: Pkw 52 €, Wohnmobil ab 6 m bzw. Auto mit Anhänger 104 €, Motorrad 26 €. Gängige Kreditkarten werden akzeptiert (Infos u. a. auf Deutsch unter www.oresundsbron.com).

> Infos zum **Autoverkehr in Dänemark** finden Sie im Kapitel „Unterwegs mit dem eigenen Auto" ab S. 53 f.

Mit der Bahn nach Kopenhagen: Für Bahnreisende aus z. B. Hamburg spielt es zeitlich keine Rolle, ob sie über Sassnitz oder Kopenhagen nach Bornholm reisen. In beiden Fällen dauert die Reise etwa gleich lang. Für Urlauber aus der Schweiz oder dem Süden und Westen Deutschlands sieht das etwas anders aus: Hier erweist sich u. U. die Bahnfahrt über Kopenhagen als günstiger (www.bahn.de).

Mit Bus und Bahn weiter nach Bornholm: Zur Weiterfahrt von Kopenhagen nach Bornholm nimmt man entweder den Zug der Dänischen Staatsbahn (DSB) oder den Bornholmerbussen (Linie 866) und anschließend die Schnellfähre von Ystad in Schweden nach Rønne. Häufigere Verbindungen im Sommer, es genügt jeweils ein Ticket, das bei der Reederei (BornholmerFærgen, ✆ 0045-70231515, www.faergen.de) oder bei der DSB gebucht wird (www.dsb.dk). Das Ticket kostet 290 dkr (erm. 150 dkr) bzw. 190 dkr (erm. 100 dkr, in Verbindung mit einem Fährticket). Infos und Fahrplan im Internet unter www.bornholmerbussen.dk.

> Eine Suchmaske zur Errechnung der günstigsten **Verbindungen in Dänemark** finden Sie unter www.rejseplanen.dk (auf Dänisch, Englisch, Deutsch).

Der Flughafen von Rønne liegt an der Südküste

Anreise mit dem Flugzeug

Neben dem Fährhafen Rønne ist der Airport am südöstlichen Stadtrand das zweite Einfallstor nach Bornholm. Wenn man in Kauf nimmt, in der dänischen Hauptstadt umzusteigen, ist der Flug auf die Insel das ganze Jahr über möglich. Die dänische Gesellschaft Danish Air Transport (DAT) fliegt mehrmals täglich den Inselhauptort an (www.bornholmerflyet.dk), die Kosten für den einfachen Flug schwanken zwischen 320 und 760 dkr, Ermäßigungstarife gibt's für Senioren und Studenten. Da Flugpläne sich ändern können, lohnt die Eigenrecherche im Internet oder die Anfrage im Reisebüro. Oft bieten Airlines als kostenpflichtige Zusatzleistung einen Mietwagen vor Ort an. Der Preisvergleich mit Angeboten einschlägiger Mietwagenfirmen rechnet sich möglicherweise (→ S. 57).

Københavns Lufthavn: Der internationale Flughafen Kopenhagen-Kastrup (CPH) ist das verkehrsreichste Drehkreuz Skandinaviens. Er liegt 8 km vom Stadtzentrum Kopenhagen entfernt auf einer Insel im Öresund. Der Flughafenbahnhof ist gleichzeitig der Grenzbahnhof zu Schweden; die Züge nach Ystad zur Fähre nach Bornholm legen hier i. d. R. einen Halt ein. Alternativ ist von hier aus auch die Weiterreise mit dem Mietwagen möglich. Infos unter www.cph.dk.

Bornholms Lufthavn: Der Flughafen liegt wenige Kilometer südöstlich von Rønne (RNN). Weiterfahrt mit den Buslinien 3 bzw. 5 oder mit dem Taxi, verbilligte Tarife bei Buchung mind. 3 Std. vor Ankunft (0045-70252525, www.dantaxi.dk/Bornholm/Fly-Taxi). Die Mietwagenfirmen Avis, Europcar und Rønne Autoudlejning haben einen Schalter im Ankunftsbereich des Fughafens; die Adressen finden Sie im Ortskapitel Rønne auf S. 87. Infos zum Flughafen unter www.bornholmairport.dk.

Anreise mit dem eigenen Boot

Bornholm ist im Sommer ein beliebtes Ziel von Segeltörns. Die zentrale Lage der Insel in der Ostsee ist der Grund dafür, dass die Entfernungen zur deutschen und dänischen Ostseeküste, nach Schweden und ins Baltikum überschaubar sind. Die Entfernung von der deutschen Küste nach Bornholm beträgt nicht mehr als 35–50 Seemeilen. Wichtigster Jachthafen der Insel ist mit ca. 100 Liegeplätzen und bis 3 m Tiefgang jener bei der Inselhauptstadt Rønne. Während die Häfen in Nexø, Tejn und Hasle großzügig angelegt sind, geht es in den anderen Häfen – besonders zur Hauptsaison – eng zu. Einige kleinere Häfen sind für größere Boote ganz gesperrt. Bornholm hat insgesamt 27 Häfen, wovon 15 in kommunalem Besitz sind, zehn in privater Hand liegen und die letzten beiden von einer privatwirtschaftlich organisierten Gesellschaft mit Beteiligung der Regionskommune verwaltet werden.

Infos zu den Häfen: Eine ausgezeichnete Übersicht mit allen notwendigen Hafendaten liefert die Homepage www.sailing-guide.eu (u. a. auf Deutsch). Die Homepage der Inselhäfen heißt www.bornholms havne.dk (auf Dänisch).

Liegeplätze (Gæstepladser): Wenn an den Häfen keine Liegeplätze für Ortsfremde eigens ausgewiesen sind, können Gäste ihre Boote an freien Plätzen festmachen und dann beim Hafenmeister nachfragen, ob der Platz zu einem späteren Zeitpunkt reserviert ist; beim Hafenmeister wird auch die Liegegebühr entrichtet. In der Hauptsaison können Plätze am Abend schon mal knapp werden; es empfiehlt sich daher das rechtzeitige Anlaufen der Häfen.

Besondere Vorschriften: In Dänemark wird der Internationale Bootsschein als Registrier- und Eigentumsnachweis akzeptiert, der Deutsche Motoryachtverband e. V. empfiehlt eine Wassersport-Haftpflichtversicherung (Infos unter ☎ 0203-809580, www.dmyv.de).

Gesetzlich vorgeschrieben ist auf Motor- und Segelbooten das Tragen von Schwimmwesten. Gleiches gilt für Kanus und Ruderboote. Bei Nichtbeachtung können hohe Geldstrafen verhängt werden.

Wettervorhersage: Vor der Ostseeüberquerung sollten Sie unbedingt auf der Internetseite des Dänischen Meteorologischen Instituts (DMI) den aktuellen Wetterbericht einholen (www.dmi.dk).

Vorbildliches Verkehrsleitsystem

Fährverbindungen nach Bornholm

Verbindung	Dauer	Saison	Besonderheiten
Von Deutschland			
Sassnitz–Rønne	3:30 Std.	April–Okt.	höhere Preise und häufigere Verbindungen in der Hauptsaison und am Wochenende (www.faergen.de)
Von Dänemark			
Køge–Rønne	5:30 Std.	ganzjährig	Nachtfähre bei der Hinfahrt möglich (www.faergen.de)
Kopenhagen–Rønne	3 Std.	ganzjährig	Kombi-Angebot Bus & Fähre via Ystad/Schweden (www.faergen.de)
Von Schweden			
Ystad–Rønne	1:20 Std.	ganzjährig	mehrmals tägl. mit Schnellbooten (www.faergen.de)
Von Polen			
Kołobrzeg (Kolberg)–Nexø	4:30 Std.	Ende April – Mitte Okt.	i. d. R. 1-mal tägl.; nur Fußgänger; Zweiräder dürfen mitgeführt werden (www.kzp.kolobrzeg.pl/de)

Infos zu allen Fährverbindungen unter www.faehren-bornholm.de.

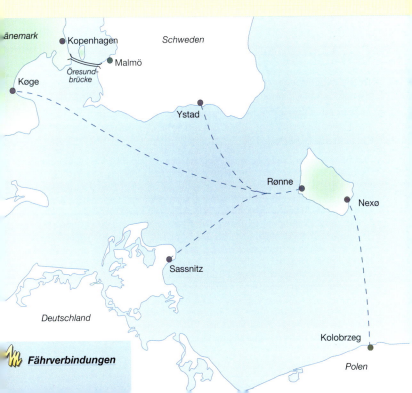

Fährverbindungen

Straßenbegrenzungspfosten aus Feldsteinen

Unterwegs auf Bornholm

Die meisten Feriengäste setzen mit der Fähre nach Bornholm über und nehmen ihr eigenes Fahrzeug mit. Das vorbildlich ausgebaute öffentliche Busnetz erlaubt die Inselerkundung aber auch ohne eigenen motorisierten Untersatz. Aktivurlauber wählen das Fahrrad und nutzen das rund 230 km lange Radwegenetz.

Das Leben auf der Insel folgt einer gemächlichen Schlagzahl, sodass Autofahren auf Bornholm mitnichten ein Stressfaktor ist. Ähnliches gilt für jene Reisenden, die das öffentliche Nahverkehrssystem bevorzugen oder mit dem Drahtesel die Insel erkunden. Die schönsten Küstenabschnitte sollte man sogar erwandern, um so ein Gefühl für die Topografie der Insel zu erhalten (→ Kleiner (Rad-)Wanderführer ab S. 198). Bis 1968 fuhr auf Bornholm sogar eine Eisenbahn. Die wichtigste Strecke der **Bornholmer Eisenbahnen** (De Bornholmske Jernbaner) schloss seit der vorletzten Jahrhundertwende Åkirkeby, Bornholms einzige Stadt im Inselinneren, an die beiden Hafenstädte Rønne und Nexø an. Eine weitere Strecke führte von Rønne gen Norden nach Allinge-Sandvig, eine dritte verband Åkirkeby mit Gudhjem an der Nordostküste. Die zunehmende Konkurrenz des Autoverkehrs im 20. Jh. führte dazu, dass die Privatbahnen auf Bornholm ihren Betrieb einstellen mussten. Heute werden die einstigen Bahntrassen z. T. als Fahrradwege genutzt. Das Eisenbahnmuseum in Nexø vermittelt Wissenswertes über die Geschichte des Personen- und Güterverkehrs auf der Insel (→ S. 162).

Mit dem eigenen Auto

Das Straßennetz auf Bornholm ist ungewöhnlich dicht geknüpft. Autobahnen und Schnellstraßen gibt es keine, das Tempo auf den Nebenstraßen ist gemächlich. Die schnellste Verbindung verläuft quer durch den Inselsüden von Rønne via Åkirkeby nach Nexø (29 km, Fahrzeit 30 Min.). Ebenso rasch unterwegs sind Automobilisten auf den küstennah verlaufenden Routen gen Norden: Wer die 24 km lange Strecke von der Inselhauptstadt nach Allinge an der Nordostküste wählt, muss ebenfalls etwa 30 Min. einkalkulieren; für die 38 km von Nexø nach Allinge benötigen Autofahrer 45 Min. Innerhalb von Orten oder auf dem Land sollte man vor allem auf den Nebenstraßen achtsam fahren, denn fehlende Mittelstreifen erhöhen hier zuweilen das Blechschadenrisiko. Die Beschilderung ist vorbildlich, wie eigentlich überall in Dänemark. Während sich die wenigen Ampeln auf die Inselhauptstadt beschränken, ist der Kreisverkehr ein weit verbreitetes Instrument der Verkehrsregelung. Zuweilen führt der Durchgangsverkehr großzügig um die Orte herum, im Zentrum herrscht nicht selten Einbahnstraßenverkehr. Einkaufen und Besichtigungen erledigt man am besten zu Fuß, nachdem man das Fahrzeug an einem zentrumsnah gelegenen Parkplatz abgestellt hat. Die Parkscheibe muss dabei sichtbar an der Windschutzscheibe befestigt werden, erhältlich sind Parkscheiben u. a. bei der Touristeninformation in Rønne.

Fahrzeugpapiere: Benötigt wird der internationale Führerschein oder der Führerschein des westeuropäischen Herkunftslandes des Fahrers. Mitzuführen ist zudem der Kraftfahrzeug-Versicherungsschein; das Nationalitätenkennzeichen muss am Fahrzeug angebracht sein. Die Grüne Versicherungskarte für Auslandsfahrten ist in Dänemark nicht Pflicht, sie kann jedoch das Prozedere im Schadensfall erleichtern. Diverse Automobilclubs (z. B. der ADAC) beraten Mitglieder bei Reisen ins Ausland.

Verkehrsbestimmungen: In Dänemark herrscht Rechtsverkehr, die Promillegrenze liegt bei 0,5 ‰. Autos und Motorräder müssen tagsüber das Abblendlicht angeschaltet lassen, das Telefonieren ohne Freisprechanlage ist während des Autofahrens streng verboten. Wie in den meisten Ländern herrscht auch in Dänemark die Gurtpflicht. Für Kinder unter 3 J. ist der Kindersitz vorgeschrieben.

Spezielle Verkehrsregeln: Busse haben beim Wiedereinfädeln in den Straßenverkehr stets Vorfahrt. Auf die Fahrbahn gemalte weiße Dreiecke (sog. Haifischzähne) bedeuten, dass die Vorfahrt gewährt werden muss. Bei einem Spurwechsel ist stets der Blinker zu setzen, bei Stau ist die Warnblinkanlage einzuschalten. Vergleichsweise hohe Bußgelder können schon bei den geringsten Vergehen fällig werden; seit Juli 2010 können Strafbescheide ab 70 € auch in Deutschland vollstreckt werden!

Geschwindigkeitsbegrenzungen: Auf Landstraßen außerhalb geschlossener Ortschaften gilt die Höchstgeschwindigkeit von 80 km/h, innerhalb von Ortschaften 50 km/h. Auf dänischen Autobahnen und Schnellstraßen beträgt die Höchstgeschwindigkeit 130 bzw. 110 km/h. Bei Wohnmobilen und Fahrzeugen mit Anhänger gilt die Höchstgeschwindigkeit von 70 km/h.

Parken: In den Ortszentren gilt auf Bornholm normalerweise die Zwei-Stunden-Regel, d. h. Autos mit Parkscheibe dürfen bis zu 2 Std. kostenlos parken. Wer weiter außerhalb parkt, benötigt keine Parkscheibe. Kontrolliert wird, wenn überhaupt, regelmäßig in Rønne und in der Hauptsaison ab und an in den anderen Küstenorten. Parkscheiben gibt es bei den Fremdenverkehrsämtern; Parkverbot herrscht an durchgezogenen Linien sowie gelb markierten Bordsteinkanten.

Tankstellen: Tankstellen gibt es auf Bornholm in jedem größeren Ort, allerdings verfügen viele über keine manuellen Kassen. In diesem Fall wird mit Kreditkarte oder mit 50-, 100- oder 200-Kronen-Scheinen direkt an der Zapfsäule bezahlt. Die Benzinpreise schwanken ähnlich wie in anderen Ländern Europas, liegen in Dänemark durchschnittlich jedoch etwas höher als in Deutschland.

Eine Übersicht über Dänemarks Tankstellen und deren jeweils aktuelle Benzinpreise gibt es unter www.fdmbenzinpriser.dk.

ADAC-Auslandsnotruf: für Dänemark ✆ 4593-1708 (aus dem Festnetz) oder ✆ 0045-45931708 (mobil). Rund um die Uhr erreichbar.

Unfälle: Wer in einen Autounfall verwickelt ist, sollte die Polizei rufen (✆ 112) und die Dänische Versicherungsgesellschaft für Fahrzeugschäden in Kopenhagen kontaktieren. Dansk Forening for International Motorkøretøjsforsikring (DFIM), ✆ 4191-9069 (10–15 Uhr), www.dfim.dk.

Mit dem Wohnmobil

Auch wenn die Überfahrt mit der Fähre für Reisende mit dem eigenen Wohnmobil vergleichsweise teuer ist, lohnt sich der Aufwand, insbesondere wenn die Familie mitreist und das Fahrrad im Gepäck dabei ist. In ganz Dänemark gilt die Regel, dass Wohnmobile über Nacht nur auf Campingplätzen abgestellt werden dürfen. Fast alle Anlagen verfügen über Ver- und Entsorgungseinrichtungen, weitere Infos zum Campingurlaub auf Bornholm im Kapitel „Übernachten" (→ S. 61) und natürlich in den Ortskapiteln. Wohnmobile sowie Autos mit Anhänger dürfen in Dänemark eine Länge von 12 m und eine Breite von 2,55 m nicht überschreiten!

Mit dem Bus

Alle größeren Orte sind problemlos mit dem Linienbus erreichbar, unterwegs hält der Bus auch schon mal auf Winkzeichen an der Landstraße. Etwa im Stundentakt verlassen die gelben Fahrzeuge der Busgesellschaft BAT in alle Richtungen den Inselhauptort (Linien 1–10), zusätzlich verkehren innerhalb von Rønne Stadtbusse (Linien 21–24). Der zentrale Busbahnhof in Rønne befindet sich am Hafen. Bis auf wenige Ausnahmen verkehren die Busse ganzjährig, in der Hauptsaison von Ende Juni bis Mitte August ist die Taktfrequenz dichter. Einzig die Linien 7 und 8 fahren nur in den Sommermonaten in beide Richtungen rund um die Insel entlang der Küste. Wer umsteigen muss, erkundigt sich am besten beim Fahrer, wo der Anschlussbus wartet. Freizeitradler wird es interessieren, dass Linienbusse gegen Aufpreis auch Fahrräder mitnehmen. Allerdings ist die Mitnahmekapazität auf 4–5 Räder pro Bus beschränkt.

Verbindungen: Busse verkehren in der Kernzeit (7–17 Uhr) i. d. R. stündlich, nach 22 Uhr hilft meist nur noch das Taxi. An Wochenenden und Feiertagen ist die Taktfrequenz geringer. Der komplette Fahrplan ist in der Touristeninformation in Rønne oder direkt im Bus erhältlich bzw. im Internet abrufbar unter www.bat.dk.

Preise: Die Insel ist in Zonen aufgeteilt, der Ticketpreis orientiert sich an der Länge der zurückgelegten Strecke. Eine Einzelfahrkarte Zone 2 kostet 26 dkr und ist nach der Entwertung 45 Min. gültig. Die weiteste Strecke kostet 65 dkr (5 Zonen, 90 Min.). Tageskarten für alle Zonen kosten 150 dkr, Wochenkarten 500 dkr, Rentner und Jugendliche unter 16 J. zahlen die Hälfte. Das Ticket wird beim Einsteigen beim Fahrer gelöst. Preisbeispiele: Rønne–Svaneke 65 dkr (5 Zonen), Gudhjem–Allinge 39 dkr (3 Zonen), Nexø–Dueodde 26 dkr (2 Zonen).

Mit Bus und Fahrrad: Wer das Fahrrad mitnimmt, löst zusätzlich ein Radticket für 24 dkr, der Busfahrer kümmert sich i. d. R. um die Befestigung am Radgepäckträger. Bei den Bussen neuerer Bauart werden Räder mit hineingenommen.

Hilfe zum Studium der Fahrpläne: *Rute* (Buslinie), *Køreplan* (Fahrplan), *Billet* (Fahrkarte), *Dagesкort* (Tageskarte), *Mandage-Fredage* (werktags; Mo–Fr), *Weekend & Helligdag* (Sa/So und Feiertag), *Fortsætter* (Anschlussverbindung).

Unterwegs mit dem öffentlichen Bus

Linie 1 Rønne – Hasle – Allinge – Gudhjem – Østerlars – Almindingen – Rønne (Rundkurs)

Linie 2 Rønne – Nyker – Kunstmuseum Helligdommen – Tejn – Allinge – Hammershus (auf gleicher Route zurück nach Rønne)

Linie 3 Rønne – Østerlars – Svaneke – Nexø – Åkirkeby – Rønne (Rundkurs)

Linie 4 Rønne – Almindingen – Østerlars – Gudhjem – Allinge – Hasle – Rønne (Rundkurs)

Linie 5 Rønne – Åkirkeby – Nexø – Svaneke – Østerlars – Rønne (Rundkurs)

Linie 6 Rønne – Åkirkeby – Pedersker – Snogebæk – Nexø (auf gleicher Route zurück nach Rønne)

Linie 7 [Rønne – Hasle – Vang] Hammershus – Allinge – Gudhjem – Svaneke – Nexø – Dueodde [Arnager – Rønne] (Rundkurs mit nur wenigen Verbindungen)

Linie 8 [Rønne – Arnager] Dueodde – Nexø – Svaneke – Gudhjem – Allinge – Hammershus [Vang – Hasle– Rønne] (Rundkurs mit nur wenigen Verbindungen)

Linie 9 Rønne – Åkirkeby – Almindingen – Østerlars – Gudhjem – Rø (auf gleicher Route zurück nach Rønne)

Linie 10 Rønne – Klemensker – Hasle – Vang – Allinge – Sandvig (auf gleicher Route zurück nach Rønne)

Tipp: Die Website www.rejseplanen.dk sucht die schnellsten Verbindungen (auf Dänisch, Englisch, Deutsch); hilfreich für die Anreise und die Mobilität auf der Insel!

Bornholm - Buslinien

Mit dem Schiff

Neben dem Schiffsverkehr von und nach Bornholm (→ Kasten, S. 51) gibt es eine weitere regelmäßige **Fährverbindung** von Gudhjem zu den Erbseninseln (Ertholmene). Der Ausflug zu diesem bemerkenswerten Archipel lohnt sich. Das Unternehmen Christiansøfarten steuert die Inseln in der Saison mehrmals täglich an, darüber hinaus sichert das Postschiff die Versorgung der Bevölkerung (www.bornholmexpress.dk). Bei entsprechenden Witterungsbedingungen verkehren zudem mehrere **Ausflugsschiffe**: Die MS Thor fährt von Gudhjem nach Norden zu den Klippen von Helligdommen, kleinere Motorboote starten vom Hammer Havn entlang der Steilküste Richtung Vang und Jons Kapel. Auch ab Hasle verkehren hin und wieder Ausflugsboote, weitere Infos entnehmen Sie dem Kapitel „Angeln und Sportangeln" ab S. 72 f. sowie den jeweiligen Ortskapiteln im Reiseteil.

Inhaber eines gültigen Bootsführerscheins, der für Boote ab 20 BRT vorgeschrieben ist, können sich eine Jacht mieten und von Hafen zu Hafen „hüpfen". Wer hingegen ohne eigene Kenntnisse auf der Ostsee segeln möchte, wendet sich am besten an einschlägige Veranstalter oder kontaktiert einen Bornholmer Skipper (s. u.).

Bootsverleih: Kleinere Boote, für die kein Bootsführerschein benötigt wird, verleiht die in Åkirkeby ansässige Firma Hesthavens. Die Dreitagesmiete beträgt 1600 dkr, die Wochenmiete 2600 dkr. Die Boote werden gegen Aufpreis überall auf Bornholm ausgeliefert und abgeholt (✆ 5697-5082, www.bornholm-baadudlejning.dk).

Segeltörns: Eine zuverlässige Stelle, um Infos zu Segeltörns auf der Ostsee einzuholen, ist der Deutsche Hochseesportverband Hanse e. V. (DHH). Auf den Internetseiten finden Sie zahlreiche Angebote (www.dhh.de). Im Hafen Rønne liegt z. B. eine relativ neue Bavaria 38 (Baujahr 1985) vor Anker. Skipper Lars Espersen organisiert Halbtags- und Ganztagstouren für Familien und Gruppen bis 5 Pers. Eine Ausfahrt von 3–4 Std. nach Hasle kostet 1725 dkr (✆ 3070-7063, www.yachtcharterbornholm.dk).

Ausflugsschiff zu den Erbseninseln

Mit dem Fahrrad

Bornholm ist eine Fahrradinsel, und das ist nicht einfach nur so dahergesagt. Die Ostseeinsel eignet sich hervorragend, um mit dem Drahtesel erkundet zu werden. Die Gesamtlänge der ausgeschilderten Radwege beträgt 235 km. Wer jedoch meint, die Inselrundfahrt auf zwei Rädern ließe sich meditativ und ohne Schweißverlust meistern, der irrt: Obwohl der höchste Punkt der Insel, der Rytterknægten, sich nur 162 m über das Küstenniveau erhebt, zählen fiese Anstiege vor allem im Inselnorden fast zur Initiationserfahrung einer Radtour. Zudem können frische Gegenwinde und feuchte Witterung dafür sorgen, dass man abends weiß, was man getan hat. Dessen ungeachtet ist die Fortbewegung mit dem Fahrrad eine charmante Möglichkeit der Inselerkundung, die immer wieder bezaubernde Aus- und Einblicke gewährt. Wer den eigenen Untersatz nicht von zu Hause mitbringt, kann das Fahrrad auf der Insel preisgünstig mieten. Und wer unterwegs die Lust am Radeln verliert, steigt einfach in den nächsten Bus, denn die öffentlichen Busse nehmen auch Räder mit. Im „Kleinen (Rad-)Wanderführer" hinten im Buch werden auch zwei Radtouren ausführlich beschrieben, im dortigen Einleitungsteil finden Sie weitere Infos zum Fahrradfahren auf Bornholm.

Tipps rund ums Fahrrad auf Bornholm: Eine ausführliche Broschüre mit Tipps rund ums Radfahren auf Bornholm inkl. Tourenvorschlägen kann auf der Internetseite des offiziellen Fremdenverkehrsbüros runtergeladen werden (www.bornholm.info).

Fahrradverleih: Neben den professionell arbeitenden Verleihfirmen können Gäste in vielen Hotels, Jugendherbergen und Campingplätzen Fahrräder mieten. Adressen finden Sie wie immer bei den jeweiligen Orten, ein komplettes Vermieterverzeichnis enthält die erwähnte Broschüre des Fremdenverkehrsbüros (s. o.).

Taxis und Mietfahrzeuge

Das dänische Unternehmen Dantaxi hat eine Niederlassung in Rønne und fährt alle Inselziele an. Zum Grundpreis von 49 dkr kommt noch der Kilometerpreis von 14,50 dkr. Großraumtaxis und Nachtfahrten sind teurer, gängige EC- und Kreditkarten werden akzeptiert (✆ 5595-2301, www.dantaxi.dk). In anderen Teilen der Insel operieren weitere Taxiunternehmen: für den Norden ✆ 5648-0832, den Osten ✆ 5648-4412, die Nordostküste samt Hinterland ✆ 5648-0832, für Nexø und Umgebung ✆ 5648-8510 sowie für den Süden Bornholms ✆ 5697-8090.

Die **Autovermietungsfirmen** haben ihren Sitz im Inselhauptort Rønne zwischen Hafen und Marktplatz. Zudem betreiben einige Agenturen einen Abholschalter am Flughafen, die Adressen finden Sie wie immer bei den praktischen Informationen im Reiseteil. Gleiches gilt für Fahrräder und sonstige Mietfahrzeuge. Einen Kleinwagen gibt es auf Bornholm ab 170 € am Tag, ohne Kreditkarte kann man sich die Anfrage sparen. Über günstige Konditionen informieren einschlägige Online-Vermittlungsagenturen (u. a. www.rentalcars.com oder www.autoeurope.de).

Bornholm aus der Vogelperspektive
Rundflüge mit dem Helikopter finden in der Hauptsaison von Ende Juni bis Mitte August statt. Die Flüge starten von Snogebæk (Di 10–17 Uhr), Hasle (Do 10–17 Uhr) sowie Nexø (Fr 10–17 Uhr) und kosten ab 395 dkr. Infos und Buchung unter ✆ 2891-1409, www.skyfox.dk.

Hinterhofidyll in einem der wenigen Privatquartiere der Insel

Übernachten

Der Übernachtungsklassiker ist natürlich das dänische Ferienhaus. Darüber hinaus vervollständigen Hotels, Jugendherbergen sowie Campingplätze die örtlichen Unterkunftsverzeichnisse. Privatquartiere (Bed & Breakfast) haben sich auf Bornholm hingegen noch nicht durchgesetzt.

Die meisten Feriengäste bleiben nur eine Woche auf Bornholm und mieten sich ein Ferienhaus oder eine Ferienwohnung. Insbesondere für Familien mit Kindern bietet sich diese Option geradezu an. Weil dieses Quartier vor Reiseantritt gebucht wird, muss im Vorfeld bereits eine Entscheidung für den geeigneten Standort fallen. Soll das Logis im Inselsüden in der Nähe der langen Sandstrände liegen? Oder besser an der romantisch zerklüfteten Felsküste im Norden Bornholms? Wie auch immer die Entscheidung ausfällt, eines ist gewiss: Das Eiland ist bei Weitem zu komplex, um in wenigen Tagen erkundet zu werden. Zudem erkennen Reisende zumeist recht bald, dass die Wege vom eigenen Standortquartier in andere Inselregionen durchaus weit sein können. Mithin reicht eine einzige Reise nicht aus, und das Verpasste muss auf den nächsten Ferienaufenthalt warten …

Deshalb ist der Gedanke nicht verkehrt, statt eines festen Standortquartiers (neben dem Ferienhaus kann dies natürlich auch die Hotel-Pension, eine Jugendherberge oder ein Campingplatz sein) die Bleibe zu wechseln, um so mehrere Seiten der Insel intensiver kennen zu lernen. Unentwegte entscheiden sich gar für eine „(Rund-)Tour de Bornholm" und probieren ganz unterschiedliche Standorte aus. Einige umrunden die Insel mit dem Fahrrad und nehmen ihr Gepäck mit, andere laufen den kompletten Küstenschutzweg ab und wandern von Quartier zu Quartier. Wesentlich leichter ist der Standortwechsel mit dem Campingmobil und dem eigenen

Auto. Und in diesen Fällen kommen neben Ferienhäusern natürlich auch andere Beherbergungsarten in Betracht – neben Hotels und Pensionen die Wanderheime und Zeltplätze.

Wer ganz sicher gehen möchte, sollte sich schon vor der Reise um ein Übernachtungsquartier kümmern, wobei es in der Nebensaison i. d. R. kein Problem ist, noch ein freies Bett zu ergattern. Erfreulich ist, dass nirgendwo etwas an die klassischen Auswüchse des Massentourismus erinnert. Seit jeher ist es nämlich auf Bornholm Usus, dass die Anzahl der Gastbetten die Einwohnerzahl (ca. 42.000) nicht überschreiten darf. Zu den bisher vorhandenen rund 2000 Ferienhäusern, 100 Hotels und Pensionen, einem Dutzend Campingplätzen und fünf Jugendherbergen wird daher in absehbarer Zeit nicht viel hinzukommen!

Saison auf Bornholm
Die meisten Quartiere öffnen nur von Ostern bis Ende Oktober, nur wenige haben ganzjährig geöffnet. Für die Hauptsaison Anfang Juli bis Mitte August ist es ratsam, rechtzeitig vorauszubuchen. Die **Zimmerpreise** liegen in dieser Zeit über denen in der Vor- und Nachsaison. Falls im Reiseteil des Buches nicht anders angegeben, ist das **Frühstück** im Preis enthalten; Ausnahmen sind Jugendherbergen und Campingplätze.

Ferienhäuser (Ferie- og Sommerhuse)

Bei rund 2000 Domizilen zur Auswahl fällt die Entscheidung natürlich schwer. Am Beginn der Urlaubsplanung sollte daher zuerst die Frage nach dem geografischen Standort beantwortet werden. Dann kann man sich auf die Quartiersuche begeben. Die Faustregel lautet hier: Wer seine Ferienbleibe rechtzeitig bucht, kann sich das Filetstück in idyllischer Alleinlage am Meer aus einem breiten Angebot aussuchen. Wer seinen Ferienaufenthalt hingegen kurzfristig plant, muss nehmen, was übrig ist. Im schlimmsten Fall ist in der Hochsaison alles ausgebucht, weswegen sich eine zeitige Planung immer lohnt. Der schnellste Weg zu den eigenen vier Wänden im Urlaub ist die Anfrage ans Reisebüro oder die Eigenrecherche im Internet. Neben den bekannten, überregional operierenden Vermittlungsagenturen wie Dansommer (www.dansommer.de) oder – sogar mit eigener Rezeption in Rønne am Hafen – Sol og Strand (www.sonneundstrand.de) existieren kleinere Bornholm-Spezialisten mit eigenem Büro auf der Insel (→ S. 60).

Die Inneneinrichtung ist häufig sehr einfach, aber zweckmäßig, bei den Bädern müssen u. U. ein paar Abstriche gemacht werden. Neben den frei stehenden Ferienhäusern gibt es auf der Insel Ferienhauszentren. Darunter sind hotelähnliche Anlagen mit Ferienwohnungen zu verstehen, nicht selten mit Schwimmbad, Fahrradverleih und einer ständig besetzten Rezeption. Auch hier gilt einmal mehr: Der Übergang vom Hotel zur Ferienwohnung ist fließend. Meistens – aber nicht zwingend – werden Ferienhäuser oder -wohnungen wochenweise vermietet. Ein verbindlicher An- und Abreisetag existiert zwar nicht, allerdings beginnen viele Gäste naturgemäß ihren Bornholmaufenthalt an einem Wochenende. Die Preise variieren je nach Standard, Lage und Reisesaison und werden im Internet i. d. R. wochenweise angegeben.

Ferienhausanbieter auf Bornholm Die nachfolgenden Anbieter verfügen alle über eine reiche Auswahl an Objekten auf der ganzen Insel. Es handelt sich um Agenturen, die seit Jahren auf qualitativ hohem Niveau operieren und mit der Insel bestens vertraut sind.

Åkirkeby: Feriepartner Bornholm, Hans Rømersvej 1, ✆ 5697-1220, www.feriepartner.dk/bornholm.

Nexø: Bornholmtours, Sdr. Hammer 2g, ✆ 5649-3200, www.bornholmtours.com.

Rønne: Team Bornholm, Ndr. Kystvej 34, ✆ 5695-8566, www.holidaybornholm.de.

Svaneke: Svanekeferie, Storegade 32, ✆ 5649-7073, www.svaneke.com.

Hotels und Pensionen (Hoteller og Pensioner)

Die meisten Hotels der Insel sind nicht klassifiziert, weswegen man nach Sternen vergeblich Ausschau hält. Was den Standard betrifft, bewegt sich die Mehrheit der Quartiere im (unteren) Mittelklassebereich und entspricht den aus unseren Breiten vertrauten Zwei- bis Drei-Sterne-Hotels. Luxustempel im Fünf-Sterne-Bereich gibt es auf Bornholm gar nicht, die beiden einzigen Vier-Sterne-Hotels befinden sich im Inselhauptort Rønne.

Unausgewogen ist die geografische Verteilung der Hotels und Pensionen: In Rønne, Gudhjem und Allinge-Sandvig häufen sich die Quartiere. Was letztere Doppelortschaft betrifft, so liegen die Gründe dafür in der Historie, denn im Inselnorden liegen die Anfänge des Bornholm-Tourismus. Andere Ortschaften wie Nexø, Åkirkeby oder Vang sind gänzlich hotelfrei, während in Svaneke einige Traditionshotels inzwischen zu Ferienwohnungszentren umgebaut wurden. Dieser Trend spiegelt sich in den Hotelzimmern wider, bei denen häufig der Kühlschrank und die Küchenzeile für Selbstversorger zur Grundausstattung gehören. Das bedeutet mit anderen Worten, dass der Übergang vom Hotel zur Ferienwohnung fließend ist. Das Frühstück *(morgenmad)* ist i. d. R. üppig, meist gibt es ein großes Buffet mit mehreren Sorten Brot oder Brötchen, in Marinade eingelegtem Fisch sowie Schnittkäse und Fleischpastete. Marmelade, Speck und Eier stehen zuweilen ebenfalls auf dem Tisch. Der Gast wählt zwischen Kaffee und mehreren Sorten Tee (Beuteltee).

Garten einer gemütlichen Pension

Ein Sonderfall ist der Badeort Balka südlich von Nexø, denn hier existieren zwei weitläufige Hotelanlagen in Strandnähe mit jeweils großen Kapazitäten. Abgesehen von den Hotels in Rønne und zwei größeren Quartierbetrieben in Sandkås sind die übrigen Hotels und Pensionen klein und familiär, nicht selten gruppieren sich die Zimmer um den gemütlichen Hinterhof eines romantischen Fachwerkhofes. Bei den dänischen Bädern muss der Gast hingegen einige Abstriche hinnehmen, denn diese gleichen nicht selten winzigen Nasszellen. Die im Reiseteil des Buches genannten Zimmerpreise sind die Preise für die Vor- und Nachsaison; in der Hauptsaison wird es – wie im Grunde überall – teurer!

Jugendherbergen (Vandrerhjem)

Die fünf Jugendherbergen auf Bornholm gehören zum dänischen Herbergsverband Danhostel und sind eine hervorragende Alternative zu Hotels und Ferienhäusern. Besonders günstig gelegen und exzellent organisiert sind die beiden Einrichtungen in Svaneke und Rønne, obwohl deren Lage am Stadtrand einen längeren Fußweg ins Zentrum erforderlich macht. Die Herberge in Gudhjem gefällt zwar durch ihre günstige Lage in Hafennähe, kann aber in puncto Qualität und Atmosphäre nicht mit Svaneke und Rønne mithalten. Dagegen überzeugt das kleine Hostel im Küstenort Hasle durch familiäre Freundlichkeit. Während die genannten Bleiben sich alle mehr oder weniger an der Küste befinden, liegt das Hostel von Boderne rund 1 km landeinwärts.

Erstaunlich hoch ist der Standard: Falls genügend Platz ist, können Mehrbettzimmer als Zweibettzimmer genutzt werden – in Svaneke sogar z. T. mit eigenem Bad/WC und eigener Terrasse –, dazu gibt es einen gemütlichen Gemeinschaftsraum und die Möglichkeit der Küchenmitbenutzung. In den meisten Herbergen gibt es ein (nicht obligates) Frühstück, der Kiosk und die Rezeption sind nicht zu jeder Uhrzeit besetzt. Mit Ausnahme von Gudhjem liegen die Hostels meist ruhig am Stadtrand bzw. mitten in freier Natur. Angeschlossen ist häufig ein Radverleih, vor der Haustüre liegt ein Minigolfplatz. Wie bei den Campingplätzen benötigen Reisende einen internationalen Jugendherbergsausweis *(vandrerkart)*, der auch beim Check-in ausgestellt werden kann. Er kostet 160 dkr, Urlauber ohne Ausweis zahlen für die Übernachtung eine Extragebühr. Entliehene Bettwäsche und Handtücher sind kostenpflichtig. In der Vor- und Nachsaison sind Herbergen oft von Schulklassen belegt (zentrales Buchungsportal mit Infos unter www.danhostel.dk).

Campingplätze (Campingpladser)

An Campingplätzen herrscht auf der Insel wahrlich kein Mangel. Die größte Dichte an Plätzen befindet sich an den Badestränden im Süden, allerdings sind diese meist weit abgelegen von jeglicher „Zivilisation". Der Standard ist überwiegend sehr gut bis ausreichend, die Infrastruktur (Bäder und Toiletten) sauber und gepflegt. Viele Plätze sind ausgewiesen kinder- und familienfreundlich, was nicht nur der obligate Minigolfplatz an der Rezeption beweist. Der Strand ist i. d. R. nicht weit entfernt, ein Fahrradverleih gehört ebenso zum Standard. Einige Plätze sind große Anlagen, während andere wiederum klein und familiär sind. Gemeinschaftsküche, Kiosk und Ver- und Entsorgungseinrichtungen für Wohnmobile gibt es eigentlich immer. Darüber hinaus bieten einige Plätze Übernachtungen in Holzhütten und/oder fest installierten Wohnwagen an.

Seit Jahren bei Gästen überaus beliebt ist der Campingplatz in Melsted bei Gudhjem; einen Eintrag ins Guinness-Buch der Rekorde als kleinste und originellste Anlage Dänemarks hat sich der Zeltplatz auf den Erbseninseln verdient. Zelturlauber benötigen in Dänemark einen **Campingpass,** der beim Einchecken ausgestellt wird. Er kostet 110 dkr, ist ein Jahr gültig und gilt für die ganze Familie. Für eine Nacht auf dem Zeltplatz genügt ein Transitpass für 35 dkr.

Essen und Trinken

Die Fischräuchereien am Meer mit ihren hoch aufragenden Kaminen sind ein Wahrzeichen Bornholms und beliebte Ausflugsziele. Darüber hinaus existiert in den Küstenorten eine breite Auswahl an Restaurants und Cafés, die außer Fisch natürlich auch noch andere Gerichte auf der Karte führen.

Frisch geräucherter Hering ist die Spezialität Bornholms par excellence und kommt in allen erdenklichen Varianten auf den Tisch. Am trefflichsten mundet er in einer traditionellen **Heringsräucherei**. Rund 75 der einst fast 140 Inselräuchereien sind noch erhalten, wobei die meisten nicht mehr betrieben werden. Inzwischen haben moderne Rauchkammern den traditionellen Rauchfang ersetzt, nur noch in wenigen Einrichtungen wird nach der althergebrachten Methode geräuchert. Neben Hering liegen Lachs, Dorsch und Makrele – jeweils unterschiedlich gewürzt – in der Verkaufsvitrine. Übrigens haben die Bornholmer das Räuchern keineswegs erfunden. Schottische Seeleute, die als Söldner der dänischen Krone dienten, führten diesen Brauch ein. Sie waren in der Festung Christiansø auf den Erbseninseln stationiert und hingen den fangfrischen Hering zum Räuchern einfach in die Kamine ihrer Wohnungen. Die erste Räucherei auf Bornholm starteten die Gebrüder Koch 1886 in Gudhjem.

Einladender Picknickplatz bei Jons Kapel

Wer sich aus Fisch weniger macht, wird wohl um Räuchereien einen Bogen machen – und feststellen, dass auch die Restaurants und Cafés Fischgerichte auf der Karte führen. Allerdings nicht ausschließlich, denn Fleischgerichte und Salate sind eigentlich immer im Angebot. Auch die typisch „**hyggelige" Wirtsstube** findet man auf Bornholm. Das berühmte dänische Wort *hyggelig* heißt wörtlich übersetzt „hügelig" und wird als Metapher für nett oder gemütlich verwendet. In Snogebæk ist Sørens Værtshus ein gutes Beispiel für ein solches Gasthaus. Ebenfalls rustikal, aber etwas weniger „gemütlich" geht es in den einfachen Imbissbistros zu. Beinahe jeder größere Ort verfügt über einen Hafengrill oder einen zentrumsnahen Pavillon mit Tischen und Stühlen davor. Die Qualität z. B. der Burger vom Grill ist oft ganz ausgezeichnet, zudem haben diese Einrichtungen großzügige Öffnungszeiten. Eine Variante ist der Ausflugskiosk, der häufig in herrlicher Natur liegt oder von einem gepflegten Garten umgeben ist. Diese Kioske öffnen i. d. R. im Sommerhalbjahr bei gutem Wetter, neben Kaffee und Kuchen gibt es einfache Sandwichs und Speiseeis am Stiel. Die Infrastruktur vervollständigen rustikale Picknickbänke und saubere Toiletten. Nicht selten, wie im Fall des Strandkiosken in Sandvig, haben die Inhaber ihr Angebot qualitativ und quantitativ erweitert und so die schlichte Verkaufsbude in den Rang einer regelrechten Kultstätte erhoben.

Die Dänen lieben ihr **Picknick im Freien,** zumindest wenn die Witterung es zulässt. Egal ob an der Küste oder im Landesinneren: An vielen wichtigen Ausflugszielen finden sich – mit oder ohne angeschlossenen Kiosk – Picknicktische und -bänke, die teils in traumhaft schöner Umgebung liegen. Die Wahl eines Picknickplatzes ist eine gute Alternative, wenn sich Aktivurlauber zuvor im Lebensmittelgeschäft oder alternativen Hofladen für das zünftige Mahl im Freien eingedeckt haben. Wirklich hinreißend ist z. B. der kleine Platz an der Westküste nördlich des Fischerhafens Teglkås. Er ist allerdings nicht selten belegt, weil just an dieser Stelle die Stichstraße von Hasle in einer Sackgasse endet.

Die Dänen lieben jedoch nicht nur ihr Picknick, sondern auch die süßen Köstlichkeiten. Vor allem Kuchen und Softeis stehen auf der Tagesordnung weit oben. Es verwundert daher nicht, dass auf Bornholm kein Mangel an guten **Cafés und Eisdielen** herrscht. Am besten mundet die sommerliche Erfrischung in Svaneke und Snogebæk. Im Übrigen gilt auf der Insel in vielen Fällen – auch in Restaurants – das für Skandinavien typische Prinzip der Selbstbedienung!

Gutes aus dem Lebensmittelregal

Wer sich in einem Ferienhaus einquartiert hat, ist ohnehin auf das Angebot der Märkte und Lebensmittelgeschäfte angewiesen, nicht nur, wenn es gilt, sich fürs mittägliche Picknick einzudecken. Hier empfiehlt es sich, ganz besonders auf die Produkte zu achten, die in Bornholm hergestellt werden. Daran herrscht kein Mangel, selbst die großen Discounter führen teilweise die **lokalen Erzeugnisse:** Ins Auge stechen die knallblauen Verpackungen der Fischkonserven von der Bornholms Konservesfabrik aus Nexø. Diese schafften es sogar bis auf die Tafel des dänischen Königshofes in Kopenhagen (www.bornholms.com). Ebenfalls aus dem zweitgrößten Küstenort der Insel kommt Bornholms bester Senf und diverses Hochprozentiges (→ S. 67). Senf gibt es in verschiedenen Spielarten, wobei Unternehmenschef Thomas Arvidsen auch vor eigenartigen Kreationen nicht zurückschreckt. Zu Fisch passt natürlich der Dillsenf am besten, weswegen es ihn nicht nur im Supermarkt, sondern auch in einigen Räuchereien zu kaufen gibt (www.bornholmersennep.dk). Das vielleicht bekannteste Bornholmer Lebensmittellabel heißt jedoch St. Clemens und stammt aus Klemensker, wo sich die berühmte Molkerei namens Bornholms Andelsmejeri befindet. Vor allem vom Blauschimmelkäse sollte man einmal kosten, weil er bis heute einige internationale Auszeichnungen erlangt hat – er gewann u. a. 1998 den World Cheese Champion Award. Die auffälligen goldenen Verpackungen sind im Kühlregal kaum zu übersehen (www.st-clemens.dk).

Die **kulinarische Hochburg** aber ist und bleibt Svaneke: Am südlichen Ortseingang entpuppt sich das Hofgut Frennegård als Pastamanufaktur, deren Produkte einen Vergleich mit italienischen Hartweizennudeln nicht zu scheuen brauchen. Die Pasta gibt es in verschiedenen Sorten – sie steht fast überall im Regal, wo Spezialitäten von der Insel feilgeboten werden (www.pastariget.dk). Darüber hinaus werden in Svaneke, der Hauptstadt der süßen Verlockungen, Bonbons, Pralinen, Weingummi und Speiseeis jeder Couleur produziert – selbstredend hausgemacht und von hoher Qualität. Das Zentrum der Landwirtschaft ist Åkirkeby in der südlichen Inselmitte. Hier werden u. a. das gute Bornholmer Rapsöl und diverse Fleisch- und Wurstwaren hergestellt.

Eine gute Einkaufsquelle sind auch die **Hofläden,** die meist weit ab vom Schuss auf dem Land liegen. Preisgekrönte Fleisch- und Wurstspezialitäten gibt es u. a. auf dem Hallegård bei Ibsker. Neben den Geschäften sind Märkte eine gute Gelegenheit, sich mit Inselspezialitäten einzudecken.

Bornholm verfügt über eine erstaunliche Dichte von **Einkaufsmärkten,** die vor allem in der Feriensaison mit großzügigen Öffnungszeiten aufwarten. Viele (aber nicht alle) haben abends bis 19/20 Uhr und an Sonn- und Feiertagen geöffnet. Vollsortimenter bieten ihren Kunden darüber hinaus i. d. R. eine Bäckerei mit frischen Backwaren, einen Zeitungs- und Tabakskiosk und manchmal auch eine Poststelle. Die dänischen Centerketten mit Filialen auf Bornholm heißen u. a. Dagli'Brugsen, Spar und Netto. Das Preisniveau ist in Dänemark etwas höher als in Österreich und Deutschland. Die besten Einkaufstipps finden Sie bei den jeweiligen Orten im Reiseteil des Buches.

Bornholmer Fischspezialitäten

Malerisch ragen die frisch getünchten Kamine der Fischräuchereien in den blauen Ostsee-Himmel. In deren Schatten stehen – auf der Wiese oder auf einer Terrasse am Meer – rustikale Holztische und Bänke, auf denen sich die Gäste niederlassen und ihren „Bornholmer" verzehren – einen golden schimmernden, frisch geräucherten Hering. Serviert mit einer Scheibe Brot, Radieschen, Schnittlauch, Salz und rohem Eigelb heißt dieses leichte Gericht *Sol over Gudhjem* (Sonne über Gudhjem). Wer als Fischräucherei etwas auf sich hält, führt die berühmte „Nationalspeise" im Sortiment. Geräuchert wird i. d. R. am Vormittag. Dann kann der Gast zuweilen die Heringe im Rauchfang hängen sehen, die Luft ist voll vom Duft des Erlenholzes. Nur 3–4 Std. dauert das Räuchern, dann sind die Fische fertig für den Verzehr. Um 1900 noch war das Geschäft in Frauenhand: Wenn das Erlenholz im Rauchkamin brannte, tauchten die Heizerinnen einen Haselstock, *dysteren* genannt, ins Wasser. Dieser war an der Spitze mit einem Lappen umwickelt. Anschließend dippten sie das nasse Ende ins Feuer und erzeugten auf diese Weise Rauch.

> Simpelste **Fischspezialität** der Insel ist der warm geräucherte Hering *(røget sild),* der meist mit einer Scheibe Schwarzbrot und etwas Salz verzehrt wird. Mit den Fingern trennt man Kopf und Schwanz ab, öffnet dann den Hering und löst die Mittelgräte heraus.

Die meisten Räuchereien *(røgerierne)* auf Bornholm haben ihr Sortiment inzwischen erweitert, und neben dem klassischen Hering gibt es u. a. auch Lachs, Makrele und andere Köstlichkeiten. Mittags schmeckt der warm geräucherte Fisch am besten, einige Räuchereien haben in der Touristensaison jedoch auch abends geöffnet. Außerdem führen die Räuchereien neben dem Restaurant auch noch ein Geschäft, in dem Fisch außer Haus verkauft wird. Die großen Räuchereien (z. B. in Allinge, Gudhjem und Svaneke) bieten in der Saison ein lukullisches Fischbuffet nach dem Motto „All you can eat" an. Für ein einfaches Mittagsgericht sollte man in der Räucherei 70–80 dkr veranschlagen, das Buffet kostet i. d. R. über 120 dkr; nicht selten wird der Fisch (z. B. Lachs) auch abgewogen und nach Gewicht abgerechnet.

Beliebtes Ausflugsziel: Fischräucherei in Hasle

Auch in den Räuchereien waltet das Prinzip Selbstbedienung, wobei hier Ausnahmen die Regel bestätigen.

Die vielleicht beliebtesten Räuchereien befinden sich in Hasle und Allinge, ein Geheimtipp sind dagegen die beiden Betriebe in Arnager und Årsdale. Die stets gut frequentierte Räucherei in Gudhjem betreibt noch zwei Filialen in Allinge und Snogebæk. Architektonisches Highlight sind die fünf Kamine der Heringsräucherei in Svaneke, die wie Soldaten die Schärenküste bewachen. In Hasle wiederum liegen mehrere Räuchereien beieinander. In einem Betriebsgebäude befindet sich eine bescheidene Ausstellung, die bei freiem Eintritt den Prozess der Fischverarbeitung auf Bornholm erläutert.

Frokost zum Mittagessen

Der traditionelle Klassiker der dänischen Mittagskost heißt natürlich *smørrebrød*, zu Deutsch „Butterbrot". Darunter versteht man ein oder zwei Scheiben aus Roggen- oder Mischbrot, die dünn mit Butter bestrichen und sodann mit allerlei Zutaten üppig belegt und anschließend garniert werden. Oft gibt es die Brote auch zum Mitnehmen auf die Hand *(håndmad)*. Die oben beschriebenen Fischspezialitäten sind oft nicht mehr als (kreative) Abwandlungen dieses Prinzips einfacher und leichter Mittagskost. Der Oberbegriff für die Mittagsmahlzeit ist *frokost*. Etymologisch entspricht der Begriff erstaunlicherweise eher dem deutschen Frühstück, denn er entlehnt das alte deutsche Idiom *vrokost* und bezeichnet die erste „richtige" Mahlzeit am Tag. Frokost-Gerichte in Restaurants sind i. d. R. einfacher, kleiner portioniert und natürlich preiswerter als die Gerichte auf der Abendkarte. Auch zahlreiche Cafés bieten einfache Mittagsgerichte an. Egal ob Café, Ausflugskiosk, Fischräucherei oder einfaches Restaurant, auf jeden Fall sollte sich der Gast vor dem Hinsetzen an einem freien Tisch erkundigen, ob die Bedienung an den Tisch kommt. Nicht selten herrscht in Dänemark nämlich das Prinzip Selbstbedienung!

Restaurantbesuch am Abend

Abgesehen von den Fischräuchereien war die Restaurantkultur auf Bornholm lange Zeit recht hausbacken und fiel nicht durch innovative Konzepte auf. Burger, Steaks und dänischer Schweinebraten *(flæskesteg)*, oft in hoher Qualität zubereitet, waren und sind die Klassiker auf der dänischen Speisekarte. In jüngster Zeit hat sich die Situation grundlegend gewandelt: Köche, die in Kopenhagen oder im europäischen Ausland in renommierten Gastrobetrieben ihr Handwerk erlernt haben, eröffneten Restaurants auf der Insel und befriedigen seitdem höhere kulinarische Ansprüche. Natürlich sind die neuen Tempel der Gastronomiekultur keineswegs preiswert, der Weg lohnt sich aber in jedem Fall (→ Kasten). Nicht nur wegen der Qualität der Speisen, sondern weil die betreffenden Restaurants edel und gleichzeitig gemütlich eingerichtet sind. Zudem überzeugen einige von ihnen – z. B. das Kadeau in den Østre Sømarken – durch eine schlicht fantastische Lage am Meer.

> **Bornholm für Feinschmecker**
> **Allinge:** Nr. 9 – die angesagteste Adresse im Inselnorden (→ S. 118)
> **Nexø:** Molen – kulinarische Perle direkt am Hafen (→ S. 165)
> **Østre Sømarken:** Kadeau – einen schöneren Ort für ein lukullisches Mahl gibt es auf Bornholm nicht (→ S. 175)
> **Rønne:** Di 5 Stâuerna – für viele das beste Restaurant der Insel (→ S. 89)
> **Snogebæk:** Æblehaven – gediegenes Abendessen im Apfelgarten (→ S. 170)
> **Tejn:** Lassens – hier mundet der Fisch ganz besonders gut (→ S. 123)

Das Zauberwort, das seit Jahren durch die internationale Gastronomieszene geistert, lautet „neue nordische Küche" (Det Nye Nordiske Køkken). Das Label bezeichnet eine Küche, die sich durch eine fast schon radikale Kreativität auszeichnet und mit hochwertigen heimischen Erzeugnissen arbeitet. Mit Zutaten aus überwiegend biologischer Herkunft entstehen frische und vor allem leichte Gerichte in appetitlicher Aufmachung, wobei die klassisch-nordischen Rezepte durch internationale Einschläge bereichert werden. Der mit zwei Michelin-Sternen bedachte Gourmet-Tempel Noma in Kopenhagen, der bereits mehrfach das Prädikat „Bestes Restaurant der Welt" erhielt (was immer man von solchen Superlativen halten mag), machte die innovative nordische Küche über die Grenzen Dänemarks hinaus bekannt. Auf Bornholm schlägt sich die Entwicklung neben den erwähnten Restaurants u. a. im kulinarischen Label „Regional Madkultur Bornholm" (Regionale Esskultur) nieder. Gemeint ist ein Zusammenschluss von Anbietern, die Nahrungsmittel unter qualitativ hochwertigen, biologischen Kriterien erzeugen und verwerten. Das Label existiert auch noch in anderen Ostseeanrainerstaaten. Wenn Reisende auf die blaue Plakette mit der weißen Kochmütze stoßen, können sie darauf vertrauen, dass sie es mit hochwertigen lokalen Erzeugnissen zu tun haben (www.culinary-heritage.com). Der ausgezeichnete Ruf der einheimischen Küche hat sich mittlerweile auch in der dänischen Hauptstadt herumgesprochen; in der an namhaften Gourmettempeln ohnehin reich gesegneten Metropole kredenzt das Restaurant Koefoed kulinarische Köstlichkeiten aus Bornholm auf höchstem Niveau (www.restaurant-koefoed.dk).

Michelin-Sterne sucht man auf Bornholm (noch) vergebens, ausgezeichnet speisen lässt es sich auf der Insel allemal. Übrigens ist in besseren bzw. teuren Restaurants die Speisenfolge i. d. R. zwei- oder dreisprachig gelistet, sodass es bei der Wahl der Gerichte selten zu sprachlich bedingten Missverständnissen kommt. Auf Bornholm wird das Abendessen oft sehr zeitig eingenommen. Die typische **Essenszeit** ist von 18–19.30 Uhr, um 21 Uhr ist die Küche in den meisten Fällen bereits geschlossen!

Getränke

In seiner „Spritfabrik" – sie heißt wirklich so! – destilliert Niels Frost u. a. den hoch gerühmten Bornholmer Bitter, dessen Bouquet ein wenig an Zimt und Vogelbeeren erinnert. Auch die zweite berühmte hochprozentige Spezialität der Insel, den Traditionsaquavit (42 %),

Tuborg ist die bekannteste dänische Biermarke

sollte man vielleicht mal probieren. Er geht auf ein Rezept aus dem Jahr 1855 zurück (www.bornholmersnaps.dk). Neben erwähnten Bränden und Schnäpsen gibt es weitere alkoholische und alkoholfreie Köstlichkeiten „Made in Bornholm", z. B. die Erzeugnisse der Insel-Mosterei. Der Klassiker ist der Apfelsaft *(Æblemost)* oder dessen alkoholische Variante, der Cidre *(Æblecider)*. Bei der Mittagseinkehr sollte man jedoch auch einmal von andere Sorten kosten: Der Rhabarbersaft mundet beispielsweise ausgezeichnet (www.bornholmsmosteri.dk). Rotweinliebhabern ist der Besuch eines Weinguts in Pedersker zu empfehlen, zumal der Rebenanbau in diesen nordischen Breiten alles andere als selbstverständlich ist. Auch in gebrannter Form – als Weinbrand oder Whisky – kommen die Erzeugnisse auf den Tisch (www.lillegadegaard.dk). Nachgerade eine Institution auf der Insel ist das Bryghuset in Svaneke. In der einzigen Brauerei Bornholms wird in Braukesseln øl (Bier) in verschiedenen Varianten gebraut und kredenzt. Neben Svaneke Classic, das viele Inselgastronomen im Keller oder Fass lagern, gibt es weitere interessante Sorten, u. a. das preisgekrönte, etwas dunklere Svaneke Mørk Guld (5,7 %). Exoten hingegen trauen sich eventuell sogar an ein Chili-Bier (www.svanekebryghus.dk). Die vorerst letzten beiden Innovationen bei den Getränken sind eine weitere kleine Privatbrauerei, die fünf unterschiedliche Biersorten nach bekannten Bornholmer Naturdenkmälern benennt (www.bornholmerol.dk), und eine Kaffeerösterei, deren Erzeugnisse zur Hauptferienzeit auf dem Wochenmarkt in Rønne gekostet werden können (www.deluxkaffekompagniet.dk).

Das Leitungswasser ist **Trinkwasser**; die Trinkflasche für die Tagestour kann man daher ohne Weiteres am Wasserhahn auffüllen.

Strandfeuer in der Johannisnacht Ende Juni

Feste und Feiertage

Die wichtigen Feste im Jahreskreislauf sind seit jeher bedeutende gesellschaftliche Anlässe, bei denen die Inselbewohner zusammenkamen und sich über Neuigkeiten austauschten. Zur heiligen Quelle an den Helligdomsklipperne oder ins Ekkodalen strömten die Bornholmer traditionell in der Johannisnacht (23./24. Juni). In seinem autobiografischen Roman „Pelle der Eroberer" schrieb Martin Andersen Nexø, das Ereignis überträfe sogar den eigenen Geburtstag an Bedeutung. An dem Tag zogen alle, auch die Dienstboten, in den Almindingen hinaus. Besagter Wald rückte auch zu Pfingsten ins Zentrum diverser Aktivitäten. Am Sonntag traf man sich dort zum traditionellen Morgensingen; danach zog man sich bewehrt mit Picknickkörben ins Grüne zurück. „Sankt Hans" heißt zur Sommersonnenwende Bornholms Antwort auf den skandinavischen Mittsommer-Hype. In den Hafenorten lodern in der Johannisnacht noch heute die Feuer. Im Hochsommer lockt die „Tierschau" zur Trabrennbahn im Almindingen. Die Beliebtheit des traditionellen Volksfests ist ungebrochen: Geflügel, Schafe, Rinder und Pferde, aber auch landwirtschaftliche Maschinen werden zur Schau gestellt. Zwar geht die Bedeutung der traditionellen Feste, wie andernorts auch, zurück, die Insel weist dennoch ein prall gefülltes Veranstaltungsprogramm auf. Heute geben zahlreiche kulturelle Events Einblicke ins Inselleben und sorgen für Abwechslung im Urlaub.

Der gemächliche Takt, der selbst in der Hauptsaison das Leben auf der Insel prägt, macht Bornholm nicht gerade zur Pilgerstätte nimmermüder Nachtschwärmer. Ein Kapitel über das **Nachtleben** kann daher kurz und bündig ausfallen: Es findet so gut wie keins statt. Ausnahmen bestätigen diese Regel: So schließen einige Bars und Pubs in der Saison und/oder an Wochenenden erst spät in der Nacht, wenn der letzte Gast den Heimweg antritt. Ausgelassene Stimmung herrscht vor allem dann, wenn Livemusik auf dem Programm steht (→ Kasten, S. 69). Auch bei großen Inselfestivitäten kann es durchaus feucht-fröhlich werden und abends schon mal

Feste und Feiertage 69

länger hoch hergehen. Neben den Wochenmärkten ergänzen im Sommer **Kunst- und Trödelmärkte** das Veranstaltungsportfolio; nähere Angaben dazu finden Sie bei den jeweiligen Orten.

Die wichtigsten Sommerevents im Überblick

Juni

Allinge Folkemødet. Das Volkstreffen der Demokratie nach schwedischem Vorbild mit politischen Veranstaltungen unter freiem Himmel lockt über 100.000 Besucher an – schwierige Zeiten für Spontanbucher, denn freie Betten sind an diesen Tagen kaum zu finden. Mitte Juni (www.brk.dk/folkemoedet).

Sankt Hans. Am Vorabend zum Johannistag brennen vielerorts große Feuer. Mit Fackeln strömen die Bewohner zum Festplatz, Speis und Trank sowie Tanz und Musik zu vorgerückter Stunde. 23./24. Juni.

Sol over Gudhjem. Der Kochwettbewerb in Gudhjem kreist rund um das Bornholmer „Nationalgericht" (→ S. 64). Ende Juni (www.soloverguhjemkonkurrence.dk).

Dyrskue. Die Tierschau auf der Trabrennbahn Almindingen gehört traditionell zu den wichtigsten Inselevents. Ende Juni/Anfang Juli (→ S. 187).

Juli

Hasle Sildefest. Eines der wichtigsten Hafenfeste der Insel erinnert u. a. mit einer Hering-Prämierung an das Fischereigewerbe. Anfang/Mitte Juli (→ S. 98).

Allinge Jazz Festival. Musikspektakel über mehrere Tage an mehreren Orten mit namhaften Interpreten aus der Jazzszene. Mitte Juli (→ S. 117).

Snogebæk Havnefest. Größtes und wichtigstes Hafenfest auf Bornholm, mit Musik und allerlei Aktivitäten. Letztes Wochenende im Juli (→ S. 169).

ØstersøJazz. Freier Eintritt zu Open-Air-Jazzkonzerten in der Hafenstadt Nexø. Letztes Wochenende im Juli (→ S. 163).

Bornholms Musikfestival. Traditionelle Veranstaltungsreihe (seit fast 50 Jahren) mit klassischen Konzerten an unterschiedlichen Standorten. Juli bis Anfang Sept. (www.bornholms-musikfestival.dk).

August

Maskin Trucker Show. Die Fahrzeug- und Maschinenschau am Ortsrand von Nyker ist ein Familienevent mit Livemusik, Motocross-Rennen, etc. Anfang/Mitte Aug. (www.nmts.dk).

Cykel Bornholm Rundt. Das Radrennen hat eine Etappenlänge von rund 100 km, Mitte Aug. (www.cykelbornholmrundt.dk).

Wo am Abend gute Stimmung herrscht

Allinge: Gæstgiveren – Veranstaltungszentrum mit Biergarten (→ S. 117)
Boderne: Rosengården – Konzerte in der Jugendherberge (→ S. 176)
Gudhjem: Café Klint – Musik zum Verlieben am Abend (→ S. 137)
Østre Sømarken: Bakkarøgeriet – Musik in der Fischräucherei (→ S. 175)
Rønne: Musikhuzet – größtes Veranstaltungszentrum Bornholms (→ S. 88)
Snogebæk: Sørens Værtshus – Kultkneipe mit guter Stimmung (→ S. 170)
Svaneke: Svanekegården – Kultur in einem alten Kaufmannshof (→ S. 145)

Aktuelle **Termine** finden Sie im Internet unter www.bornholmerkalender.dk (auf Dänisch). **Tickets** gibt es vor Ort in den Vorverkaufsstellen oder online unter www.bornholmbilletten.dk (auf Dänisch). Den besten Veranstaltungsüberblick bietet das farbige Wochenmagazin Denne Uges Bornholm (auf Dänisch, Englisch und Deutsch). Das Heft wird in großer Stückzahl aufgelegt und kostenlos u. a. von den Fremdenverkehrsbüros abgegeben (www.bornholmstidende.dk).

Feste und Feiertage

Wonderfestiwall. Das Open-Air-Event an der Burgruine Hammershus findet seit 2008 statt. Auf mehreren Bühnen spielen international bekannte Gruppen. Mitte/Ende Aug. (www.wonderfestiwall.dk).

September

Bornholms Kulturuge. Alljährlich markieren die Kulturtage mehrere Tage lang das Ende der Touristensaison. Theater, Konzerte, Ausstellungen und Events an vielen Standorten auf der Insel. Mitte Sept. (www.bornholmskulturuge.dk).

European Glass & Ceramic Context. Veranstaltung im Zweijahresturnus mit Workshops, Ausstellungen und Seminaren an verschiedenen Orten. Keramik- und Glaskunst stehen abwechselnd im Fokus. Mitte Sept. bis Mitte Nov. (www.europeanglasscontext.com, www.europeanceramiccontext.com).

Feiertage

Die gesetzlichen Feiertage sind in Dänemark i. d. R. arbeitsfrei, die Geschäfte haben nur eingeschränkt geöffnet. Dänischer **Nationalfeiertag** ist der „Tag der dänischen Verfassung" *(Grundlovsdag)* am 5. Juni. Er erinnert an die Einführung der Verfassung im Jahr 1849, die durch die Unterschrift von König Frederik VII. (1808–1863) in Kraft trat. Der Tag ist zwar kein gesetzlicher Feiertag, jedoch haben Behörden und einige Geschäfte trotzdem geschlossen.

Gesetzliche Feiertage im Überblick

Neujahr *(Nytår)*: 1. Januar

Fastnacht *(Fastelavn)*: Montag nach dem siebten Sonntag vor Ostern

Ostern *(Påske)*: Gründonnerstag *(Skær torsdag)* bis Ostermontag *(2. Påskedag)*

Buß- und Bettag *(Store Bededag)*: vierter Freitag nach Ostersonntag

Christi Himmelfahrt *(Kristi Himmelfartsdag)*: 39 Tage nach Ostersonntag

Pfingsten *(Pinse)*: Pfingstsonntag *(Pinsedag)* und -montag *(2. Pinsedag)*

Weihnachten *(Jul)*: Erster und Zweiter Weihnachtsfeiertag *(1. und 2. Juledag)*

Kultur auf einen Blick

Archäologisches

Felsritzungen: Die schönsten Petroglyphen (Madsebakken) liegen direkt am Radweg zwischen Allinge und Sandvig (→ S. 120).

Bautasteine: Die größte Gruppe umfasst ca. 50 Exemplare und steht in einem Hain namens Louisenlund in der Nähe von Svaneke (→ S. 150). Eine weitere ansehnliche Gruppe von 50 Menhiren findet man im Waldstück Gryet nördlich von Bodilsker (→ S. 166).

Runensteine: Das größte Exemplar ist der über 3 m hohe Brogårdsstenen in der Umgebung von Hasle (→ S. 99).

Guldgubber von Sorte Muld: Goldblechfigurinen, die zum Teil im Kulturhistorisk Museum in Rønne ausgestellt sind (→ S. 86).

Rundkirchen

Die vier Kirchen stehen in **Nyker** (kleinste Rundkirche → S. 95), **Nylars** (→ S. 92 f.), Olsker (→ S. 126 ff.) und Østerlars (größte und bekannteste Rundkirche → S. 156 ff,).

Festungen

Hammershus: mittelalterliche Burgruine in spektakulärer Lage an der Westküste nördlich von Vang (→ S. 107 ff.).

Gamleborg: zwei Fluchtburgen, ein Name – eisenzeitliche Burgruine in den Paradisbakkerne (→ S. 154) und wikingerzeitliche Ruine im Almindingen (→ S. 186).

Lilleborg: zweitgrößte Burgruine Bornholms (nach Hammershus) aus dem 12. Jh. im Almindingen (→ S. 186 f.).

Mühlen

Holländermühlen: der Klassiker unter den Mühlen. Museumsmühle von Årsdale mit original erhaltenem Mahlwerk (→ S. 152), weitere Mühlen u. a. in Gudhjem, Pedersker, Åkirkeby (noch in Betrieb).

Kultur auf einen Blick

Bockwindmühlen: älterer Mühlentyp, bei dem sich der komplette Mühlkörper dreht, z. B. Bechs Mølle in Svaneke (→ S. 144).

Wassermühlen: u. a. in Vang (Vang Vandmølle → S. 104) und in den Østre Sømarken (Slusegård → S. 174 f.).

Museen

Bornholms Kunstmuseum: Allein die Architektur des modernen Gebäudes in Tuchfühlung zur Ostsee (Helligdommen) verdient anerkennende Beachtung (→ S. 125). Unbedingt besuchen!

NaturBornholm: Wissenschaftszentrum, Geologie für Groß und Klein in Åkirkeby (→ S. 181).

Oluf Høst Hus: Museum des Malers Oluf Høst in Gudhjem (→ S. 133). Für alle, die mehr über die „Bornholmer Malschule" erfahren möchten.

Kulturhistorisk Museum: Im ehemaligen Krankenhaus in Rønne ist Inselgeschichte anschaulich aufbereitet (→ S. 86). Absolutes Highlight: ein Teil der Guldgubber von Sorte Muld.

Hjorths Fabrik: Keramikmuseum in Rønne, das v. a. werktags einen Besuch lohnt, dann kann man den Keramikern über die Schulter schauen (→ S. 85).

Erichsens Gård: sehenswertes Heimatmuseum in einem alten Bürgerhaus in Rønne (→ S. 85).

Forsvarsmuseum: Museum im Kastell in Rønne, das sich der Bornholmer Militärgeschichte widmet (→ S. 87).

Andersen Nexø Hus: Wohnhaus des Dichters Martin Andersen Nexø („Pelle der Eroberer") in Nexø (→ S. 161).

Nexø Museum: das Haus beschäftigt sich mit der Stadthistorie von Nexø (→ S. 161).

DBJ Museum: Hier in Nexø erfährt man alles über die Bornholmer Eisenbahn, samt begehbarer Waggons (→ S. 162).

Melstedgård: Bauernhofmuseum bei Gudhjem, das auf jeden Fall einen Besuch wert ist (→ S. 138 f.).

Automobilmuseum: Oldtimer über Oldtimer, Pflichtprogramm für Autofreunde (bei Åkirkeby, → S. 182).

Stenbrudsmuseum Moseløkken: Granitsteinbruch bei Allinge mit Museum im ehemaligen Vorarbeiterwohnhaus (→ S. 120).

Einen vollständigen Überblick aller Museen gibt es unter www.bornholmsmuseer.dk (auf Dänisch).

Freizeitzentren & Skulpturenparks

Bornholms Middelaldercenter: Mittelalter-Erlebniszentrum bei Østerlars v. a. für Familien mit Kindern (→ S. 157).

Freizeitpark Joboland: Spaß für Familien mit kleineren Kindern, mit Tier- und Vergnügungspark sowie Gastronomie im umgebauten Bauernhof (→ S. 150).

Steinpark: *Slaus Stene* zwischen Rønne und Nylars bieten Einblick in die Welt der Sagen und Legenden auf Bornholm (→ S. 93).

Skulpturengarten: Bildhauerobjekte am Radweg von Olsker nach Slotslyngen. Die Werke stammen von Ole Christensen (→ S. 128).

Eintrittspreise

Die meisten Museen und kulturellen Attraktionen sind kostenpflichtig. **Ermäßigungen** gibt es fast immer für Kinder und Jugendliche sowie manchmal auch für Senioren (gegen Vorlage des Ausweises) und für Reisegruppen. Kleinere Kinder haben nicht selten freien Eintritt.

Kombitickets gibt es für die vier Einrichtungen der Stiftung Bornholms Museum: Bauernmuseum in Melsted sowie drei Museen in Rønne (Erichsens Gård, Hjorths Fabrik und Kulturhistorisk Museum).

Die **Rundkirchen** von Østerlars und Olsker sind eintrittspflichtig, die beiden anderen nicht. Letzteres gilt auch für die **Burgruine Hammershus**. Am teuersten sind die Eintrittskarten für das **Kunstmuseum** und für **NaturBornholm** in Åkirkeby – beide Einrichtungen sind aber unbedingt den höheren Eintrittspreis wert.

Polnische Sportangler im Hafen von Nexø

Sportliche Aktivitäten

Angeln und Sportangeln

Aufgrund der verhältnismäßig großen Wassertiefen ist Bornholm ein Paradies für (Sport-)Angler. Angeln kann man am See, an der Küste oder auf dem offenen Meer; je nach Saison können Meeresforellen, Dorsch, Zander, Aal und Hering gefangen werden. Auch Lachse kommen vor, seit die Lachsaufzucht vor der Küste im großen Maßstab betrieben wird. Für einige Arten gelten beim Fang Mindestmaße. In der Ostsee waltet die Faustregel: je kälter, desto besser. Von Oktober bis Mai sind die Bedingungen bei schwachen Winden am besten. **Fliegenfischen** ist an der Küste verbreitet, auf dem Meer ist **Trolling** beliebt (Schleppfischen ist eine Technik, bei der Köder hinter dem Boot hergezogen werden). Exzellente Ausgangspunkte sind die Häfen von Nexø, Melsted und Listed.

In dänischen Gewässern benötigt man einen kostenpflichtigen **Angelschein** (s. u.). Eine Besonderheit ist die Situation auf Bornholms Binnengewässern: Hier gibt es zwei Seen bzw. Seengebiete, in denen das Angeln gegen eine Gebühr, die vor Ort erhoben wird, erlaubt ist. Es herrscht das in Dänemark beliebte, aber nicht unumstrittene Prinzip „Put & Take" (hochwertige Zuchtfische, zumeist Zander und Forellen, werden ausgesetzt und dann gefangen). Es gibt auf der Insel selbstverständlich viele fischreiche Seen, in denen das Angeln ebenfalls möglich ist. Es sei denn, das Gewässer liegt in privater Hand; in dem Fall müssen sich die Gäste das Angelrecht beim Eigentümer erwerben.

Angelschein: Erhältlich in der Touristeninfo in Rønne (Bornholms Velkomstcenter), in Postämtern sowie einigen Hotels und Campingplätzen. Pers. unter 18 J. und ab 65 J. benötigen keinen Schein. Wochenkarte 130 dkr, Tageskarte 40 dkr, Jahreskarte 185 dkr. Die Ausweise sind auch im Internet beim Dänischen Amt für Ernährung, Landwirtschaft und Fischerei erhältlich (www.fisketegn.dk).

Angelführer: Der 68-seitige „Angelführer Bornholm: Küste und Boot" von Udo Schroeter ist eine unverzichtbare Broschüre für Meeresangler. Farbfotos und detaillierte Karten über die Küstenzonen sowie die genaue Beschreibung der Fanggründe auf dem Wasser (teils mit GPS-Daten) erhöhen den Gebrauchswert des Führers (Nexø 2004, ISBN 3937868070, 7,95 €).

Ausrüstung: Vor Ort kann man sich Ausrüstungsteile entweder kaufen oder leihen. Ein Spezialist für Angelausstattung ist der Laden Sportdres Bornholm in Rønne. Das größte Sportgeschäft der Insel hat Erfahrung seit über 25 Jahren und vermittelt auch Bootstouren (mit Angeln) vor der Westküste. Mo–Do 9–17.30 Uhr, Fr bis 18 Uhr, Sa bis 14 Uhr. Store Torvegade 96, ✆ 5691-0370, www.din-fangst.dk.

Trolling in Listed: Sportangler-Guru Jacob Gudbergsen verleiht sein Boot Limbo 585 (max. 6 Pers.) für 1000 dkr/Tag an Angler mit Bootsführerschein für Schnellboote. Außerdem geht er mit einem größeren Charterboot mit Gruppen bis zu 8 Pers. auf Dorschfang (600 dkr/Std.). ✆ 2129-1859, www.listedtrolling.com.

Trolling in Melsted: Auf Lachsfang ist das Melsted Trolling Center spezialisiert, das seinen Sitz auf dem beliebten Campingplatz in Melsted hat (→ S. 139). Wer kein eigenes Boot hat, kann eines mit Ausrüstung mieten, das Unternehmen hat über zehn Jahre Trolling-Erfahrung. ✆ 5648-5211, www.laksetrolling.dk.

Trolling Master Bornholm: Alljährlich Ende April/Anfang Mai findet in Tejn ein Trolling-Wettbewerb statt. Rund 300 Boote jagen dem größten Lachs hinterher, Veranstalter ist der Fernsehsender TV 2 und das Melsted Trolling Center (www.tv2bornholm.dk/trolling).

Put & Take in Nexø: Der Steinbruchsee (Stenbrudssøen) mit 17.500 m^2 am nördlichen Stadtausgang liegt direkt an der Ostsee und ist mit Salzwasser gefüllt. Im Sommerhalbjahr werden Regenbogenforellen eingesetzt, es gibt aber auch Lachs, Zander, Barsch und Schleien. 3 Std. 120 dkr, Tageskarte 200 dkr (im Winterhalbjahr 75 dkr/Tag), Tickets gibt es an der Campingplatz-Rezeption oder im Touristenbüro (alle Adressen im Reiseteil ab S. 78). Angeln kann man ebenfalls mieten (www.aedelfisken.dk).

Golf und Minigolf

Drei **Golfplätze** sind für die Ostseeinsel nicht gerade wenig, sodass sich im Urlaub durchaus auch das persönliche Handicap aufbessern lässt. Der schönste Platz liegt bei Rø nur einen Steinwurf von der Bornholmer Riviera entfernt und gewährt teils Ausblicke auf die Ostsee. Eigentlich handelt es sich um zwei Golfanlagen *(golfbaner)* mit jeweils 18 Löchern, einen neuen und einen alten Parcours, wobei für den alten Parcours eine Platzreservierung notwendig ist. Die beiden anderen Golfplätze liegen in der Nähe von Rønne und nahe der Südküste zwischen Dueodde und den Østre Sømarken. Es handelt sich ebenfalls um 18-Loch-Anlagen. Auch an **Minigolfplätzen** herrscht kein Mangel auf der Insel. Ganz im Gegenteil, wer als Campingplatzbetreiber etwas auf sich hält, bietet seinen Gästen einen eigenen Minigolfplatz. Der schönste Platz ist der Bornholms Adventure Minigolfplark in Melsted. Er befindet sich an der Küstenstraße südlich von Gudhjem und gehört zu Sannes Familiecamping (→ S. 139).

Bornholms Golf Klub Rønne: Das windgeschützte, parkähnliche Areal im Hinterland steht zum Teil unter Naturschutz, der Fahrradweg Nr. 21 Rønne–Åkirkeby führt mitten hindurch. Neben dem 18-Loch-Parcours gibt es noch eine 9-Loch-Anlage sowie einen Übungsparcours. Im Klubhaus befindet sich ein Café mit Sonnenterrasse; Schläger und Wagen können gemietet werden. Plantagevej 3 b (von der Landstraße Nr. 38 nach Åkirkeby ausgeschildert), ✆ 5695-6852, www.bgk.dk.

Rø Golfbaner Nordbornholm (Gudhjem Golfklub): Zwei 18-Loch-Plätze, ein neuer und ein alter, in abwechslungsreicher Natur mit Besenheide, Seen, Bächen und Felsen.

Hier zu spielen ist ein echter Genuss! Nettes Café (→ S. 126). Schläger, Wagen und Golfwagen können gemietet werden, Übungsstunden nach Vereinbarung. Spellingevej 3 (von Rø nach Olsker ausgeschildert), ℘ 5648-4050, www.roegolfbane.dk.

Nexø Golf Klub Dueodde: Die Anlage ist nur durch einen Kieferngürtel von der Südküste Bornholms getrennt, parkähnliches Areal in offener und sanft gewellter Landschaft. Neben dem Klubhaus mit Café gibt es ein Indoor-Übungszentrum, die 18-Loch-Anlage weiß mit der einen oder anderen Herausforderung aufzuwarten. Training nach Vereinbarung, Schläger und Golfwagen werden vermietet. Strandmarksvejen 14 (direkt an der Straße von Dueodde nach Pedersker), ℘ 5648-8987, www.dueodde-golf.dk.

Klettern

Die Küstenfelsen, ehemaligen Granitsteinbrüche sowie Spaltentäler laden geradezu zum Klettern ein – und zwar ganzjährig, wenn man im Winter noch das Eisklettern hinzuzählt. Selbst die mitteleuropäischen Alpenvereine hatten und haben Klettern auf Bornholm im Reiseangebot! Wer sich erst einmal unter Anleitung im Klettern und Kraxeln versuchen will, besucht am besten den 2014 eröffneten Klettergarten im Dreieck zwischen Gudhjem, Østerlars und Rø (→ S. 157).

Reiten

Einige Wege im Inselhinterland Bornholms sind explizit als Reitwege ausgewiesen. Verschiedene Reiterhöfe *(ridecenter)* und -schulen *(rideskole)* stellen Pferde und Ponys zur Verfügung, u. a. Siegårds Ridecenter bei Hasle (www.siegaard.eu), Smedegårds Ridescole in Rønne (www.smedegaardsrideskole.dk) oder das Gestüt Hesteklewa in der Nähe von Svaneke (www.hesteklewa.dk).

Wandern und Radfahren

Bornholm gilt traditionell als Fahrradinsel und ist daher mit einem dichten Netz markierter Radwege ausgestattet. Mit dem Drahtesel lassen sich teils abgelegene und sonst schwerer zugängliche Attraktionen ansteuern. Dass man auf Bornholm auch ganz hervorragend wandern kann, ist merkwürdigerweise erst in jüngerer Zeit stärker ins Bewusstsein gerückt. In sechs bis sieben Tagesetappen lässt sich gar das komplette Eiland umrunden; etwa 110–120 km sind es auf dem markierten Küstenschutzweg *(kyststi)*, der allerdings nicht durchgängig erhalten ist. An einigen Stellen folgt die Route der Straße, an anderen wiederum folgt sie querbeet dem Sandstrand (Infos und Fragen zum Gepäcktransport auf Dänisch unter www.bornholmrundt.dk). In den meisten Fällen werden Urlauber jedoch von ihrem Standortquartier Tagestouren mit dem Fahrrad oder auf Schusters Rappen planen und eine Anfahrt in Kauf nehmen. Wählen kann man zwischen Küstentouren und (Rad-)Wanderungen im Inselinneren zu den Wald- und Heidegebieten sowie geologisch bemerkenswerten Spaltentälern. Die nötigen Informationen und Tipps sowie zehn ausführlich beschriebene Touren mit Karten finden Sie im Wanderteil des Reiseführers ab S. 198 (acht Wanderungen und zwei Fahrradtouren). Darüber hinaus sind in den jeweiligen Ortskapiteln weitere Optionen beschrieben. Zurzeit gibt es auf der Insel drei ausgewiesene **Mountainbikestrecken,** zwei am Rytterknægten im Inselinneren (davon ein Downhill-Parcours) und eine südlich von Vang an der Westküste (Start- und Zielpunkt am Hafen von Vang).

Der einzige Strand im Inselnorden befindet sich in Sandvig

Wassersport

Bornholm ist naturgemäß und ganz selbstverständlich auch ein Paradies für Surfer und Taucher. Das Ostseewasser vor der Steilküste ist besonders zum Schnorcheln hervorragend geeignet. Allerdings halten sich die klassischen Wassersportangebote auf der Insel in Grenzen. Am Balka-Strand hat in der Badesaison das einzige **Surfzentrum** Bornholms einen Stand. Wasserratten können Windsurf- und Kitesurfkurse belegen oder auch nur die nötige Ausrüstung leihen (→ S. 168). Ein **Kajakverleih** befindet sich im Zentrum von Årsdale wenige Kilometer südlich von Svaneke (→ S. 152). Informationen für Segler und Skipper mit dem eigenen Boot finden Sie im Kapitel „Anreise" auf S. 50.

Wellness

Bornholm ist auf der Wellness-Landkarte fast noch ein weißer Fleck. Zwei Hotels mit entsprechender Ausstattung und Angeboten gibt es aber auch hier. Das eine ist das Vier-Sterne-Hotel Griffen in Rønne (Diamant Spa), das andere das Hotel Friheden mit immerhin noch drei Sternen in Sandkås (LeWel). Außerdem gibt es ein Yoga-Zentrum, in dem man auch übernachten kann.

Diamant Spa (Rønne): Der Wellness- und Spa-Bereich im Hotel Griffen verfügt über Schwimmbad und Sauna. Di–Fr 16–20 Uhr und Sa/So 10–18 Uhr. Tagesgäste bezahlen 225 dkr, Massagen und Kräuteranwendungen kosten extra. Nordre Kystvej 34, ℡ 5690-4344, www.hotelgriffen.dk.

LeWel (Sandkås): Das Wellnesscenter im Hotel Friheden (→ S. 122) verfügt ebenfalls über Pool und Sauna. Zu den Angeboten gehören u. a. Antistresskuren, Bodypeeling sowie die klassischen Haut- und Körperpflegeprogramme. Ein einstündiges Schlammbad kostet z. B. 450 dkr. Tejnvej 80, ℡ 4030-0115, www.lewel.dk.

Bornholm Yoga Centre: Das Yoga-Zentrum liegt zwischen Gudhjem und Rø in einem Hofgut aus den 1850er-Jahren und wird von Solveig Egebjerg Jensen geleitet. Yogakurse u. a. Retreats nach Iyengar. Røbrovej 9, ℡ 2890-8420, www.bornholmyoga.com.

Svaneke Yoga: Modernes Yogazentrum in Svaneke am Hafen, in der Saison Mo–Do Hathayoga und Entspannungsübungen. Gruset 1, ℡ 2855-1964, www.svanekeyoga.dk.

Auf einen Blick

Ärztliche Versorgung

Krankenhaus in Rønne mit Notaufnahme, südlich vom Zentrum in der Nähe des Kastells, die Zufahrtswege sind weiträumig ausgeschildert (Bornholms Hospital, Ullasvej 8, ✆ 5695-1165, www.bornholmshospital.dk).

Notfallrufnummer: ✆ 1813.

Ärzte gibt es auch in anderen Inselstädten, hier helfen Fremdenverkehrsämter, Hotels und Campingplätze weiter.

Apotheke im Ortszentrum von Rønne (Rønne Apotek, Store Torvegade 12, ✆ 5695-0130, www.roenne-apotek.dk). Mo–Do 9–17.30 Uhr, Fr 9–18 Uhr, Sa 9.30–13.30 Uhr. Weitere Apotheken gibt es in Åkirkeby, Allinge und Nexø. Notdienst: ✆ 2346-2356.

Geld

Offizielle Währung ist die Dänische Krone (Stand 2015: 1 € = ca. 7,50 dkr). In wenigen Fällen werden Euros akzeptiert (z. B. Hotels, Campingplätze). Vieles läuft in Skandinavien via Bank- oder Kreditkarte – selbst bei Bagatellbeträgen. Bargeld wechseln auch manche Kioske sowie die Touristenbüros. **Bankautomaten mit Maestro-Zeichen** gibt es in Rønne, Nexø, Svaneke, Gudhjem und Allinge. In manchen Fällen wird bei der **Kreditkartenzahlung** eine Gebühr von 2,5–3 % erhoben! Geldüberweisungen nach Dänemark sind via SWIFT-Überweisung oder Western Union möglich (www.westernunion.de).

Internet

Viele Hotels, Campingplätze und Hostels bieten WLAN. Entweder wählt man sich über ein Passwort in das Netz ein oder operiert mit dem in Skandinavien weit verbreiteten, offenen WLAN-Netzwerk The Cloud (www.thecloud.net).

Internetseiten für die Reiseplanung

www.bornholm.info: offizielle Internetseite des Fremdenverkehrsamtes (Bornholms Velkomstcenter) und erste Anlaufstelle, um sich vorab einen Überblick zu verschaffen (auf Deutsch, Englisch, Dänisch).

www.bornholm.de: informatives deutschsprachiges Internetportal, eine Fundgrube mit einer Fülle an Fakten.

www.visitdenmark.dk: Seite der offiziellen dänischen Tourismuszentrale und exzellente Anlaufstelle, um vorab allgemeine Infos einzuholen.

www.rejseplanen.dk: nützliches Tool für Reisende mit öffentlichen Verkehrsmitteln (auch Fähren). Der Verbindungsrechner erleichtert die An- und Weiterreise.

www.bornholmstidende.dk: tagesaktuelle News von der Insel (nur auf Dänisch).

www.bornholmerkalender.dk: wichtigstes Internetportal für tagesaktuelle Veranstaltungen auf der ganzen Insel.

www.bornholmbilletten.dk: Übersichtlich gestalteter Online-Ticketverkauf für die wichtigsten Veranstaltungen.

www.dmi.dk: aktuelle Wettervorhersage des Dänischen Meteorologischen Instituts (DMI).

Ländervorwahlen

Dänemark ✆ 0045, Deutschland ✆ 0049, Österreich ✆ 0043, Schweiz ✆ 0041.

Landkarten

Beste Übersichts- und Wanderkarte ist die Karte „Bornholm" (1:50.000, Kompass-Verlag). In den Fremdenverkehrsbüros der Insel sowie auf manchen Autofähren ist der **Bornholm-Kortguide** erhältlich (kostenlos). Das sehr ausführliche Kartenheft hat zwei Nachteile: den krummen Maßstab (etwa 1:23.500) und dass man – besonders nervig bei Radtouren – ständig blättern muss. Inkl. Stadtplänen mit vollständigen Straßenangaben. Kostenloser Download unter www.kortguide-bornholm.dk.

Post

Poststellen gibt es in jedem größeren Ort, i. d. R. befinden sie sich in zentrumsnahen Supermärkten. Die Briefkästen sind rot, die Postkarte ins europäische Ausland kostet 14,50 dkr. Briefmarken gibt es auch in servicebewussten Quartieren und einigen Souvenir- und Zeitschriftenläden.

Reiseliteratur

Adler-Olsen, Jussi: Verheißung. Der Grenzenlose (der sechste Fall für Carl Mørck, Sonderdezernat Q), München 2015. Zur

Hälfte spielt dieser Spannungsroman auf Bornholm, allerdings hält dieser Band einen Vergleich mit seinen grandiosen Vorgängern nicht ganz stand.

Andersen Nexø, Martin: Pelle der Eroberer, Berlin 2004. Das autobiografisch gefärbte Werk in zwei Bänden zählt zur Weltliteratur. Der erste Band – Pelles durch Armut geprägte Jugend auf Bornholm – wurde mit dem schwedischen Schauspieler Max von Sydow als Vater Lasse Karlsson verfilmt (Regie: Bille August, 1987). Mehr zu Autor und Werk → S. 41 ff..

Andersen Nexø, Martin: Ditte Menschenkind, Berlin 2007. Für viele ist der ca. 700 Seiten starke Wälzer der schönste Roman des Schriftstellers. Wie in „Pelle der Eroberer" geht es auch hier um die Entwicklung einer Kindheit unter armen Verhältnissen. Die Heldin wird als uneheliches Kind geboren und wächst unter zahlreichen Entbehrungen heran. Dieses Werk wurde bereits 1946 verfilmt (Regie: Bjarne Henning-Jensen).

Follett, Ken: Mitternachtsfalken, Köln 2003. Der spannende Spionagethriller des britischen Bestsellerautors spielt vor dem realen Hintergrund der deutschen Besatzung Dänemarks im Zweiten Weltkrieg. Im Verlauf der Handlung kommt es auch zu einem konspirativen Treffen der Protagonisten auf Bornholm.

Jahnn, Hans Henny: Fluss ohne Ufer, Frankfurt a. M. 2000. Die epochale Romantrilogie ist sprachgewaltig und nicht immer leicht konsumierbar. Der Prolog „Das Holzschiff" ist als eigenständiges Buch erschienen – ein Seefahrtskrimi, der die Folgen verschiedener Ausschweifungen fern der bürgerlichen Zivilisation und im Dienst der Selbsterkenntnis beschreibt. Der Hauptteil ist die „Niederschrift des Gustav Anias Horn", die der auf Bornholm lebende Exilant (→ S. 43) größtenteils auf der Insel verfasste.

Kretschmer, Bernd: Dänemark. Eine Nachbarschaftskunde, Berlin 2010. Die handliche Länderkunde gehört unbedingt ins Gepäck, wenn man mehr über Geschichte und diverse landestypische Aspekte erfahren möchte. Natürlich handelt ein Kapitel vom Königshaus, ein weiteres beschäftigt sich mit dem Verhältnis Dänemarks zur EU und zu Deutschland. Der Autor ist ein versierter Fachmann, der das Dänische Kulturinstitut in Bonn geleitet hat.

Schroeter, Udo: Bin am Meer: Eine Erzählung für Männer, Asslar 2012. Das autobiografisch gefärbte Beratungsbuch kreist um die Frage des Umgangs mit Stress und ist selbstredend auch für Frauen geschrieben. Bestes Rezept gegen Stress: eine Reise nach Bornholm!

Wohlers, Uli: Die Spur der Schweine. Rasmussen und Papuga ermitteln, Wien 2011. Beinah jedes beliebte Ferienreiseziel hat mittlerweile einen respektablen Detektiv hervorgebracht. Auf Bornholm ist es der aus Kopenhagen stammende Kommissar Stig Tex Papuga, der gleich am ersten Tag über eine Gülleleiche stolpert. Die humorvolle Lektüre des Deutschen mit Zweitwohnsitz auf Bornholm vermittelt reichlich Inselkolorit.

Sperrnummern für Bankkarten

Die telefonische **Sperrnummer** für verlorene oder gestohlene Maestro- oder Kreditkarten lautet für Deutschland ✆ 0049-116116 (24 Std.) und Österreich ✆ 0043-12048800. Schweizer Staatsbürger wählen die Notfallsperrnummer ihres Kreditkarteninstituts.

Touristeninformationen

Die offizielle Touristeninformation Bornholms Velkomstcenter in Rønne (→ S. 87) liegt am Hafen und ist ganzjährig offen. Weitere Fremdenverkehrsbüros befinden sich in Nexø, Hasle, Allinge, Svaneke und Gudhjem – die Adressen finden Sie in den jeweiligen Ortskapiteln.

Telefonieren

Die **Netzabdeckung** auf Bornholm ist i. d. R. lückenlos, das Telefonieren mit dem eigenen Handy daher kein Problem (UMTS-Standard). **Telefonzellen** gibt es so gut wie keine (mehr), seit im Jahr 2007 die EU-Verordnungen den Roaming-Gebühren für Gespräche ins europäische Ausland eine Obergrenze gesetzt haben. Innerhalb von **Dänemark** existieren keine Vorwahlen, es muss stets die achtstellige Komplettnummer gewählt werden!

Zeitungen/Medien

Überregionale **deutschsprachige Zeitungen** sind in der Urlaubssaison u. a. im Rathauskiosk in Rønne, im Kiosk am Parkplatz von Dueodde oder im Kiosk in der Kirkegade in Allinge erhältlich.

Hammer Fyr: Rundblick über den Norden Bornholms

Bornholm – Reiseziele

Der Westen	→ S. 80	Der Süden	→ S. 158
Der Norden	→ S. 100	Ertholmene	
Der Osten	→ S. 130	(Erbseninseln)	→ S. 188

Abendstimmung an der Hafenpromenade von Rønne

Der Westen

Der Westen ist normalerweise der erste Teil der Insel, den die Ankömmlinge mit der Fähre zu Gesicht bekommen. Unvergesslich ist der Ausblick auf den Hafen der Hauptstadt Rønne mit dem dahinter aufragenden Fachwerkturm der Nikolauskirche.

Jeder dritte Bewohner Bornholms lebt in Rønne. Die wenigsten Feriengäste bleiben jedoch in der Hauptstadt, sondern ziehen gleich weiter in ihr Küstenquartier. Für einen Tagesausflug liefert der Inselhauptort hingegen jede Menge gute Argumente. Vor allem das kulturhistorische Museum, neben drei anderen Museen zur Stiftung Bornholms Museum gehörend, lohnt einen Besuch. Zudem lässt sich von Rønne aus die Küste in beide Richtungen auf schmalen Pfaden erwandern. Nach Norden gelangt man auf diese Weise nach Hasle, der zweiten Stadt im Westteil der Insel. Sie gilt als (einstiges) Industrierevier Bornholms, was dem Ortsbild im Übrigen teils noch heute anzumerken ist. Neben der Fischräucherei am Meer ist auf einem Rundgang dennoch allerlei Interessantes zu entdecken. Nach Südosten hingegen gelangt man von Rønne nach Arnager, das aus mehreren Gründen eine Stippvisite rechtfertigt. Aufgrund der mannigfaltigen Gesteinsschichten, die am Strand zutage treten, ist dieser ein Dorado für geologisch interessierte Zeitgenossen. Auch das Hinterland lockt mit dem einen oder anderen wichtigen Ausflugsziel: Zuvorderst sind hier die beiden Rundkirchen von Nylars und Nyker zu nennen. Erstere hat sich von allen Rundkirchen Bornholms noch am reinsten den Charakter einer ehemaligen Wehrkirche bewahrt.

Der Westen

Landschaftlich präsentiert sich der Westen der Insel überwiegend flach, wobei das Hinterland in Richtung Almindingen (→ S. 183 ff.) leicht ansteigt. An der Südküste zwischen Rønne und Arnager überwiegt die Steilküste, während die Westküste zwischen der Inselhauptstadt und Hasle ganz unterschiedliche Gesichter zeigt; die umfangreichen Waldgebiete hinter den hübschen Sandstränden entpuppen sich als Oasen der Erholung.

Rønne

Der größte urbane Flecken der Insel ist Anfangs- und Endpunkt fast jeder Bornholmreise. Zentrum und bester Ausgangspunkt für einen Bummel ist der Marktplatz mit dem Milleniumsdenkmal des Japaners Jun-Ichi Inoue.

Gestern wie heute ist der Inselhauptort das Tor zur großen weiten Welt. Die Einwohner Bornholms meinen Rønne, wenn sie „in die Stadt" fahren. Im Roman „Pelle der Eroberer" schrieb Martin Andersen Nexø Ende des 19. Jh.: „Draußen auf dem Lande war es der Traum aller Armen, sich nach der Stadt durchzukämpfen, und die Kühnsten wagten es eines Tages mit heißen Wangen, während die Alten warnend von der Verderbnis der Stadt sprachen. Und in der Stadt träumten sie von der Hauptstadt Kopenhagen, das war das Glück." Dementsprechend wurde der Hafen für viele zur Chiffre für das Tor in die eigene (glücklichere) Zukunft. Über die Ostsee wiederum brachte der Postdampfer dreimal wöchentlich Nachrichten aus der dänischen Hauptstadt nach Bornholm.

Vom Marktplatz (Store Torv) führt eine breite Straße hinunter zum Hafen und teilt dabei das Zentrum in zwei Hälften. Die ältesten Häuser befinden sich im Süden rund um die Stadtkirche, die dem Patron der Seefahrer (St. Nikolai) geweiht ist. Aber auch in der nördlich gelegenen Hälfte stoßen Besucher auf Schritt und Tritt auf hübsche, alte Bürger- und Kontorhäuser (u. a. Erichsens Gård und Johnsens Gård), die von einer regen Wirtschaftstätigkeit in der Vergangenheit erzählen. Weil ein großer Teil der Altstadt 1945 im sowjetischen Bombenhagel unterging (→ Geschichte, S. 31), sind nicht wenige Gebäude jüngeren Datums. Insgesamt zählte man 212 zerstörte Häuser; die damals neu erbauten Gebäude kennt der Volksmund noch heute als *Bombehusene* (Bombenhäuser). Im Schatten der Nikolaikirche erinnern Keramiktafeln über den Hauseingängen Kirkepladsen 14 und Kirkestræde 4 an die dunkle Zeit, angefertigt wurden sie von der Keramikfabrik Søholm. Ebenfalls ganz in der Nähe der Kirche treffen Flaneure auf die gewundene Gasse mit dem schönen Namen Vimmelskaftet. Hier befindet sich das kleinste Haus der Stadt, die blau getünchte Eingangstüre ist nur über eine Stiegenleiter erreichbar – ein beliebtes Fotomotiv. Im gleichen Viertel setzt das Theaterhaus noch immer Maßstäbe. Weil es von außen nicht als Bühne erkennbar ist, läuft man beim ersten Gang daran vorbei. Der Lapsus verwundert nicht, da es sich um ein umgebautes Kontorhaus handelt.

Der Hafen gehört nicht zu den heimeligsten Orten, welche die Insel zu bieten hat. Hier hat nur wenig den Furor der Umbau- und Erweiterungsmaßnahmen überlebt. Was übrig blieb, kann sich dennoch sehen lassen, u. a. die pittoreske Hafenschmiede (Havnesmedjen). Das Haus aus dem Jahr 1735 wurde zunächst als Munitionsdepot genutzt und erst ein Jahrhundert später von der Eisengießerei der Bornholmer Maschinenfabrik (Bornholms Maskinfabrik) zur Schmiede umfunktioniert. Auch der achteckige Leuchtturm, eine Eisenkonstruktion aus dem Jahr 1880, verdient in diesem Zusammenhang erwähnt zu werden.

Geschichte: Bis zum Jahr 1277 schweigen die Annalen zur Stadtgeschichte. Es ist aber zu vermuten, dass bereits zur Wikingerzeit einige Fischer den Naturhafen nutzten und sich hier ansiedelten. Ebenso ist anzunehmen, dass im 12./13. Jh. diese Siedlung beständig wuchs. Im 13. Jh. erfolgte die Grundsteinlegung für eine Kapelle auf dem Boden der späteren Nikolaikirche. Spätestens im 14. Jh. geriet Rønne ins Visier der Kaufleute, die – flankiert von ihren jeweiligen Schutzmächten – hier Handelsniederlassungen gründeten. Mehrfach wechselte die Stadt

Die alte Hafenschmiede in Rønne ist ein Blickfang

in der Folge den Besitzer, je nach dem, wer im Ostseeraum gerade das Sagen hatte. 1525 fiel Rønne mit der übrigen Insel der Lübecker Hanse in den Schoß und der Hauptort prosperierte als Resultat neu gewonnener Handelsverbindungen. Mit dem (noch inoffiziellen) Titel der Inselhauptstadt konnte sich Rønne allerdings erst in der Neuzeit schmücken, nachdem die Feste Hammershus als Herrschaftssitz nicht mehr benötigt wurde und demzufolge langsam verfiel. Als 1576 Bornholm wieder an die dänische Krone zurückgegeben wurde, trugen sich die neuen alten Herrscher mit dem Gedanken, Rønne zur Festung auszubauen. Es blieb beim hehren Plan, der nicht zur Realisierung kam. Das Kastell mit dem Festungsmuseum am südöstlichen Stadtrand ist ein spärlicher Überrest damaliger Bemühungen. Seit 1750 sorgte die Uhrenindustrie für wachsende Umsätze (→ Geschichte, S. 29). Einen hervorragenden Eindruck von der Kunstfertigkeit hiesiger Handwerkszünfte vermittelt das kulturhistorische Museum.

Store Torv (Marktplatz)

Das weitläufige, belebte Rechteck im Zentrum war einst ein Exerzierplatz. In den 1880er-Jahren mussten die ursprünglich flachen Fachwerkhäuser mehrstöckigen Steinhäusern weichen. Ältestes Gebäude ist das Gerichts- und Arresthaus aus dem Jahr 1834 an der Ostseite (Store Torv 1). Das Bankgebäude gegenüber wurde nach Plänen des dänischen Stararchitekten Kay Fisker erbaut (Store Torv 12). Dieser beteiligte sich planerisch auch am Bahnhofsgebäude in Gudhjem. Die Platzmitte markiert eine abstrakte Granitskulptur, die ein wenig an Stonehenge erinnert. Sie stammt vom japanischen Bildhauer Jun-Ichi Inoue (1948–2009), der auch noch an anderen Stellen der Insel Spuren hinterlassen hat und in Olsker begraben ist (→ Kasten, S. 128). Das Werk entstand im Jahr 2000 als Erinnerung an die Jahrtausendwende und stellt eine Sonnenuhr dar.

Die Guldgubber von Sorte Muld

1791 erwähnte der schwedische Altertumsforscher Nils Henrik Sjöborg zum ersten Mal den Begriff *guldgubber*. Die Bewohner eines Dorfes im südschwedischen Schonen hätten in der Umgebung merkwürdige Goldplättchen entdeckt. Die Objekte maßen durchschnittlich ca. 1,5 cm in Höhe und Breite und hatten die Form von eingestanzten oder ausgeschnittenen Figuren, weswegen man sie schlicht Goldmännchen *(guldgubber)* taufte. Der Begriff setzte sich in der Archäologenzunft durch und wurde auch für alle weiteren Funde dieser Art in Skandinavien verwendet.

Eine der spektakulärsten Entdeckungen machte man auf Bornholm unweit von Svaneke: Bei Bodenuntersuchungen zwischen Grisby und Ibsker fand man in den 1980er-Jahren nicht weniger als 2300 dieser Goldblechfiguren, die man auf das 5./6. Jh. n. Chr. datierte, was in etwa dem zu Ende gehenden Zeitalter der Völkerwanderung bzw. nordischen Eisenzeit entspricht. Bezeichnenderweise hieß im Mittelalter die Bornholmer Fundstelle *Guldageren* (Goldacker), zur Zeit der Entstehung der Goldfiguren lag hier das Handels- und Handwerkszentrum Sorte Muld. Aus diesem Grund hießen die entdeckten Artefakte fortan die Guldgubber von Sorte Muld. Die ungeheure Bedeutung des Fundortes für die Wissenschaft unterstreicht die Tatsache, dass 90 % aller in Dänemark jemals gefundenen Goldmännchen aus der Umgebung von Svaneke stammen. Lediglich von der schwedischen Insel Öland ist eine noch umfangreichere Fundstelle bekannt.

Was stellen die Goldmännchen dar und zu welchem Zweck wurden sie einst angefertigt? Der einfachste Weg ist ein Besuch im kulturhistorischen Museum Rønne. Ein Kabinett im Erdgeschoss (Zimmer 4) präsentiert ausgewählte Exemplare der nur pfennigstückgroßen Objekte auf vorbildliche Weise. In den meisten Fällen ist ein Mann in vornehmer Kleidung dargestellt, der in der Hand ein Zepter trägt. Das halblange Haar ist ein Herrschaftsprivileg und lässt Bezüge zu ähnlichen Darstellungen aus der Epoche der fränkischen Merowinger zu. Einige Goldplättchen zeigen Frauengestalten, bei denen es sich vielleicht um Göttinnen handeln könnte, seltener sind Tiergestalten oder Paare in inniger Umarmung. Weil man ähnliche Figuren u. a. auch als Helmbeschläge fand, liegt der Verdacht nahe, dass hier Gottheiten und/oder Vertreter der Elite, die Kulthandlungen vollziehen, dargestellt werden. Bei einigen Motiven könnte es sich auch um Nachahmungen von Bildern auf römischen Münzen oder germanischer Gottheiten handeln. Letztere waren häufig auf einseitig geprägten Schmuckmetallscheiben (Brakteaten) zu sehen, mit denen zu jener Zeit im Ostseeraum fleißig gehandelt wurde. Wahrscheinlich fungierten die Guldgubber als Opfergaben, eine Verwendung als Schmuck oder Zahlungsmittel scheidet wohl aus, weil hierfür das Material schlicht zu dünn ist. Hinsichtlich Bedeutung und Verwendung der Guldgubber bleibt vieles rätselhaft. In seiner 2009 unter dem Titel „Guldgubber – Einblicke in die Völkerwanderungszeit" publizierten Dissertation setzt sich Sharon Ratke mit dem Phänomen auseinander. Er vertritt u. a. die These, dass mit einigen Goldplättchen profane Abmachungen rechtlicher Art getroffen wurden. Mit anderen wiederum gedachten die Menschen an Verstorbene oder Freunde auf gefahrvollen Reisen. Für letztere Interpretation spricht, dass zahlreiche Figuren aus Goldblech vorübergehend an Stützpfosten der Versammlungshallen angebracht wurden. Gold hatten die damaligen Menschen offenbar im Überfluss, denn nach Gebrauch wurden die Guldgubber schlicht und einfach weggeworfen.

Hjorths Fabrik (Keramikmuseum)

Es handelt sich in der Tat um eines der interessantesten Museen der Insel, vorausgesetzt man erwischt einen Werktag, denn dann können Besucher in der Werkstatt den Mitarbeitern über die Schulter blicken. Hier lassen sich sämtliche Arbeitsschritte – vom Reinigen des Tons bis zum Brennen der Ware – nachvollziehen. Teilweise sind die alten Holzöfen noch erhalten, während sich die eigentliche Ausstellung als Rundgang durch die Stilgeschichte des Keramikdesigns von der Imitation antiker Kunst über die Epoche des Art Déco bis in die Gegenwart entpuppt (→ S. 40). Keramikworkshops für Kinder in der Hauptsaison (Juli/Aug.) sowie ein Verkaufsladen runden das Angebot ab.

Werkstatt: April bis Mitte Mai Mo–Fr 13–16; Mitte Mai bis Mitte Okt. Anfang Juli bis Mitte Aug. 2-mal tägl. Führungen um 11 und 14.30 Uhr. Museum: März bis Mitte Mai und Mitte Okt. bis Ende Nov. Mo–Fr 13–17 Uhr, Sa 10–13 Uhr; Mitte Mai bis Mitte Okt. Mo–Sa 10–17 Uhr; Dez. Mo–Fr 10–17 Uhr, Sa 10–13 Uhr; Jan./Febr., sonntags und an einigen Tagen im Dez. geschlossen. 50 dkr, unter 18 J. frei, Kombiticket für vier Museen 70 dkr (Mitte Mai bis Mitte Okt.). Krystalgade 5, ✆ 5695-0160, www.bornholmsmuseum.dk.

Erichsens Gård

Das heute vielleicht am besten erhaltene Bürgerhaus von Rønne wurde 1806 vom Kaufmann und Tabakfabrikanten Herman Bohn Rasch erbaut. Nachdem es mehrfach den Besitzer gewechselt hatte, verkaufte 1950 Elna Erichsen das Anwesen an die Stiftung Bornholms Museum. Drei Jahre später gab diese das Haus als rundum sehenswertes Heimatmuseum für die Öffentlichkeit frei. Den Rundgang durch die nostalgieschwangeren Stuben des Haupthauses begleiten Mitarbeiter des Museums in traditionellen Bürgerkleidern. Anschließend geht es über den Hof in die Wirtschaftsgebäude und in den gepflegten Garten.

Mitte Mai bis Mitte Okt. tägl. außer Sa 10–16 Uhr, Juli/Aug. auch Mo. 50 dkr, unter 18 J. frei, Kombiticket für vier Museen 70 dkr. Laksegade 7, ✆ 5695-8735, www.bornholmsmuseum.dk.

Sehenswert: das Keramikmuseum im Stadtzentrum

Kulturhistorisk Museum

Das Flaggschiff der 1893 gegründeten Stiftung Bornholms Museum (die noch drei weitere Häuser betreibt) ist das kulturhistorische Museum. Es befindet sich in einem einstigen Krankenhaus, das bereits im Gründungsjahr der Stiftung zum Museum umgebaut wurde. Vier Etagen bieten einen umfassenden Streifzug durch die verschiedenen Epochen der Inselgeschichte mit Erklärungen in dänischer Sprache. In den meisten Räumen vermitteln Handouts auch Informationen zu den Themen auf Deutsch. Das Highlight im Erdgeschoss sind vielleicht die Guldgubber von Sorte Muld – ausgewählte Goldplättchen aus dem Sensationsfund bei Svaneke (→ Kasten, S. 84). In der ersten Etage verdienen die Uhrensammlung mit einigen Standuhren aus der Hand der Gebrüder Otto und Peter Arboe und die Ausstellung zum Inseltourismus besondere Aufmerksamkeit. Das Dachgeschoss schließlich widmet sich diversen alltagsgeschichtlichen Themen. So ist u. a. ein Klassenzimmer aus alten Tagen zu sehen, und auch die Seefahrt erhält ihren gebührenden Platz.

Juli bis Mitte Aug. tägl. 10–17 Uhr; Mitte Mai bis Juni und Mitte Aug. bis Mitte Okt. Mo–Sa 10–17 Uhr; Mitte Okt. bis Mitte Mai Mo–Fr 13–16, Sa 11–15 Uhr. 50 dkr, unter 18 J. frei, Kombiticket für vier Museen 70 dkr (Mitte Mai bis Mitte Okt.). Sct. Mortensgade 29, ✆ 5695-0735, www.bornholmsmuseum.dk.

Hauptwache

Auch wenn es streng genommen nichts zu besichtigen gibt, sollte man an diesem historischen Gebäude und am hübschen Platz (Søndergade) nicht einfach vorbeigehen. Die Hauptwache wurde 1743 aus Materialien errichtet, die von der zerfallenden Burg Hammershus stammen. Neben der Wachstube befand sich das Gefängnis. Bis Mitte des 20. Jh. war hier die Bürgerwehr stationiert. Den Platz flankieren weitere Bürgerhäuser, u. a. der Købmand Rønnes Gård, ein imposantes Fachwerkhaus aus dem Jahr 1813. Kurioserweise hörte der Kaufmann auf den Namen Rønne – wie die Stadt, in der er lebte. Angeblich hielt der Reeder vom Aussichtsturm auf dem Dach nach seinen einlaufenden Schiffen Ausschau.

Rønne Theater

Das älteste noch aktive Theater Dänemarks außerhalb Kopenhagens stammt aus dem Jahr 1823. Das gewöhnliche Fachwerkhaus ist von außen nicht als Schauspielhaus erkennbar. Das Theater verfügt über 300 Sitzplätze, rund 25.000 Zuschauer besuchen jährlich die Aufführungen. Auf dem Spielplan stehen Eigeninszenierungen des Ensembles (darunter Mundartstücke mit reichlich Lokalkolorit) sowie Gastspiele von Bornholmer Amateurtheatergruppen und Tourneegruppen vom Festland. Anlass der Gründung war eine Initiative junger Laienschauspieler, die zur Fasnacht

Theatermaske im Requisitenfundus

anno 1818 eine Komödie des dänisch-norwegischen Schriftstellers Ludvig Baron Holberg (1684–1754) gaben. Man kam auf den Geschmack und gründete anschließend den dramatischen Verein „Ej blot til Lyst", um hinfort regelmäßig Stücke zu inszenieren (→ Veranstaltungen, S. 88). Seit 2002 verfügt das Theater über eine eigene Schauspielschule.

Die Theaterkasse hat Mo –Fr 15–17 Uhr und eine Stunde vor Vorstellungsbeginn geöffnet. Teaterstræde 2, ✆ 5695-0732, www.bornholmsteater.dk.

Rønne Fæstning (Forsvarsmuseum)

Das Kastell mit Museum verbirgt sich unter Bäumen am südöstlichen Stadtausgang und ist in wenigen Gehminuten vom Hafen aus erreichbar. Ein gelb getünchtes Magazinhaus mit dem Wappen des dänischen Königshauses aus der Mitte des 18. Jh. sowie ein 1689 errichteter Rundturm zeugen vom ehrgeizigen Vorhaben, den Inselhauptort zur Festung auszubauen. Der solide, zylindrisch geformte und weiß getünchte Rundturm sieht auf den ersten Blick den Rundkirchen und dem Lille Tårn (kleinen Turm) auf den Erbseninseln verdächtig ähnlich. Seit 1980 widmet sich das Museum im Kastell Aspekten der Bornholmer Militärgeschichte. Ein Schwerpunkt der Ausstellung ist die Befreiung der Insel von den Schweden im Jahr 1658.

Mitte Mai bis Anfang Okt. Di–Sa 10–16 Uhr, in den Schulferien geschlossen. 55 dkr, erm. ab 35 dkr. Arsenalvej 8, ✆ 5695-6583, www.bornholmsforsvarsmuseum.dk.

Basis-Infos

Information/Internet Das **Bornholms Velkomstcenter** liegt am Hafen nahe dem Fährterminal. Das offizielle Fremdenverkehrsbüro hilft bei Fragen und der Quartiersuche. Busfahrpläne, Wanderkarten, Broschüren, zwei kostenlose Internetterminals. Mitte Okt. bis März Mo–Fr 9–16 Uhr, April bis Mitte Juni und Mitte Aug. bis Mitte Okt. auch Sa vormittags, Mitte Juni bis Mitte Aug. tägl. 9–17 Uhr. Weihnachten/Neujahr geschlossen. Nordre Kystvej 3, ✆ 5695-9500, www.bornholm.info.

Verbindungen Ein großer **Parkplatz** befindet sich in Hafennähe direkt hinter der Touristeninfo.

Der **Busbahnhof** liegt direkt am Fährhafen, hier beginnen und enden die meisten Linien zu den verschiedenen Inselzielen. Busse halten darüber hinaus nahe dem Marktplatz.

Taxi: Dantaxi, Haslevej 2b, ✆ 5695-2301, www.dantaxi.dk.

Der **Flughafen** liegt wenige Kilometer außerhalb an der Südküste Bornholms, alle weiteren Angaben finden Sie im Kapitel „Anreise" auf S. 49.

Fahrradwege: In Rønne beginnen bzw. enden die markierten Radrouten Nr. 10 sowie 21–23; im Stadtgebiet selbst sind die Routen nicht durchgängig ausgeschildert.

Autovermietung Neben den Schaltern im Flughafen (→ S. 49) haben einige Firmen in Hafennähe eine Niederlassung. Günstige Angebote beginnen bei 400 dkr Tagesmiete.

Avis/Budget: Mo–Fr 8–16 Uhr, Sa/So 9–12 Uhr. Snellemark 1, ✆ 7024-7719, www.avis.dk.

Europcar: Nordre Kystvej 1 (Q8-Tankstelle), ✆ 5695-4300, www.europcar.dk.

Rønne Autoudlejning (Interrent): Einziger Local Player unter den Mietwagenfirmen! Im Sommerhalbjahr Mo–Fr 9–16 Uhr, Sa 10–14 Uhr. Snellemark 19, ✆ 5690-7575, www.roenneautoudlejning.dk.

Baden Der Stadtstrand von Rønne liegt nördlich vom Jachthafen, etwa in Höhe des Hotels Griffen. Schönere Optionen finden Wasserratten weiter nördlich, am Ortsausgang Richtung Hasle. Im Schutz des sog. Sandfluchtwaldes (Nordskoven) verstecken sich teils herrliche Sandbuchten. Am zügigsten sind sie über die Zufahrt zum Campingplatz zu erreichen (→ S. 88 f.). Südöstlich der Inselhauptstadt ist die Küste zwar auch sehr ansehnlich, jedoch nur bedingt badetauglich. Steilabhänge, Kies, Küstenbebauung und nicht zuletzt der Flughafen schmälern den Genuss. Aber auch hier kann man ins Wasser steigen. Die Situation bessert sich erst wieder in Arnager (→ S. 91 f.).

88 Der Westen

Fahrradverleih Bornholms Cyceludlejning: Große Auswahl an verschiedenen Rädern und Pedelecs (E-Bikes), sogar Kinderanhänger und Tandems. Ab 70 dkr/Tag. Mai bis Mitte Sept. tägl. 8–18 Uhr. Nordre Kystvej 5 (in Hafennähe gleich neben der Touristeninformation), ℡ 5695-1359, www.bornholms-cykeludlejning.dk.

Veranstaltungen Musikhuzet: erste Anlaufstelle für musikalische Live-Events jeder Couleur für alle Altersgruppen. Über 100 Veranstaltungen jährlich im Stammhaus am Markt und an anderen Orten Bornholms. Store Torv 6, ℡ 5695-9404, www.musikhuzet.dk.

Rønne Theater: Beliebt bei Einheimischen und Gästen ist u. a. die jährliche Sommerrevue, eine Eigenproduktion des Ensembles mit Bezug auf lokale Eigenheiten und Geschehnisse. Gastspiele runden das Jahresprogramm ab. Tickets gibt es u. a. an der Theaterkasse (tägl. 15–17 Uhr), im Touristenbüro, Rathauskiosk oder online unter www.bornholmbilletten.dk. Teaterstræde 2, ℡ 5695-0732, www.bornholmsteater.dk.

Einkaufen

Die meisten Läden liegen am Marktplatz (Store Torv) und in der nach Norden führenden Fußgängerzone (Store Torvegade). Das Gros deckt den täglichen Bedarf; neben einer Buchhandlung am Markt fallen mehrere Banken, Supermärkte sowie Sportgeschäfte ins Auge.

Wochenmarkt, großer Markt auf dem zentralen Platz (Store Torv), samstagvormittags.

Rådhuskiosken, der Tabak-, Zeitschriften- und Spirituosenhandel an der zentral gelegenen Bushaltestelle tauscht Euro gegen Kronen (bar) und führt einige deutsche Zeitungen. Auch Tickets für Veranstaltungen sind hier erhältlich. Tägl. 7–18.30 Uhr. Snellemark 34, ℡ 5695-0766, www.raadhuskiosken.dk.

Oste-Hjørnet, das etwas abgelegene Käse-Delikatessengeschäft von Birgit Gren-Hansen ist seit mehr als 20 Jahren ein echter Feinschmeckertipp. Auch selbst gebackenes Brot und andere Spezialitäten von der Insel. Mo–Fr 9–17.30 Uhr, Sa 9–13 Uhr. Østergade 40b, ℡ 5695-0599, www.ostehjoernet.dk.

Übernachten/Essen & Trinken/Nachtleben → Umschlagsklappe hinten

Rønne ist zwar kein Urlaubsort, Geschäftsleute sowie Feriengäste, die wegen der frühen Abfahrt der Fähre nach Sassnitz in der Inselhauptstadt übernachten, sorgen dennoch für ein recht ausgewogenes Unterkunftsverzeichnis. Für einen längeren Ferienaufenthalt eignen sich das Hotel Slovly, die Jugendherberge und die beiden Campingplätze.

Übernachten Hotel Posthuzed **9**, gediegene Stadtpension mit nur wenigen Einzel-, Doppel- und Familienzimmern im ehemaligen Postamt von Rønne. Reichlich danish design, exzellente Bäder und kurze Wege zu den Sehenswürdigkeiten in der Stadt. Kein Restaurant. DZ 850 dkr. Lille Torv 18, ℡ 3315-7700, www.hotelposthuzed.dk.

»» Mein Tipp: Hotel Skovly **2**, freundliche und großzügig geschnittene Anlage im Wald zwischen Rønne und Hasle, 5 Gehmin. zum Strand. 28 komfortable, blitzsaubere Zimmer, gutes Restaurant und Café im Haupthaus. Rad- und Wanderwege sind gleich in der Nähe. April bis Okt. geöffnet. DZ ab 745 dkr. Nyker Strandvej 40, ℡ 5695-0784, www.hotel-skovly.dk. **««**

Det Lille Hotel **7**, liebenswert-familiäre Frühstückspension im Zentrum, nur acht Zimmer, teils mit WC und Dusche auf dem Gang. Bei gutem Wetter kann auf dem Hof gefrühstückt werden, Tee und Kaffee auch tagsüber kostenlos. DZ 600 dkr (ohne Bad), 750 dkr (mit Bad). Ellekongstræde 2 b, ℡ 5690-7700, www.detlillehotel.dk.

Danhostel Rønne **10**, perfekt organisierte und ruhig gelegene Jugendherberge am Stadtrand. Sauber und freundlich, hier stimmt einfach alles! Frühstücksbuffet, Minigolf, Radverleih, kurze Wege zu Fuß zur Küste. DZ 450 dkr, Bett im Schlafsaal 200 dkr (ohne Frühstück). Arsenalvej 12, ℡ 5695-1340, www.danhostel-roenne.dk.

Rønne

Rønne Nordskov Camping 1, schön gelegene Anlage am nördlichen Stadtrand im Wald, der Strand ist nur wenige Schritte entfernt. Perfekte Kombination von Natur und Stadtnähe. Minigolf, Kiosk und Hütten für Familien. Mitte April bis Ende Sept. 2 Pers. und Zelt ab 150 dkr. Antoinettevej 2 (Zufahrt von der Küstenstraße nach Hasle), ✆ 4020-3068, www.nordskoven.dk.

Galløkken Strand Camping 11, im Grüngürtel an der Südküste zwischen Stadtausgang und Flughafen verborgener Zeltplatz. Auch Vermietung von Zelten, Hütten und Wohnwagen. Mai bis Aug. 2 Pers. und Zelt ab 184 dkr. Strandvejen 4, ✆ 5695-2320, www.gallokken.dk.

Essen & Trinken Di 5 Stâuerna 12, fünf Michelinsterne gibt es zwar nicht, dennoch gilt das Restaurant im Hotel Fredensborg seit jeher als beste kulinarische Adresse der Insel. Küchenchef Claus Seest Dam nimmt für seine kreativen Rezeptideen (Fisch und Fleisch) nur die besten Bornholmer Zutaten, das Zweigangmenü kostet ca. 350 dkr. Tägl. ab 17 Uhr. Strandvejen 116, ✆ 5690-4444, www.bornholmhotels.dk.

》》 **Mein Tipp: Selma's Home Cooking** 8, das Restaurant ist so familiär wie der Name suggeriert. Die Küche ist auf Fischgerichte (u. a. Krabben, Jakobsmuscheln, Lachs) spezialisiert, auch Steaks und Salate stehen auf der Karte. Asiatische Anleihen (Thailand), kultiviertes Interieur. Fr/Sa gibt es abends ein Buffet für 160 dkr. Tägl. außer So ab 17.30 Uhr. Tornegade 6, ✆ 5695-3475, www.restaurantselmas.dk. 《《

Hansens Bøfhus 5, das inselweit bekannte Steaklokal am Markt – auch als Rådhuskroen ein Begriff – bürgt für gute Qualität. Hochwertiges Rindfleisch kommt in allerlei Varianten auf den Tisch, außerdem gibt es Fisch und Salate. Tägl. ab 17 Uhr, in der Sommersaison auch mittags geöffnet. Nørregade 2 b, ✆ 5695-0069, www.hansens-beufhus.dk.

Poul Pava 3, ambitioniertes Restaurant und Lesecafé mit Kunstgalerie auf der platzartigen Erweiterung am Ende der Fußgängerzone. Nur wenige Innen- und Außenplätze, Gemälde an der Wand. Steak- und Fischgerichte stehen auf der kleinen Karte, mittags ist der Brotzeitteller mit Bornholm-Spezialitäten *(Godt og småt)* empfehlenswert. Hauptgerichte um 100–150 dkr. Tägl. ab 10 Uhr bis tief in die Nacht. St. Torvegade 29, ✆ 2877-6040, www.restaurantpoulp.dk.

Café Gustav 6, beliebte Einkehradresse mit Freiplätzen auf dem Marktplatz im Schatten der Stonehenge-Skulptur. Saftige Burger für 98 dkr, diverse Fisch- und Fleischgerichte, darüber hinaus natürlich Kaffee, Kuchen, Wein und Bier. Tägl. ab 10 Uhr. Store Torv 8, ✆ 5691-0047, www.cafegustav.dk.

Nachtleben Das Bermudadreieck der spätabendlichen Ausgehkultur (wenn der Begriff hier erlaubt sein darf) liegt rund um den Marktplatz. Stets angenehm gefüllt ist **O' Malley's Irish Pub** 4, gleich am Beginn der Fußgängerzone (St. Torvegade 2, ✆ 5695-0016).

Die Schokoladenseite der Inselhauptstadt

Rund um Rønne

Landseitig ist der Inselhauptort von einem Gürtel aus Seen und Wäldern umgeben, die sich für kurze oder längere Spaziergänge eignen. Vom Ortszentrum aus lassen sich darüber hinaus auf wunderschönen Pfaden die West- und die Südküste erwandern, wobei der Küstenweg im Süden von Rønne erst ab Arnager für längere Touren taugt. Es gibt jedoch eine charmante Möglichkeit, direkt vom Hafen loszulaufen: Am Linksknick des Zahrtmannsvej landeinwärts auf das Schild *„Gangsti til Vandrerhjem"* achten und die Treppen hochsteigen; anschließend führt der Pfad am Festungsturm vorbei und abwechselnd durch Wald und Heide stadtauswärts. Der Einstieg zum Küstenpfad Richtung Hasle ist im Wanderteil ausführlich beschrieben (Tour 1).

Küste zwischen Rønne und Hasle

Rønne Plantage: Das flachwellige und abwechslungsreiche Wald- und Seengebiet südöstlich von Rønne ist nur einen Steinwurf von Airport und Küste entfernt. Das handtuchbreite Areal liegt genau zwischen der Küstenstraße und der Bornholmquertrasse nach Åkirkeby/Nexø. Rund um die beiden Seen Carl Nielsens Grusgrav und Østerborg Grusgrav fanden Paläontologen zahlreiche Fossilien.

Knudsker und Knudsker Plantage: Hinter dem Golfparcours (→ S. 73) schließt sich ein weiterer Wald an, den der Radweg Nr. 22 von Rønne in Richtung Almindingen quert. Einzige Sehenswürdigkeit im Dorf Knudsker, das von mehreren Granitsteinbrüchen umgeben ist, ist die romanische Knuds Kirke aus der Mitte des 12. Jh.
Die Kirche ist von Mai bis Sept. Di/Mi und Fr/Sa 9–17 Uhr geöffnet.

Blykobbe Plantage: An der Westküste Bornholms liegt zwischen Rønne und Hasle der sog. Sandfluchtwald (Sandflugtsskoven), der durch zahlreiche Wander- und Radwege erschlossen ist. Wie viele andere Waldgebiete dienen die Bäume dem Schutz und wurden erst ab 1819 von Menschenhand angepflanzt. Ein wunderbarer Dünengürtel trennt den Wald vom Meer, im Frühsommer entdeckt das botanisch geschulte Auge Orchideen. Wegen seiner Lage nördlich von Rønne kennt man das Terrain auch als Nordskoven (Nordwald). Im 17./18.Jh. wurde hier im größeren Stil im Tagebau nach Kohle geschürft. Dass der Abbau eingestellt wurde, lag an der minderwertigen Qualität der Kohle. Ein Grubenname, **Sorthat**, hat sich als Flurbezeichnung bis heute erhalten.

Tour 1: Wanderung an der Küste von Rønne nach Hasle → S. 203 ff.
Leichte Wanderung auf dem Küstenpfad zwischen Wald, Wasser und Dünen

In Arnager befindet sich die längste Seebrücke Dänemarks

Arnager

Trotz der Lage unmittelbar am Flughafen ist der Fischerweiler ein Ort mit Paradiespotenzial geblieben. Und trotz seiner wunderbaren Fischräucherei und der längsten Seebrücke Dänemarks bleibt der Massenauflauf an Gästen aus.

Für nicht wenige Einheimische aus dem Süden Bornholms ist Arnager der schönste Ort der Insel. Vom Wahrheitsgehalt des Verdikts mag sich jeder selbst überzeugen. Allerdings finden nur verhältnismäßig wenig Besucher den Weg hierher, was damit zu tun haben mag, dass die Straße just um diesen Abschnitt der Küste einen Bogen macht. Wahrzeichen ist ein 200 m langer Holzplankensteg, der das Ufer mit dem Hafen verbindet. Der von einem Riff geschützte „Inselhafen" liegt weit draußen im Meer, was die Versandung des Beckens verhindern soll. In der Tat wartet die Küste rund um das Fischerdorf mit überreichlich Sandstrand auf, der zum Baden und Wandern einlädt. Früher wurde hier Phosphat abgebaut, und ganz in der Nähe fand man versteinerte Fußabdrücke von Dinosauriern. Außerdem ist der helle Arnager-Kalk westlich des Hafens eine Fundgrube für Fossilienjäger.

Das Dorf verfügt über keinen Supermarkt. Am Ortseingang zweigt die Zufahrt zur **Fischräucherei** vor der Stichstraße ab. Schräg gegenüber führt ein Pfad zu einem Grashügel, unter dem sich eines von elf erhaltenen Megalithgräbern Bornholms verbirgt. Im gut erforschten Grab fand man Keramikscherben, Steinscheiben und Dolche. Skelette unterschiedlichen Alters zeigten, dass es in der Bronzezeit über einen langen Zeitraum hinweg als Ruhestätte diente. Eigentliche Sehenswürdigkeit im Ort ist jedoch der **Arnagergård,** ein restaurierter Vierseithof aus dem Jahr 1825 mit romantischem Innenhof, in dem der Maler Kenneth Geneser sein Atelier hat.

Verbindungen Das Küstendorf liegt unmittelbar östlich des Flughafens und ist von der Straße Rønne–Snogebæk bzw. vom Radweg Nr. 10 über einen geteerten Stichweg erreichbar. Die Buslinien 7 bzw. 8 steuern im Sommerhalbjahr das Ortszentrum an.

Einkaufen Lilli's Glasdesign, man muss die bonbonbunten Fantasiekreationen der Autodidaktin Lilli Carlsen schon mögen, der große Hofladen mit Workshopstudio nordöstlich von Arnager ist jedoch immer einen Abstecher wert. Auch Kurse zur Glasherstellung. Juni bis Mitte Sept. tägl. 10–18 Uhr, sonst tägl. (außer Sa) 12–17 Uhr. Sdr. Landevej 21 (Hinweisschild an der Straße Rønne–Snogebæk), ✆ 5697-2110, www.lillis.dk.

»› Mein Tipp: Arnagergård, die Kunstgalerie von Kenneth Geneser befindet sich im einstigen Kuhstall des ehrwürdigen Hofgutes. Der Fußboden ist mit Sand bedeckt, neben eigenen Werken werden hin und wieder Gastkünstler präsentiert. Das malerische Atelier allein lohnt bereits den Besuch. Mai bis Sept. tägl. (außer Mo) 12–17 Uhr, Juli/Aug. 10–17 Uhr; sonst nach telefonischer Voranmeldung. Varpeløkken 2, ✆ 5696-9992, www.arnagergaard.dk. **«‹**

Übernachten Arnagergård, liebenswertes Privatquartier mit verträumtem Hinterhofgarten in einem Künstlerhof. Nur ein einziges helles, geräumiges Apartment im dekorativen Landhausstil, Küchenzeile für Selbstversorger. Mai bis Okt. DZ 650 dkr, Wochenmiete 3500 dkr (Frühstück extra). Varpeløkken 2, ✆ 5696-9992, www.arnagergaard.dk.

Essen & Trinken Arnager Røgeri, ausnahmsweise liegt die Fischräucherei nicht direkt am Meer, sondern landeinwärts am Ortsrand. Der Fisch mundet dennoch vortrefflich, familiäre und freundliche Atmosphäre, ausnahmsweise keine Selbstbedienung. Ostern bis Mitte Sept. Do–Mo 12–17 Uhr, in der Hauptsaison tägl. geöffnet. Arnagervej 4, ✆ 5697-2200, www.arnager-rogeri.dk.

Nylars

Das Dorf auf halber Strecke zwischen Rønne und Åkirkeby wäre vielleicht keine Erwähnung wert, befände sich am Ortsrand nicht eine Rundkirche, die nicht wenige für die schönste Wehrkirche der Insel halten.

Charakteristisches Kennzeichen der **Rundkirche** aus der Mitte des 12. Jh. ist das kegelförmige, mit Eichenschindeln gedeckte Dach. Im Unterschied zu den beiden größeren Kirchen von Olsker und Østerlars fehlen hier die seitlichen Stützstreben. Abgesehen vom Kirchenvorraum, einem Anbau aus dem Jahr 1879, präsentiert sich der dreigeschossige Sakralbau überwiegend noch so, wie er im Mittelalter ausgesehen hat. Ein wunderschöner Kirchhof umgibt das Ensemble. Davor laden am Teich einige Holzbänke zum Picknick ein. Eine Tafel auf dem Kirchhof verweist darauf, dass im ausgehenden Mittelalter den Bauernhöfen auf Bornholm Nummern zugewiesen wurden. Diese finden sich z. T. noch heute auf den Grabstätten.

Geweiht ist die Kirche dem heiligen Nikolaus von Myra. Ebenso wie bei den anderen Rundkirchen diente sie sowohl spirituellen als auch den ganz profanen Zwecken der

Blick über den Friedhof auf die Rundkirche

Trolle, Meerjungfrauen und Fabelwesen: Der Steinpark bei Nylars

Seine Freunde nannten den Bauer Hans Schouw Andersen (1930–2007) einfach nur Slau. Als er in den 1980er-Jahren aufgrund einer schweren Krankheit seine Arbeit an den Nagel hängen musste, widmete er sich den Rest seines Lebens der Kunst. Er suchte sich großformatige Feldsteine, die er mit Hammer und Meißel bearbeitete. Sein erstes Kunstwerk war eine in Stein gravierte Landkarte Bornholms mit den wichtigsten Sehenswürdigkeiten der Insel. Es folgten Illustrationen der Märchen des berühmten dänischen Autors Hans Christian Andersen. Auch Bornholms illustre Trollgestalten durften natürlich nicht fehlen. *Slaus Stene*, die Steine von Slau, sind heute frei zugänglich in einem kleinen Waldstück 2 km westlich von Nylars zu besichtigen. Vor allem Radfahrer von Rønne auf dem Weg nach Åkirkeby machen hier gerne einen Zwischenstopp. Tische und Bänke laden zum Picknick ein, der Eintritt ist frei.

Skulpturengarten am Radweg von Nylars nach Rønne

Verteidigung (→ Rundkirchen, S. 35). In der Vorhalle stehen zwei **Runensteine**, die jeweils an die Toten erinnern und aus dem 11./12. Jh. stammen. Der größere, unbeschädigte Stein trägt eine Schlangenbandinschrift, die sich wie folgt übersetzen lässt: „Sasser ließ diesen Stein errichten nach seinem Vater Halvard. Er ertrank draußen mit der ganzen Besatzung. Christus helfe seiner Seele in aller Ewigkeit. Dieser Stein soll als Gedenkstein stehen." Das Symbol der Schlange erinnert an die Midgardmythologie (der Midgårdorm war ein Wind- und Wassergeist, der die Seefahrer verschlang). Anschließend betritt man das runde Kirchenschiff mit einem Innendurchmesser von 11 m. Hier fällt der freskengeschmückte Mittelpfeiler ins Auge. Die Fresken sind die ältesten ihrer Art auf Bornholm und stammen aus dem 13. Jh. Der damals analphabetischen Bevölkerung illustrierten sie anschaulich die ersten Kapitel der Genesis. Man erkennt die Schöpfung der ersten Menschen, den Sündenfall im Garten Eden und die Vertreibung aus dem Paradies. In der angrenzenden Apsis befinden sich das Taufbecken (um 1150), der Altar und ein von der Decke herabschwebender Engel. Das Glasfenster aus dem Jahr 1972 illustriert die Auferstehung und stammt vom dänischen Künstler Poul Høm (1905–1994). Die Türe zur Wendeltreppe zu den beiden Obergeschossen ist i. d. R. verschlossen.

Verbindungen Nylars ist auf der breiten Inselquertrasse rasch mit dem Auto von Rønne bzw. von Åkirkeby erreichbar. Die Buslinien 3, 5 und 6 queren jeweils das Dorf und halten an der Hauptstraße, der Radweg Nr. 23 Nexø–Rønne führt auf dem einstigen Bahndamm an der Kirche vorbei.

Kirche April bis Sept. tägl. 7–18 Uhr, Okt. bis Mai 8–15.30 Uhr. Eintritt frei. Infos unter www.nylarskirke.dk.

Vestermarie

Das Dorf in landwirtschaftlich geprägter Umgebung zwischen der Inselhauptstadt und dem Waldgebiet Almindingen (→ S. 183 ff.) ist nicht weiter bemerkenswert, sieht man einmal von der Kirche ab, die vor allem innen ein Augenschmaus ist. Wie der Ortsname verrät, ist sie der Muttergottes geweiht. Der neoromanische Sakralbau ersetzte eine Vorgängerkirche aus dem Mittelalter. Beim Abbruch des alten Gotteshauses fand man Runensteine aus der Wikingerzeit (um 1100), die heute auf dem Friedhof vor dem Westeingang stehen. Das Pendant zu Vestermarie ist Østermarie im Osten Bornholms (→ S. 155 f.). Eine beträchtliche Anzahl von Menhiren, die abseits der Straße ca. 1 km nördlich von Vestermarie liegen, verweisen auf eine bedeutende frühgeschichtliche Begräbnisstätte (Store Bjergegårdsbakken).

Marienkirche in Vestermarie: Innenansicht

Klemensker

Böse Zungen behaupten, Klemensker sei das hässlichste Dorf Bornholms. Dies mag dahingestellt sein, fest steht jedoch, dass fast alle Bewohner der Insel mit dem Ort vertraut sind, weil sich hier (allerdings außerhalb) eine wichtige Molkerei befindet. Hier liefern Bornholms Bauern seit jeher ihre Milch ab, hier wird u. a. der schmackhafte Blauschimmelkäse Danablu produziert. Unter dem Label St. Clemens zieren die goldenen Schachteln mit dem typischen Rundkirchenlogo die Kühlregale (www.st-clemens.dk).

Ebenfalls außerhalb, im Dreieck Klemensker, Årsballe und Nyker, liegt Bornholms einzige Falknerei, die **Bornholms Rovfugleshow**. Verschiedene Greif- und Raubvögel sowie Eulen lassen sich hier hautnah erleben. Die beste Zeit, um den Vorführungen des Falkners beizuwohnen, ist vormittags um 11 Uhr (Bornholms Rovfugleshow).

Auf einem Hügel am Ortsrand steht, 114 m über dem Meer, die **Kirche St. Klemens** (wie viele andere Orte auf Bornholm leitet sich Klemensker von Klemens Kirke ab). Das Granitbollwerk aus dem Jahr 1882 ersetzte einen mittelalterlichen Vorgängerbau und ist vor allem innen wegen der Arbeiten des Künstlers Paul Briegel Høm (1905–1994) sehenswert; er schuf u. a. 1981 die Altarbilder. Das Uhrwerk stammt übrigens vom renommierten Bornholmer Meister Jørgen Peter Arboe (→ Geschichte, S. 29).

Einkaufen ⟫ Mein Tipp: **Kræmmerhuset**, eine kleine Gebrauchskunst-Perle im Niemandsland zwischen Klemensker, Nyker, Årsballe und Vestermarie. Allein der gepflegte Garten lohnt bereits den Ausflug hierher. Im Atelier kann man einer Keramikkünstlerin über die Schulter sehen, auf zwei Stockwerken Strick- und Korbwaren, Honig, Aquarellpostkarten etc. Mo–Fr 10–17 Uhr. Skarpesgadevej 6, ✆ 5699-9433, www.kraemmerhuset.com. ⟪

Falknerei Anfang April bis Ende Okt. tägl. außer Mo, Vorführungen um 11 Uhr, im Juli zusätzlich auch um 16 Uhr. 100 dkr, erm. ab 70 dkr. Lundsgårdsvej 4, ✆ 9679-3037, www.bornholmsrovfugleshow.dk.

Kirche April – Sept. Di–Fr 8–15 Uhr geöffnet.

Nyker

Zwei Argumente gibt es für einen Besuch der kleinen Ortschaft abseits der üblichen Reisewege: eine bemerkenswerte Rundkirche sowie eine inselweit bekannte Modeboutique.

Die **Ny Kirke** im Hinterland von Rønne ist die kleinste und bescheidenste der vier Rundkirchen Bornholms. Errichtet wurde die „neue Kirche" immerhin bereits im 12. Jh., wobei besagter Name erst seit Mitte des 16. Jh. verbürgt ist. Ihr typisches architektonisches Merkmal ist das steil aufragende Holzschindeldach. Abgesehen von der Mittelsäule und den Fenstereinfassungen ist der Sakralbau aus Feldsteinen gefügt; wie die anderen Rundkirchen diente er u. a. der Verteidigung. Im Inneren zieht die Mittelsäule mit ihren Fresken die Blicke auf sich: Der dreizehnteilige Bildfries zeigt Szenen aus der Passionsgeschichte und stammt aus der zweiten Hälfte des 13. Jh. Weitere Fresken befinden sich am Apsisbogen und an der Außenwand über der Nordtür. Entdeckt wurden sie 1891 vom bekannten Maler und Restaurator Jakob Kornerup (1825–1913) aus Roskilde. Der spätromanische Taufstein aus grauem Kalkstein stammt – wie üblich – aus Gotland, die Kanzel ist wiederum ein Werk der Spätrenaissance von dem Bildhauer Heinrich Ringerink, der um 1600 eine Holzschnitzwerkstatt in Flensburg leitete. Sie komplettiert das muntere stilistische Gemisch im Kircheninneren. Weitere interessante Schätze befinden sich in der Vorhalle, u. a. ein **Runenstein** mit folgender Inschrift: "Lo (…) ließ den Stein nach seinem Sohn setzen, dem sehr wohlgeborenen Knaben (…) und nach seinem Bruder. Der heilige Christ helfe deren Seelen." Die Pesttafeln erinnern an die Opfer zweier Epidemien, die 1618 und 1654 auf Bornholm wüteten.

In Nyker steht die kleinste der vier Rundkirchen

Verbindungen Nyker liegt auf halbem Weg zwischen Rønne und Klemensker und ist mit den Buslinien 2 und 10 erreichbar. Ein schöner Radweg auf dem ehemaligen Eisenbahndamm verbindet Nyker mit der Inselhauptstadt.

Einkaufen Bente Hammer, direkt neben der Rundkirche hat die bekannte Textildesignerin ihr Atelier mit Verkaufsraum (ein zweiter Shop befindet sich in Svaneke am Marktplatz). Elegante, leichte und feminine Mode mit Pfiff und mit Stil! März bis Dez. Mo–Fr 10–17 Uhr, Sa 10–14 Uhr. Nyker Hovedgade 32, ✆ 5696-3335, www.bentehammer.dk.

Kirche Mai bis Mitte Okt. Mo–Fr 8–16 Uhr. 10 dkr. Infos unter www.ny-kirke.dk.

Hasle

Der trotz des groß dimensionierten Hafens dörflich wirkende Flecken im Zentrum der Westküste ist heute ein beliebtes Tagesausflugsziel. Zumeist steuern die Urlaubsgäste umgehend die wunderschön am Meer gelegene Fischräucherei an. Im Ortszentrum lockt eine Kunsthandwerksausstellung in einem alten Kaufmannshof.

Normalerweise werden Bornholms Häfen mit dem Prädikat *hyggelig* (gemütlich) recht treffend beschrieben. Das gilt jedoch ganz und gar nicht für Hasle. Das gesamte Areal wirkt zugig, unübersichtlich und mindestens ein paar Nummern zu groß. Das hat mit diversen Erweiterungen zu tun, die in einer Zeit stattfanden, als man noch optimistisch an ein wachsendes Fischereigewerbe glaubte. Die Fangquoten aus Brüssel entlarvten den Glauben als Illusion. In Hasle spielt die Musik daher an anderen Orten, im Ortszentrum etwa oder weiter südlich rund um die Fischräucherei. Immerhin lässt es sich neuerdings am Hafen trefflich wohnen, dazu lädt ein hübsches „hyggeliges" Café zur Mittagspause – und genügend Liegeplätze für Segeljachten gibt es hier natürlich auch.

Weil sich die meisten Quartiere Bornholms andernorts befinden, haben sich Hasle und seine Umgebung noch reichlich Ursprünglichkeit bewahrt. Andererseits merkt man dem Ortskern auch ein wenig an, dass die touristischen Ströme vorbeiführen. Da trifft es sich gut, dass Grønbechs Gård, der eingangs erwähnte Kaufmannshof aus dem 19. Jh., einen mehr als gewichtigen Grund bietet, dem Zentrum einen Besuch abzustatten. Das Eldorado des Kunsthandwerks bietet vierteljährlich wechselnde Ausstellungen, was auch zahlreiche kunstsinnige Stammgäste der Insel motivieren dürfte, es nicht nur bei einem Besuch zu belassen. Der Hof liegt nur wenige Schritte vom zentralen Platz entfernt (Hasle Torv), dessen auffälligstes historisches Gebäude das

Weiträumiges Areal mit großen Kapazitäten: der Hafen von Hasle

ehemalige Rathaus aus dem Jahr 1855 ist. Davor grüßt in Bronze der dänische Monarch Christian X. (1870–1947). Linker Hand ist – für die Inselgeschichte weitaus wichtiger – ein Gedenkstein zu sehen, der an den Aufstand gegen Schweden im Jahr 1658 erinnert (→ Geschichte, S. 29). Die damals maßgeblichen Protagonisten sind allesamt hier verewigt: Povl Ancher, Jens Kofoed, Peder Olsen und Niels Gumløse stammen allesamt aus Hasle, was erklärt, warum das Denkmal gerade hier steht. Keinesfalls versäumen sollte man es, danach noch die paar wenigen Schritte vom Platz hoch zur Kirche zu laufen. Ansonsten liegen die meisten Sehenswürdigkeiten außerhalb: u. a. der größte Runenstein Dänemarks (Brogårdsstenen) – und natürlich die wunderbare Küstenlandschaft!

Grønbechs Gård

Im restaurierten Kaufmannskontor im Ortszentrum präsentieren sich heute auf drei Stockwerken Künstler und Kunsthandwerker aus Bornholm und anderen Ländern. Zu bestaunen gibt es reichlich Keramik und Modeschmuck, aber auch Möbel, Accessoires oder z. B. handgeschmiedete Messer. Das Speicherhaus, dem beim Umbau zum Museum sein historisches Kolorit fast vollständig abhandenkam, stammt aus dem 19. Jh. Die regelmäßig wechselnden Ausstellungen werden in Zusammenarbeit mit der Arts & Crafts Association Bornholm (ACAB), dem Verband der Dänischen Kunsthandwerker sowie der School of Design konzipiert (→ S. 39 f.). Es handelt sich um die umfangreichste Präsentation von Kunst und Kunsthandwerk auf der Insel. Im Seitenflügel finden ab und an Workshops statt.
April bis Mitte Okt. tägl. 10–17 Uhr. Eintritt 50 dkr (Kinder frei). Grønbechs Gård 4, ✆ 5696-1870, www.groenbechsgaard.dk.

Hasle Kirke

Eine gepflasterte Straße führt vom Marktplatz zur hübschen Kirche mit dem charakteristischen roten Fachwerkturm im oberen Ortsteil. Der heutige Bau ersetzte einen älteren Vorgänger und stammt aus dem Jahr 1758. Am Giebel über dem Kirchenvorraum hängt eine Sonnenuhr. Im ehemaligen Friedhof, einer grünen Naturoase, steht u. a. ein Runenstein (um 1100). Das wichtigste Prominentengrab liegt nördlich der Kirche: Hier ruht der königliche Kammersänger Vilhelm Herold (1856–1937), dessen Tenorstimme zahlreiche Opernenthusiasten begeisterte. Er trat u. a. bei der Weltausstellung 1893 in Chicago auf, einige Tonaufzeichnungen seiner Lieder sind noch heute im Handel erhältlich. Wichtigstes Ausstattungsstück im Innern ist die gotische Altartafel (ca. 1510), bei der es sich vermutlich um die älteste ihrer Art auf Bornholm handelt.
Die Kirche ist von Mai bis Mitte Okt. Mo–Fr 9–15 Uhr geöffnet.

Der Westen

Basis-Infos

Information Die Hasle Turistinformation befindet sich Rathaus. Mai bis Mitte Okt. Mo–Fr 9.30–13.30 Uhr, in der Hauptsaison nachmittags bis 15.30 Uhr und Sa/So. Storegade 64, ✆ 5696-4481, www.hasle.dk.

Verbindungen Der zentral an der Westküste gelegene Ort ist auf der Straße Nr. 159 rasch von Rønne und Allinge aus erreichbar. **Parkplätze** am Hafen und vor der Fischräucherei.

Mit den **Buslinien** 1 bzw. 4 von Rønne bzw. Allinge, im Sommerhalbjahr darüber hinaus mit den Inselrundlinien 7 und 8.

Sowohl der **Küstenpfad** als auch der **Radweg Nr. 10** zählen zu den schönsten Küstentouren auf der Insel, und zwar von Hasle aus sowohl nach Norden als auch nach Süden.

Bootstouren Vor der Westküste erkundet Skipper Kim Knudsen mit seinem Boot Sværd (Schwert) Wracks, Austerninseln und vieles mehr. Nur im Juli tägl. bei gutem Wetter, Di/Do kindergerechte Fahrten ab 18 Uhr (200 dkr, erm. 100 dkr), Tagestouren ab 8 Uhr kosten (300 dkr). Buchung im Geschäft Sportdres Bornholm in Rønne. Store Torvegade 96, ✆ 5691-0370, www.dinfangst.dk.

Einkaufen Zwar liegt der **Supermarkt** mitten im Zentrum, ein Shoppingparadies ist Hasle deshalb noch lange nicht. Wessen Herz für das Kunsthandwerk schlägt, der wird eventuell im **Grønbechs Gård** fündig.

Veranstaltungen **Sildefest**: Alljährliches Großereignis ist das traditionsreiche Hafenfest (seit 1959). Musik und Unterhaltung (auch für Kinder), Hering-Prämierung und vieles mehr. Mitte Juli (www.sildefest.dk).

Krämermarkt: Kunsthandwerk, Handarbeiten und Trödel im Karetmagergården, wo auch das Fremdenverkehrsamt sein Büro hat. In der Hauptsaison abendliche Grillfeten. Mitte Mai bis Mitte Sept. Do und Sa 10–14 Uhr (www.karetmagergaarden.dk).

Übernachten/Essen & Trinken

Übernachten Zwar ist Hasle eher Ausflugsziel als Standortquartier, Hotels und Herbergen gibt es jedoch auch hier. 2012 wurden auf der Nordseite des Hafens neue Ferienapartments fertiggestellt, die nicht nur für Segler eine überlegenswerte Option sind. Vermietet werden sie von den einschlägigen Ferienhausanbietern auf Bornholm (→ S. 60).

Hotel Herold, einzige Pension im Ortszentrum, benannt nach dem bekannten Sänger, der in Hasle auf dem Kirchhof begraben ist (s. o.). Von der Terrasse fällt der Blick auf den Hafen. 19 einfach bestückte Zimmer, Restaurant, ganzjährig geöffnet. DZ ab 600 dkr. Vestergade 65, ✆ 5696-4024, www.hotelherold.dk.

Danhostel Hasle, der frei stehende Holzbungalow in Hufeisenform liegt direkt gegenüber der Fischräucherei, einfach und familiär. Miriam Hjorth Hansen und ihre Familie sorgen engagiert für das Wohl der Gäste. Küche für Selbstversorger und Gemeinschaftsbäder. DZ ab 450 dkr, Platz im Mehrbettzimmer 185 dkr (Frühstück extra). Fællesvej 28, ✆ 5694-0011, www.danhostel-hasle.dk.

Hasle Camping, nette Anlage am südlichen Ortsrand, nahe der Fischräucherei. Kiosk, Pizza-Restaurant, Fahrradverleih und Hüttenvermietung. April bis Okt. geöffnet. 2 Pers. und Zelt ab 144 dkr. Fællesvej 30, ✆ 5694-5300, www.hasle-camping.dk.

Essen & Trinken **Hasle Røgeri**, kaum eine Heringsräucherei liegt so idyllisch am Wasser, kaum eine ist bei Tagesausflüglern so beliebt. Täglich wird hier der Hering auf traditionelle Art geräuchert, in den Nebengebäuden befindet sich ein bescheidenes Räuchereimuseum. Selbstbedienung, mittags Buffet (145 dkr). April bis Ende Sept. tägl. 10–17 Uhr, in der dänischen Hauptsaison bis 21 Uhr. Søndre Bæk 20 (im Zentrum gut ausgeschildert), ✆ 5696-2002, www.hasleroegeri.dk.

Café Emajoka, freundliches Lesecafé am Hafen mit Kunst an den Wänden, opulente Sandwichs, schmackhafte Salate, Kaffee und leckeres Gebäck. Gemütliche Innenplätze, von der Terrasse blickt man auf den Hafen. Mai bis Sept. ab 11 Uhr (leider nicht immer zuverlässig), abends nur nach Voranmeldung. Havnen 8, ✆ 5696-9494.

Eine Pflasterstraße führt vom Markt zur Kirche

Rund um Hasle

Brogårdsstenen: In recht unromantischer Umgebung, am Abzweig der Straße nach Klemensker von der Hauptroute nach Rønne, steht östlich von Hasle Dänemarks größter Runenstein. Er wurde erst 1868 hierher versetzt, nachdem er eher zufällig entdeckt worden war: Zuvor diente er nämlich gänzlich profan als Brückendeckstein. Die Inschrift lautet übersetzt: „Svenger ließ diesen Stein zum Andenken an seinen Vater Toste, seinen Bruder Alvak, an seine Mutter und an seine Schwester errichten." Ist der Umstand, dass die weiblichen Familienmitglieder namenlos sind, der Ignoranz des Patriarchats geschuldet?

Küste südlich von Hasle: Das Ufer zwischen Hasle und Rønne zählt, obwohl wenig frequentiert, zu den schönsten Abschnitten der Westküste. Am besten lässt es sich zu Fuß von der Fischräucherei erschließen (in umgekehrter Richtung beschreibt Tour 1 ausführlich den Fußmarsch → S. 203 ff.). Einen herrlichen **Badestrand** findet man nur wenige Hundert Meter südlich vom Ortsende, die Zufahrt mit dem Pkw erfolgt am besten über den Glasværksvej oder den Levkavej (Parkplätze jeweils am Ende der beiden Stichstraßen). Im Dünengürtel und sog. Sandfluchtwald erinnern Spuren an die Zeit des einstigen Industrierreviers. Ehemalige Abbaugruben haben sich mit Wasser gefüllt und bilden nun **Seen,** die das Küstenhinterland veredeln. Deren Namen – Safirsee, Pyritsee oder Smaragdsee – halten meist, was sie versprechen. In Ermangelung einer Eisenbahn legten findige Unternehmer im Industriezeitalter eine Schienentrasse an, um Kohle, Klinker und Ton abzutransportieren. Fotogen in Meeresnähe posieren noch heute die zugehörigen Kipploren. In der Tongrube von Sorthat (→ S. 90) fand man in 150–170 Mio. Jahre alten Gesteinsschichten aus der Jurazeit Fossilien und sogar Fußabdrücke eines Dinosauriers.

Helligpeder: skandinavische Bilderbuchlandschaft

Der Norden

Der landschaftlich abwechslungsreichste Teil der Insel endet im Norden mit der bildhübschen Halbinsel Hammeren. Kein Wunder, dass sich die ersten Feriengäste im romantischen 19. Jh. hier besonders wohlfühlten. Wichtigste Sehenswürdigkeit ist die Burgruine Hammershus hoch über der Steilküste.

Im Norden stößt das Inselparallelogramm spitz in die Ostsee und bildet ein Kap, an dem seit 1895 ein Leuchtturm den Schiffen den Weg weist. Der Spaziergang vom netten Hafenstädtchen Sandvig über das Kap zu Salomons Kapel und zurück über die Hochheide des Hammerknuden zählt zu den schönsten Naturerfahrungen, welche die Insel ohnehin in großer Zahl bereithält. Hauptstadt des Nordens – wenn der Begriff erlaubt sein darf – ist Allinge, ein anmutiger und freundlicher Ort, auch wenn es streng genommen nicht viel zu besichtigen gibt. Wenige Kilometer weiter bezeugen Reste der einst größten Verteidigungsanlage Bornholms die Schutzbedürftigkeit im Mittelalter: Die Burgruine Hammershus thront stolz über der Steilküste, die Aussicht von der Balustrade hinunter zum Meer ist berückend. Die zweite wichtige Anlaufstelle für kulturhistorisch interessierte Reisende ist das Kunstmuseum mit wichtigen Werken zur Bornholmer Malschule (→ S. 38 f.). Der moderne Kunsttempel liegt nur einen Steinwurf von den Helligdomsklipperne, den höchsten Klippen Dänemarks, entfernt. Die grandiose Steilküste bildet das Pendant zum Kultplatz Jons Kapel an der Westküste – beide Naturdenkmäler zählen zu den bedeutendsten Ausflugszielen im Inselnorden.

Der Norden

Unweit vom Kunstmuseum erweist sich die Rundkirche von Olsker als eine weitere Destination von Rang. Wie ihre Pendants liegt sie in beherrschender Höhenlage im Hinterland. Im Gegensatz zu den übrigen Teilen der Insel sind die Entfernungen zwischen den Sehenswürdigkeiten im Inselnorden kurz. Beide Küsten scheinen nur einen Hauch weit auseinander, obwohl man nur selten einen Punkt findet, von dem das Meer in beide Richtungen zu sehen ist. Das liegt am kleinteilig-hügeligen Terrain, für das Auge ein Gedicht, für Radfahrer hingegen nicht selten ein Fluch!

Die Küste nördlich von Hasle

Zwischen Hasle und der Ruine Hammershus bietet die Westküste vor allem eines, nämlich Natur satt. Lediglich der Fischerort Vang trotzt den widrigen Bedingungen der Steilküste, ansonsten drücken Wald, Heide, Klippen und aufgelassene Granitsteinbrüche der Gegend ihren Stempel auf.

Trotz ihres hügeligen Terrains mit zahlreichen An- und Abstiegen zählt die Strecke von Hasle nach Allinge zu den schönsten Fahrradstrecken der Insel. Noch schöner sind die zahlreichen Fußwege. Sie erschließen Gebiete, die so anmutige Namen wie Ringebakker, Slotslyngen oder Finnedalen tragen. Die Hauptstraße von Hasle nach Allinge vermeidet den Kontakt zur Steilküste und verläuft landeinwärts, und wer nach Vang oder zu den steilen Granitklippen von Jons Kapel gelangen will, darf die Abzweigungen Richtung Meer nicht verpassen. Lediglich ganz im Süden hält eine schmale Teerstraße Tuchfühlung zum Wasser. Sie quert Helligpeder und endet hinter Teglkås an einem Wendehammer. Danach bleibt die Küstenlandschaft endgültig den Aktivurlaubern vorbehalten.

Helligpeder

Malerisch windet sich das Sträßchen die Küste entlang und passiert den beschaulichen Weiler, der dem Schutzpatron der Fischer geweiht ist. Einige Holzkaten verbreiten skandinavische Bilderbuchstimmung. Nur wenige Meter liegen zwischen Wasser und Hang, viel Platz für Zivilisation bietet dieser Küstenabschnitt nicht. Im Hafen ankern ein paar Fischerboote, die sich hier hauptsächlich dem Dorschfang widmen. Beste Tageszeit ist der Sonnenuntergang, wenn die riesigen Granitfindlinge am Ufer im Abendlicht leuchten.

Teglkås

Auch dieser Weiler ist nur wenig mehr als ein winziger Hafen und einige Häuser, die z. T. als Feriendomizile dienen. Nördlich von Teglkås endet die schmale Asphaltstraße am zauberhaft gelegenen Picknickplatz Ginesminde. Dahinter beginnt endgültig die Steilküste, die spätestens 1 km weiter nördlich bei Jons Kapel zur Hochform aufläuft.

Jons Kapel

Bis zu 22 m ragen die Granitklippen aus dem Wasser. Seemöwen kreischen, während sich die Fußgänger auf dem steilen Holzsteig vom Meer herauf abmühen. Jons Kapel gilt nicht ohne Grund als spektakulärster Abschnitt der mit Reizen nicht geizenden Westküste und ist in mehrfacher Hinsicht ein Pendant zu den Klippen von Helligdommen (→ S. 123 f.) auf der anderen Seite der Insel. Die Beschaffenheit des Ortes lässt vermuten, dass sich hier in heidnischen Zeiten ein Kultplatz befand. Die christliche Legende erzählt von einem Mönch und Missionar namens Jon, der hier einige Zeit in einer Felshöhle verbracht haben soll. Andere Sagen wissen zu berichten,

Die Küste nördlich von Hasle

Die Klippen von Jons Kapel sind ein Naturdenkmal

dass Jon vom Hof gejagt wurde, weil er wohl allzu heftig die heidnischen Sitten angeprangert hatte. Wie auch immer, jedenfalls bekam dieser Jon Besuch von Einheimischen, und er begann zu predigen. Er tat dies immer häufiger, immer mehr Menschen fanden sich ein. Bei näherem Hinsehen wirkt der Felsblock wie eine natürliche Kanzel, vom Meer aus betrachtet ähnelt der Fels angeblich einer Kapelle. Das Natur- und Kulturdenkmal ist nur zu Fuß erreichbar, bester Ausgangspunkt ist der Kiosk am Ende der Stichstraße (10 Min. zu Fuß für die einfache Strecke). Recht anstrengend ist der Abstieg auf der Holztreppe. Diese nutzt einen spaltartigen Küsteneinschnitt aus, den Geologen als Diabasgang bezeichnen. Einst war die Spalte mit vulkanischem Gestein (Diabas) gefüllt, das aufgrund geringerer Stabilität schneller als das Grundgestein erodierte, bis es demzufolge gänzlich verschwand.

Essen & Trinken Kiosken Jons Kapel. Hübsch gelegener Kiosk und Picknickplatz am Ende der Stichstraße, populärer Ausgangspunkt für Spaziergänge an die Felsküste. Sitzplätze im gepflegten Garten. Eis, kleine Snacks und Souvenirs. Ostern bis Mitte Okt. tägl. ab 9 Uhr. Jons Kapelvej 4, ✆ 5328-9531.

Hotel Jons Kapel

Anstelle des heutigen Kiosks stand einst ein ehrwürdiges Hotel. Erbaut um die Wende vom 19. zum 20. Jh., brannte es im Jahr 1988 vollständig ab. Weil die Eigentümer das Gebäude unzureichend versichert hatten, fehlte das Geld für den Wiederaufbau. Heute erinnern nur noch wenige verblichene Wegweiser am Küstenschutzpfad an den ehemaligen Gastrobetrieb.

Vang

Ein pittoresker Hafen und einige wenige Häuser in lockerer Hangbebauung – viel mehr gibt es hier nicht zu sehen. Außer der zauberhaften Umgebung natürlich; und am Abend verzückt ein unvergleichlicher Sonnenuntergang über dem Meer.

Eigentlich lässt die Topografie an diesem steilen Küstenabschnitt keine Besiedlung zu. Dennoch verzeichneten 1570 die Annalen erstmals an dieser Stelle eine winzige Fischersiedlung. In den 1860er-Jahren lebten immerhin 21 Fischer vom Ostseefang, was die damalige Administration dazu bewog, dem Flecken und seinen Bewohnern zu einem eigenen Hafen zu verhelfen. Bald darauf wurde die Fischereizunft jedoch vom Bergbau wirtschaftlich in die zweite Reihe gedrängt. Als Ende des 19. Jh. auch in der Gegend um Vang im großen Stil Granit abgebaut wurde, erfasste den Ort eine wahre Goldgräberstimmung. Bis heute nennt der Volksmund das südlich von Vang gelegene Steinbrucharreal „Klondyke". Der örtliche Steinmetzbetrieb beschäftigte in seiner Blütezeit etwa 80 Arbeiter. Diese waren in der Regel „freiberuflich" tätig, was den Nachteil hatte, dass die Arbeiter für den wirtschaftlichen Schaden aufkommen mussten, wenn ein Brocken beim Bearbeiten versehentlich zerbrach. Ein Denkmal am Hafen ehrt seit 1984 die Zunft. Ein paar Schritte weiter öffnet eine Galerie ab und an ihre Pforten für Besucher, während gegenüber in der kleinen Fischerkate an Schautafeln die Ortsgeschichte dokumentiert wird.

Die isolierte Lage ohne Bahnanschluss hatte zur Folge, dass die lokalen Traditionen sich hier länger als anderswo hielten. Noch heute machen Küstenstraße und Radweg um Vang einen Bogen. Nur Fußgänger auf dem Küstenschutzpfad gelangen ohne Umschweife zum Hafen. Ohnehin lässt sich die herrliche Natur nördlich und südlich der Ortschaft am besten auf Schusters Rappen erkunden. Wendet man sich vom Hafen auf dem Küstenpfad nach Süden, trifft man nach wenigen Minuten auf eine restaurierte **Wassermühle** (Vang Vandmølle). Sie stammt aus dem Jahr 1811 und war bis 1905 in Betrieb. 1927 wurde sie unter Schutz gestellt; um die Erhaltung kümmerte sich die Bürgerstiftung Foreningen Bornholm.

Verbindungen Über steile Serpentinen erreicht die Stichstraße den Hafen und einen Parkplatz. Es verkehren die Buslinien 7, 8 und 10, allerdings mit nur wenigen Verbindungen. Der Radweg Nr. 10 Slotslyngen–Hasle führt durch den oberen Ortsteil von Vang.

Übernachten Lyngholt Familiecamping, einer der wenigen Plätze, die nicht am Meer liegen. Dafür rundherum Natur satt. Pool, Gemeinschaftsküche, Spiel- und Sportfelder sowie Kiosk. Auch Vermietung von Hütten. Mai bis Mitte Sept. 2 Pers. und Zelt ab 144 dkr. Borrelyngvej 43 (an der Hauptstraße Richtung Allinge), ℡ 5648-0574, www.lyngholt-camping.dk.

Essen & Trinken Le Port, Restaurant im oberen Ortsteil mit hinreißender Außenterrasse, vielleicht der beste Ort, um abends den Sonnenuntergang zu genießen. Gute Küche, aber manchmal verbesserungsfähiger Service. Spezialisiert auf Fischgerichte mit französischem Einschlag (z. B. Dorschfilet), auch Fleisch und vegetarische Gerichte stehen zur Auswahl. Zweigangmenü am Abend ab ca. 335 dkr, mittags preiswertere Frokost-Auswahl. Juni bis Aug. tägl., in der Vor- und Nachsaison Mo/Di zu. Vang 81, ℡ 5696-9201, www.leport.dk.

Café Misty, die nett gelegene Hafenbleibe wird von den Inhabern des Restaurants Le Port betrieben, Außenterrasse, serviert werden Kaffee und Kuchen, Kaltgetränke und Snacks. Im Sommer bei Ausflugswetter geöffnet. Vang 62, ℡ 5696-9040.

Der Hafen von Vang

Rund um Vang

Ringebakker und Blåskinsdal: Vorbei an der oben erwähnten Vang Vandmølle führt der Küstenschutzpfad nach Süden in Richtung Jons Kapel. Ebenso wie oberhalb der Radweg Nr. 10 quert er ein Areal, in dem – teils versteckt hinter Wacholder und Hecken – zahllose mit Wasser gefüllte Granitsteinbrüche liegen. Kurz vor Jons Kapel kreuzt das Blåskinsdal beide Routen. Das Spaltental ist von beinah tropisch anmutender Vegetation dicht zugewachsen. Trittsichere Fußgänger können den Spaziergang zu Jons Kapel zu einem Rundweg durch das Tal verlängern (ausgeschildert).

Finnedalen und Slotslyngen: Nördlich von Vang bleibt das Terrain bis zur Ruine Hammershus hügelig und, abgesehen von vereinzelten Lichtungen, bewaldet. Slotslyngen gehörte einst zu den Ländereien der Burg Hammershus. 1744 fiel das Land an die dänische Krone, die es – wie viele andere Ländereien auch – sogleich wieder veräußerte. Anfang des 20. Jh. kaufte die Forstverwaltung das Gebiet und stellte es unter Naturschutz. Teile des Staatsforsts wurden gerodet, um Weideland für Schafe zu schaffen. Auf diese Weise sollte – wie in anderen Inselteilen – die ursprüngliche Heide wieder hergestellt werden. Zudem legte man Wert darauf, Sichtachsen zur Burgruine zu schaffen. Heute queren Pfade und Wege ein topografisch anspruchsvolles Gebiet. Mischwald mit Birken, Kiefern, Eichen und Weißbuchen überwiegt zwar, dazwischen verbergen sich jedoch Moore, Heidelichtungen und Spaltentäler (Finnedalen, Paradisdal, Mølledalen). Begleitet werden die Wanderer vom Geschrei der in den nahen Klippen hausenden Möwen.

Bei Vang läuft die Steilküste zur Hochform auf

Borrelyngen und Ravnedalen: Östlich der Hauptstraße liegt ein faszinierendes Heideareal, das erst vor wenigen Jahren freigelegt worden ist. Das Ravnedalen ist ein typisches Spaltental; auf dem kargen Grund wachsen Wacholder, Erika und Farn. Der beste Einstieg ist der Parkplatz an der Abzweigung zur Ruine Hammershus. Die Radroute Nr. 26 von Hammershus nach Almindingen durchquert die Heide, ebenso wie die Radtour 3, die im Wanderteil dieses Reiseführers ausführlich beschrieben ist (→ S. 207 ff.).

Bornholms Tekniske Samling: Das Hofmuseum mit offenem Wohnhaus bietet den Besuchern einen Ausflug in nostalgische Sphären. Neben Requisiten traditioneller Handwerkszweige bilden technische Geräte und Maschinen den Schwerpunkt der Sammlung (Fotoapparate, Motoren, Musikinstrumente, selbst ein Jagdbomber ist mit dabei). Die Objekte stammen von unterschiedlichen Eigentümern, die sich zu einer Museumsstiftung zusammengeschlossen haben.

Mai bis zu den Herbstferien tägl. 10–17 Uhr. 60 dkr. Borrelyngvej 48 (an der Straße nach Allinge auf Schild achten), ✆ 5699-9980, www.bornteksamling.dk.

Von der Küste wirkt die Burg fast uneinnehmbar

Festung Hammershus

Stolz thronen die Reste der einst mächtigen Festungsanlage oberhalb der Klippen. Von Hammershus lenkten verschiedene Herren jahrhundertelang die Geschicke Bornholms. Von den Balustraden fällt der Blick aufs Meer und über weite Teile der Westküste.

Die Burg Hammershus liegt scheinbar uneinnehmbar mehr als 70 m über der Ostsee und ist von einer 750 m langen Ringmauer umschlossen. Sie zählt somit zu den größten Festungsanlagen Nordeuropas und ist damit logischerweise auch eine Hauptattraktion Bornholms. Wie die Sage zu berichten weiß, wollte man die Burg ursprünglich an einer anderen Stelle errichten. Über Nacht verschwanden jedoch jedes Mal die mühsam aufgeschichteten Mauern wieder. Daher entschloss man sich zum Ortswechsel und folgte dabei einem Gottesurteil: Dort, wo sich freigelassene Pferde zuerst niederlegten, sollte die Festungsanlage erbaut werden.

Die schönste Tageszeit für eine Besichtigung sind die frühen Vormittagsstunden oder der spätere Nachmittag. Dann ist das Licht am schönsten, der Besucherandrang hält sich in Grenzen. Wer gutes Schuhwerk dabei hat, sollte den Ausflug mit einem Spaziergang hinunter an die Steilküste oder ins Wald- und Heidegebiet Slotslyngen (→ S. 106) kombinieren. Der Blick von der Ringmauer erschließt die unmittelbare Umgebung. Zwei markante Felsskulpturen an der Klippenküste unterhalb der Festung stechen besonders ins Auge: Wegen ihrer Form werden sie als *Løvehovederne* (Löwenköpfe) oder *Kamelhovederne* (Kamelköpfe) bezeichnet. Der Eintritt zur Burgruine ist frei.

Hinter dem großen und nicht selten gut ausgelasteten Besucherparkplatz befindet sich ein Kiosk; das Selbstbedienungsbistro Slotsgården serviert Mittagsgerichte und diverse Erfrischungen für eine Kaffeepause (April bis Okt. tägl. 10–17 Uhr, ✆ 5648-1828, www.slotsgaardenscafe.dk). Die **Ausstellung** nebenan ist dagegen den

Leonora Christina Ulfeldt: Prinzessin, Landesverräterin und Hexe

Manche Biografien sind so dramatisch, dass sie in alle Ewigkeit die Gemüter bewegen. Das Leben der dänischen Schriftstellerin und Prinzessin Leonora Christina Ulfeldt (1621–1698) ist ein exzellentes Beispiel: Unbeugsam, gebildet und für die damalige Zeit beinah unglaublich emanzipiert, ertrug sie die Folgen der eifersüchtigen Hofintrigen. Die bereits mit 15 Jahren mit Corfitz Ulfeldt vermählte Tochter von König Christian IV. von Dänemark und Norwegen gebar zehn Kinder und eignete sich – quasi im Vorbeigehen – mehrere Sprachen an. Bis zum Tod ihres Vaters im Jahr 1648 verlief ihr Leben glücklich, danach begannen die Schwierigkeiten. Die von Missgunst geprägte höfische Politik führte zur Flucht des (einstigen) Kopenhagener Glamour-Paares nach Schweden. Nach dem Fehlschlag eines schwedischen Angriffs auf Dänemark konnten sie aber auch im Exil nicht länger bleiben. Leonora Christina und ihr Mann kehrten nach Dänemark zurück, wo sie verhaftet und für 17 Monate auf der Festung Hammershus wegen Landesverrats interniert wurden.

Glaubt man der Autobiografie der adligen Insassin *(Den franske selvbiografi)*, dann war ihr Mann hochgradig von ihr abhängig und durch Exil und Gefangenschaft kränklich geworden. Zudem mussten beide die sadistischen Neigungen des Gefängniswärters Adolph Fuchs erdulden. Im März 1661 war es schließlich soweit: Das Paar beschloss die Flucht aus dem Kerkerturm von Hammershus. Filmreif seilten sie sich mit zusammengeknoteten Bettlaken in die Tiefe ab (aus dem fünften Stock des Mantelturms), wobei ein Helfer versehentlich in eine Schlucht stürzte und von Leonora Christina gerettet werden musste. Ihr Mann war dabei mehr Last als Hilfe und kaum in der Lage, selbstständig im Dunkeln hinunter zu den Klippen zu gehen. Deshalb dauerte die Flucht länger als geplant, und als der Morgen schließlich graute, wurde der Trupp von den Wächtern geschnappt. Bei der Rekonstruktion der Flucht schien den Aufsehern die physische Leistung der Prinzessin derart überirdisch, dass man sie als Hexe ansah.

Nach seiner Freilassung musste das einst überaus begüterte Paar – zeitweilig war Leonora Christina Ulfeldt die mächtigste Frau am dänischen Königshof gewesen – fast alle seine Besitztümer abtreten. Vorübergehend lebten beide auf der Insel Fünen, ehe eine erneute Anklage wegen Hochverrats die Dinge wieder ins Rollen brachte. Raffinierter hätte sich beim Verhör auch keine ausgebildete Geheimagentin anstellen können. Bei der Befragung durch die königlichen Beamten stritt sie eine Mitwisserschaft in die konspirativen Geheimpläne ihres Gatten rundweg ab. Um Corfitz zu entlasten, leugnete sie sogar die Existenz solcher Pläne. Das Resultat des hochnotpeinlichen Verhörs war für alle Seiten niederschmetternd: Einen Beweis für die intriganten Machenschaften fanden die Beamten wider Erwarten nicht. Leonora Ulfelds Courage brachte ihr dennoch nichts ein, weil das Paar humorlos und ohne offiziellen Rechtsentscheid verurteilt wurde.

Es folgte eine zweite, weitaus längere Kerkerhaft im berüchtigten Blåtårn, dem blauen Turm im Schloss Christiansborg zu Kopenhagen. Bis zur Begnadigung im Jahr 1685 sollten 22 Jahre vergehen! In der künstlerischen Rezeption lebt die illustre Persönlichkeit bis heute weiter: Dichter schätzten ihr schriftstellerisches Vermögen und verwendeten Teile ihrer beiden Autobiografien und sonstigen Schriften als Vorlagen für eigene Werken; der zeitweilig auf Bornholm lebende Maler Kristian Zahrtmann (→ S. 38) porträtierte sie nicht weniger als achtzehn Mal. Am meisten werden von den Menschen jedoch ihr Mut, ihre Klugheit und ihre Entschlossenheit zu handeln bewundert.

Eintritt nicht unbedingt wert, sieht man einmal von einem Modell ab, das die Anlage um 1570 im Maßstab 1:200 rekonstruiert. Im Zuge etlicher Restaurierungsarbeiten, die zum Zeitpunkt der letzten Recherche noch nicht abgeschlossen waren, erhält die Burgruine Hammershus zukünftig ein **neues Besucherzentrum**.

Ausstellung: Anfang April bis Mitte Okt. tägl. 10–16 Uhr, in den dänischen Sommerferien bis 17 Uhr. 30 dkr, erm. ab 15 dkr, Eintritt frei mit Ticket des Mittelalterzentrums Østerlars. ✆ 5649-8319, www.bornholmsmiddelaldercenter.dk.

Geschichte

In weiten Teilen entspricht die Burghistorie der Inselgeschichte, wobei gesicherte Daten erst seit Mitte des 13. Jh. zur Verfügung stehen. Demzufolge war der Erzbischof von Lund der erste Bauherr. Die katholische Kurie benötigte eine Burg, um in den Machtkämpfen gegen ihre weltlichen Gegner bestehen zu können. Zwischen 1259 und 1325 verzeichnen die Annalen zahlreiche Kampfhandlungen, in deren Folge die Burg mehrfach den Besitzer wechselte. 1259 beispielsweise eroberte und zerstörte der Bruder des Erzbischofs im Verbund mit Jaromar II. von Rügen, der sich auch bereits für die Erstürmung der Lilleborg im Süden Bornholms verantwortlich zeigte, die Festung. Die längste Belagerung der Burggeschichte fand in den Jahren 1325/26 statt; sie endete nach achtzehn Monaten mit der Aufgabe der Verteidiger. 1521 verlor der panskandinavische König Christian II. (1481–1559), der hier seinen bischöflichen Gegenspieler internierte, die Burg an die Lübecker Hanse. Eine neue Phase der Bautätigkeit setzte nun ein. Besonders der Lübecker Vogt Bernt Knop nutzte seine Amtszeit, um Hammershus bis zur Mitte des 16. Jh. zur damals größten Burg Nordeuropas auszubauen. Das Ausstellungsmodell neben dem Kiosk (s. o.) zeigt die Anlage zur damaligen Zeit. Mit der Rückgabe an Dänemark im Jahr 1576 sank der Stern der Burg: Innova-

Burgruine Hammershus: Detailansicht

tionen in der Artillerietechnik verlangten nach neuartigen Verteidigungsbauten, weshalb die neuen Herren der mittelalterlichen Festung nur noch wenig Interesse entgegenbrachten. Hammershus diente fortan hauptsächlich als Gefängnis; die prominentesten Häftlinge im Mantelturm (Manteltårnet) waren Corfitz und Leonora Christina Ulfeldt (→ Kasten, S. 108). Nach der Aufgabe der Festung 1743 diente sie vorübergehend als Steinbruch und verfiel zusehends. 1822 stellte Inselkommandant Poul Magnus Hoffmann die Burgruine unter Denkmalschutz und verhinderte ihre weitere Zerstörung.

Rundgang

Wie bei den meisten mittelalterlichen Festungsanlagen gruppieren sich die äußeren Befestigungswerke um die eigentliche Kernburg im Zentrum. Um zum Mantelturm, dem sechsstöckigen Wahrzeichen der Anlage, zu gelangen, muss man nicht weniger als drei Vorburgen durchqueren. Dabei wandeln die Besucher i. d. R. auf dem – früher wie heute – einzigen landseitigen Zugang zur Burg. Dieser steigt leicht an und passiert dabei einige Reste der **unteren Vorburg** mit Magazin- und Vorratshäusern. An der Brücke über den Graben mit dem ehemaligen Brückenturm knickt der steil ansteigende Zugangsweg ab, um Feindangriffe mit Rammböcken zu erschweren. Der nächste Abschnitt ist die **obere Vorburg,** die sich nördlich, südlich und östlich um die innere Burganlage herum gruppiert. Besonders der Blick von der äußeren Ringmauer aufs Meer gehört hier zu den Besichtigungshighlights. Die halbrunden Wachtürme wurden später (um 1500) hinzugefügt. In der östlichen Vorburg, im Keller des Thinghauses *(Tinghus),* fand man eine Münze aus der Zeit des dänischen Königs Erik V. Klipping (ca. 1249–1286), was Archäologen Aufschlüsse zur Datierung der Anlage gab. In der Vorburg befanden sich auch zwei Wasserspeicher zur Trinkwasserversorgung. Jenseits einer weiteren, einst vollständigen inneren Ringmauer liegt der heute leere und fast ein wenig öde wirkende **Schlosshof.** Dieser war einst ein belebter Platz und von Wirtschaftsgebäuden umgeben, u. a. befanden sich hier die Brau- und Backstube, das Haus des Vizekommandanten, die Stallungen und der Kerker. Vorbei am hohen und bereits mehrfach erwähnten Mantelturm betritt man die **innere Kernburg.** Es handelt sich um den ältesten Teil der Festung, bestehend aus Wohnhäusern, einer Kirche, Küchentrakt und natürlich dem Palast für den Burgherrn. Die Gebäude gruppieren sich um den inneren Burghof.

Blick von der Ringmauer auf die Westküste Bornholms

Besenheide auf dem Hammerknuden

Halbinsel Hammeren

Der runde Granitschild zwischen Hammer Havn und Sandvig wurde von der letzten Eiszeit geformt und bildet den nördlichsten Zipfel Bornholms. Vom Leuchtturm in luftiger Höhe reicht bei klarer Sicht der Blick bis Schweden.

Die Landschaft am Nordkap Bornholms wirkt dramatisch. Wie in einem Brennglas konzentriert sich auf der Halbinsel einiges, was für Bornholm typisch ist: Steilküste und Schären, schroffe Granitbruchkanten, Heide und ein einsam gelegener Hafen. Bis zu 82 m stemmt sich der Granitschild, der auch Hammerknuden oder kurz Hammer genannt wird, in die Höhe. Ein breites Tal sowie ein Isthmus trennen die Halbinsel vom Rest Bornholms. Am nordöstlichen Ende der Landenge liegt der Ort Sandvig, während das südwestliche Ende der Hammer Havn markiert. Etwa in der Mitte schlummert friedlich der Hammersø. Mit einer Länge von 650 m und einer Breite von 150 m ist es das größte Binnengewässer auf Bornholm. Ausnahmsweise handelt es sich nicht um einen Steinbruchsee, sondern um ein Kar: eine von Gletschern geschaffene Vertiefung, die sich nach der letzten Eiszeit mit Wasser füllte. Nicht nur der See ist ein Resultat eiszeitlichen Wirkens, die ganze Halbinsel ist ein monolithischer Granitschild, dessen Oberfläche der Gletscher glatt geschliffen hat. Nach dem Rückzug der Eismassen stemmte sich der Schild in die Höhe, während das anbrandende Meerwasser im Westen die Steilküste schuf. Die Klippen sind heute ein beliebter Rastplatz für Zugvögel, u. a. wurden schon Kormorane und sogar Fischadler gesichtet. Bis zur vorletzten Jahrhundertwende war der Hammerknuden fast kahl, das Baumwachstum begann erst mit Ende der Abweidung durch Schafe.

Ein feinmaschiges Netz von Wanderwegen und nicht markierten Trampelpfaden lässt die Herzen von Naturfreunden höher schlagen, zumal Kraftfahrzeuge außen vor bleiben und nur die schmale Passage zum Leuchtturm auf der Anhöhe nutzen dürfen. Von kurzen Spaziergängen bis zu mehrstündigen Rundwanderungen gibt es hier alle erdenklichen Optionen (→ Tour 2, S. 205 ff.). Der Hammerknuden steht seit 1970 unter Naturschutz. Leider vernichtete ein Waldbrand 1975 einen Teil der ursprünglichen Vegetation, die Spuren sind am Stejlebjerg noch heute zu sehen.

Schuld an den dramatischen Landschaftseindrücken trägt aber nicht nur die letzte Eiszeit, sondern auch ein deutscher Unternehmer. 1890 erwarb nämlich Heinrich Ohlendorff (1836–1928) das wenige Jahre zuvor gegründete Allinge Hammeren Granitværk. In Norddeutschland und in Berlin wurde jede Menge Grundgestein zum Pflastern der Straßen benötigt. Um die Steine leichter abtransportieren zu können, ließ er weitab von jeder Küstensiedlung einen neuen Hafen, den heutigen Hammer Havn, anlegen. Zu ähnlichen Zwecken wurde im Mai 1913 die Bahnlinie von Rønne nach Sandvig dem Verkehr übergeben. Am Vorabend des Ersten Weltkriegs beschäftigte das Unternehmen bis zu 600 Arbeiter; der Krieg setzte schließlich Heinrich Ohlendorffs unternehmerischem Engagement ein Ende. Der Stein, der in den Brüchen auf dem Hammerknuden gewonnen wurde, unterscheidet sich von anderen Bornholm-Graniten: Er ist heller und besitzt eine auffallend unscharfe Körnung. Für den typischen Rotschimmer ist Eisenglanz oder Blutstein (Hämatit) verantwortlich. Wegen dieser Eigenheiten wird der Stein auch als Hammer-Granit bezeichnet. Heute sind die einstigen Steinbrüche verwaist bzw. haben sich, wie der Krystal- oder Opalsøen, mit Wasser gefüllt. Letzteren trennt ein schmaler Damm vom Hammersø, von den senkrecht abfallenden Kanten springen im Sommer wagemutige Jugendliche ins kalte Nass oder rauschen mit der Drahtseilbahn in die schwindelerregende Tiefe.

Hammerodde

Die Nordspitze des Hammerknuden ziert seit 1895 ein weiß getünchter Leuchtturm (Hammerodde Fyr). Der 12 m hohe Turm wurde als Ergänzung zum älteren Leuchtturm auf der Spitze des Hammerknuden (s. u.) errichtet und wird oft auch als kleiner Leuchtturm (Lille Fyr) bezeichnet. Daneben befinden sich Schanzenreste und eine Kanone aus dem Nordischen Krieg 1674–1679 zwischen Brandenburg-Preußen, Dänemark und Schweden. Am Nordkap endet der Asphaltweg von Sandvig. Weiter geht es von hier auf dem Küstenpfad in Richtung Salomons Kapel.

Salomons Kapel

Anfang des 14. Jh. ließ vermutlich der Erzbischof von Lund auf dem Hammerknuden eine Kirche errichten, von der heute nur noch eine Ruine am Meer übrig ist. Geweiht war der Sakralbau vielleicht dem heiligen Salomon aus Köln. Vom 14. bis 16. Jh. war dieses Küstengewässer ungewöhnlich reich an Heringen, weswegen sich hier regelmäßig Fischer und Händler trafen und ein Kirchenbau plausibel war. Außerdem befand sich direkt daneben eine Quelle, die als heilig galt. Ein Gedenkstein neben der heutigen Kirchenruine, die unter Denkmalschutz steht, weist darauf hin. Nach dem Rückgang der Fischerei am hiesigen Gestade wurde die Kirche wieder aufgegeben. Die Reformation tat ein Übriges zum Bedeutungsverlust dieses Ortes. Da die Sehenswürdigkeit nur zu Fuß erreichbar ist, sollte man die herrliche Umgebung zu einer längeren Pause nutzen. Zurück nach Sandvig führt ein kurzer Weg quer über die Hochheide (ca. 15 Min.).

Hammer Fyr (Leuchtturm)

Auf der Spitze des 68 m hohen Ørnebjerg steht seit 1872 dieser Leuchtturm, der in Abgrenzung zum zweiten Turm an der Nordspitze auch Store Fyr (großer Leuchtturm) genannt wird. Ohnehin war ein zweiter Turm unten am Meer nur deshalb nötig, weil der Hammer Fyr hin und wieder im Nebel lag. 1990 wurde der Leuchtfeuerbetrieb eingestellt. Der Granit für den Turmbau stammt aus dem nahen Krystalsøen.

Von der Aussichtsplattform, die an allen Tagen bei gutem Wetter geöffnet ist, schweift der Blick nach Süden bis zur Burgruine Hammershus und weit darüber hinaus. Eine Stichstraße von Sandvig endet am Parkplatz unterhalb des Turms (auf Schild „Hammeren Fyr" achten und auf dem Fyrvej ca. 1 km bis zum Ende der Straße).

Hammer Havn

Der einsam gelegene Hafen fernab jeder Ortschaft diente seit Ende des 19. Jh. einzig und allein dem Abtransport des Granits (→ S. 29 f.). Die atemberaubende Lage kommt am ehesten am Morgen und späteren Nachmittag zur Geltung, wenn das schräg stehende Sonnenlicht auf die Burgruine Hammershus fällt. Der Parkplatz ist ein beliebter Ausgangspunkt für Wanderungen entlang der Steilküste nach Süden Richtung Hammershus und Vang oder nordwärts zum Hammerknuden. Die wildromantische Stimmung macht den Hafen auch für Privatjachten attraktiv, die hier freilich auf die Annehmlichkeiten einer ausgereiften Infrastruktur verzichten müssen.

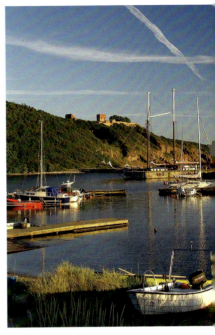

Abendstimmung im Hammer Havn

Im Jahr 2012 wurde der Hafen einem Facelifting unterzogen. Tiefer gelegte Spundwände sorgen nun dafür, dass auch größere Segler vor Anker gehen können, am Parkplatz stehen zwei neue Holzbaracken – ein Kiosk und ein Mehrzweckhaus.

Verbindungen Die zwei Ausgangspunkte zur Erkundung der Halbinsel befinden sich in Sandvig gegenüber dem Campingplatz (→ S. 115) sowie am Hammerhavn (von der Ruine Hammershus auf der Straße nach Sandvig auf Hinweisschild achten; eine Pflasterstraße steigt zum Hafen ab).

Bootstouren Mit kleinen Motorbooten ist die Fahrt entlang der Klippenküste nach Süden ein Erlebnis der besonderen Art. Die geführten Touren dauern etwa 45 Min. und finden nur bei gutem Wetter statt. Mai bis Sept. tägl. im regelmäßigen Takt ab 10 Uhr. Kosten 60 dkr, erm. 30 dkr. ✆ 5648-0455, www.hammerhavnensbaadfart.dk.

Drahtseilbahn Tovbane Opalsøen, 290 m in rasanter Schussfahrt hinein ins kühle Nass eines gefluteten Granitsteinbruchs – ein sportiver Freizeitspaß für junge Leute! Ende Juni bis Anfang/Mitte Aug. bei gutem Wetter tägl. 10–17 Uhr. 150 dkr. ✆ 4241-8500.

Essen & Trinken Hammerhavens Kiosken, Marie Knudsen und ihr Team bewirten hier ihre Gäste. Eis, Hotdogs, Toast-Sandwichs, Kaffee, Kuchen und Kaltgetränke. Picknickbänke stehen davor. Ostern bis Mitte Okt. tägl. 9–19 Uhr, Juli/Aug. abends länger. ✆ 5648-2257.

> **Tour 2: Runde um die Halbinsel Hammeren** → S. 205 ff.
> Leuchttürme, Steinbruchseen, Heide und wunderbare Küstenlandschaften

Nostalgische Hotelfassaden am Hafen von Sandvig

Sandvig

Die betagten Fassaden der beiden Hotels am winzigen Hafen erinnern ein wenig an einen Kurort, der schon bessere Zeiten erlebt hat. Und tatsächlich zog es die ersten Inselbesucher in den Anfängen des Bornholmtourismus hierher – vor allem wegen des herrlichen Sandstrands, der zum Baden einlädt.

Sandvig heißt auf Deutsch Sandbucht und ist der nördlichste Ort Bornholms; zum Leuchtturm an der Nordspitze der Halbinsel Hammeren sind es zu Fuß nur wenige Minuten. Die hinreißende Lage zwischen der Besenheide des Hammerknuden und dem Städtchen Allinge – mit Letzterem ist Sandvig heute zu einer Doppelortschaft zusammengewachsen – prädestiniert den Standort für Ausflüge in die nähere und weitere Umgebung. Der von Granitfelsen malerisch eingerahmte Sandstrand zählt zu den landschaftlich schönsten Stränden der Insel. Er liegt nur wenige Schritte vom winzigen Hafen entfernt. Weil es sich um die einzige größere Strandpartie im Norden Bornholms handelt, überrascht das üppige Quartierverzeichnis nicht: Von der Pension bis zum Campingplatz bleiben hier nur wenige Wünsche offen. Außer Wandern und Baden gibt es hier ansonsten nicht viel zu tun. Die Reihenhäuser im hinteren Ortsteil Richtung Hammersø, dem größten See Bornholms, wurden in den 1890er-Jahren für die Steinbrucharbeiter gebaut. Sie zeugen vom einstigen Boom, den der deutsche Unternehmer Heinrich Ohlendorff durch den Export von Granit im großen Stil ausgelöst hatte (→ S. 112). Im Hintergrund erhebt sich der flache und daher etwas unscheinbare Langebjerg, wo viele Geschichten über Krølle-Bølle und andere Trollgestalten (→ S. 42) geografisch verortet sind.

Verbindungen Die Küstenstraße von Allinge quert das Ortszentrum, schwenkt anschließend landeinwärts und mündet hinter der Burgruine Hammershus auf die Hauptstraße Allinge–Rønne. **Parkplätze** in Strandnähe gibt es fast am Ende der Stichstraße Richtung Leuchtturm.

Der **Radweg** Nr. 10 streift das Ortszentrum. Eine schöne Alternative zur Radstrecke entlang der Straße Richtung Hammershus ist die Variante am Hammersø entlang. Kurz ist der Weg nach Allinge, wobei der ehemalige Bahndamm der Küstenstraße vorzuziehen ist (von der Ortsdurchfahrt in den Markvejen einbiegen).

Sandvig 115

Übernachten/Essen & Trinken **Pepita**, alteingesessenes Hotel mit Restaurant in einem Fachwerk-Komplex mit Innenhof und Garten. Zentrale Lage, gut ausgestattete Zimmer, die besseren (teils mit Balkon und kleiner Veranda) liegen nach hinten raus. Abendessenbuffet auch für auswärtige Gäste für 260 dkr. Mai bis Sept. DZ ab 625 dkr. Langebjergvej 1, ✆ 5648-0451, www.pepita.dk.

Langebjerg, wunderbare Pension an der Ortsausfahrt Richtung Hammershus im alten Bahnhof, der bis 1953 die Endstation der Bahnlinie Rønne–Sandvig war. Ein Plus ist der gepflegte Garten mit Sonnenterrasse und Liegestühlen. Gut geführt, grundsolide Zimmer mit Bad und Dusche. Ende April bis Sept. DZ ab 700 dkr. Langebjergvej 7, ✆ 5648-0298, www.langebjerg.dk.

Sandvig Familiecamping, nicht von der Ausstattung, sondern von der Lage einer der schönsten Zeltplätze Bornholms: Zum Sandstrand sind es nur wenige Schritte, gleich hinter der Anlage beginnt die felsige Besenheide. Vermietung von Zelten und Hütten, das Frühstücksbuffet für 50 dkr kann in der Pension Strandhotellet (B & B) eingenommen werden, die von den Zeltplatzinhabern betrieben wird. Mai bis Okt. 2 Pers. mit Zelt 170 dkr. Sandlinien 5, ✆ 5648-0447, www.sandvigcamping.dk.

》》 Mein Tipp: Ella's Konditori, inselweit bekannte Einkehradresse, die Einheimischen sprechen liebevoll von „Tanta Ella". 1950 gründete Ella Mauritzen hier ihre Konditorei, im Seitenflügel befand sich früher die Abfüllanlage der Mineralvandsfabrikken Bornholm. Nicht nur für Kaffee und Kuchen eine Empfehlung, auf der Mittags- und Abendkarte stehen auch Fisch- und Fleischgerichte sowie Salate. Gemütliche Gaststube, Sitzplätze im Innenhof, wo eine Araukarie aus Chile gedeiht. Mai bis Okt. mittags und abends, in der Nebensaison Mo zu. Strandgade 42 (gegenüber Strandkiosk), ✆ 5648-0329, www.ellasrestaurant.dk. 《《

Café Værftet, Pub und Restaurant an der rückwärtigen Peripherie von Sandvig, innen wie ein Museum mit allerlei Krimskrams bis unters Dach geschmückt. Einmal im Jahr wird der Edeltrödel entfernt, abgestaubt und säuberlich wieder aufgestellt. Zu Essen gibt es Chili con Carne, Curryhähnchen oder Hacksteaks, das Bier kommt vom Fass. Tägl. ab 16 Uhr, in der Nebensaison nur Do–So, Anfang Jan. bis Mitte Febr. geschlossen. Jernbanegade 3, ✆ 5648-0434, www.cafevaerftet.dk.

Kalas Is, hausgemachtes Speiseeis im Ortszentrum von Sandvig, ausgezeichnete Qualität, auch Kaffee und Kuchen. In der Haupttreisezeit öffnet neben dem Hafen die himmlisch gelegene Dependance – ideal für den abendlichen Absacker mit Blick auf Schärenküste und einem Glas Wein. In der Saison tägl. 12–18 Uhr, die Dependance im Hochsommer bis 21 Uhr. Strandgade 8, ✆ 6019-1384, www.sandvigiskalas.dk.

Promenadekiosken, Imbissbude mit Kultfaktor zwischen Campingplatz und Sandstrand. Besonders die Steaks und Burger sind zu empfehlen, darüber hinaus auch Snacks, Kuchen und Eis. Nur Außenplätze an rustikalen Holztischen. März bis Dez. ab 9 Uhr. Sandlinien 3, ✆ 5648-1517.

Sandvig erfreut sich bei Feriengästen großer Beliebtheit

Bilderbuchlandschaft im Süden von Allinge

Allinge

Die größte – und streng genommen einzige – Stadt im Inselnorden bietet reichlich Lebensqualität und ist daher bei Feriengästen nicht ohne Grund beliebt. In der Umgebung von Allinge sind die prähistorischen Felsbilder kulturhistorische Dokumente ersten Ranges.

Nirgends sonst auf Bornholm sind die in den Granitstein geritzten und geschabten Symbole aus der Bronze- und frühen Eisenzeit *(helleristninger)* ästhetisch so ausgereift wie in der Peripherie von Allinge. Storeløkkebakken und Madsebakken – so heißen die Fundorte, wobei besonders letztgenannter einen Besuch lohnt (→ Foto, S. 34). Ebenfalls außerhalb liegt das Steinbruchmuseum, in dem gelegentlich noch heute gearbeitet wird. Es bietet faszinierende Einblicke in einen für Bornholm sehr wichtigen Erwerbszweig.

Das Zentrum selbst ist die Attraktion der Stadt, eine schmucke und muntere Mischung aus Fachwerkhäusern, Boutiquen, Restaurants und Cafés. Überaus idyllisch wirkt vor allem die Gegend südlich vom Hafen und der beliebten Fischräucherei: Schmale Gassen mit wenig Verkehr, frisch getünchte Hausfassaden, immer wieder fällt der Blick auf die sanft zerklüftete Küste. Mit Sandvig, dem nördlichen Nachbarort, ist das Städtchen mittlerweile vollständig zusammengewachsen. Die beiden Orte werden im Melderegister heute nicht mehr getrennt.

Ein Blickfang von außen ist die leuchtend gelb getünchte Kirche oberhalb des Hafens. Erstmals im Jahr 1569 als Alende Capell erwähnt, erfuhr der Sakralbau zahlreiche Umbauten und Veränderungen. Seine heutige Gestalt ist ein Resultat der letzten Restaurierung von 1992. Dabei haben bei der Innengestaltung einige Künstler mitgewirkt, u. a. die aus Rø stammende Keramikmeisterin Gerd Hjort Pedersen. Die Renaissancekanzel (um 1650) und ein spätgotisches Kruzifix (um 1520) gehören zu den ältesten Schätzen im Inneren. Ein Kuriosum ist das Ziffernblatt der Turmuhr aus dem Jahr 1865: Der Zeichner der römischen Zahlen hat sich hier entweder einen Spaß erlaubt oder sich gehörig vertan.

Allinge

**Tour 3: Auf dem Drahtesel
zu den Höhepunkten im Norden Bornholms** → S. 207 ff.
Keineswegs leichte Radrundtour zu zahlreichen Attraktionen im Norden

Basis-Infos

Information Das Touristenbüro liegt zwischen Kirche und Hafen und tauscht u. a. Euro in Kronen. Mo–Fr 9–16 Uhr, Sa 9–13 Uhr. Kirkegade 4, ✆ 5648-6448, www.allinge.dk.

Verbindungen Die Küstenstraße quert zwar das Stadtzentrum, führt jedoch nicht am Hafen vorbei. **Parkplätze** befinden sich südlich vom Hafen in der Nähe der Fischräucherei.

Bus: U. a. mit den Linien 1 und 4 sowie 7 und 8. Aufgrund der Einbahnstraßenführung fährt nicht jeder Bus zum Hafen, bester Ein- und Ausstiegspunkt ist der Lindenplatz (Lindepladsen) an der Ortsdurchfahrt.

Taxi: Taxi Nord, Strandvejen 2, ✆ 5648-0832, taxi-nord@pc.dk.

Baden Zwar ist Allinge kein Badeparadies, eine entzückende kleine Sandbucht, beliebt bei Familien mit Kindern, gibt es aber auch hier. Wenige Schritte südöstlich vom Hafen am Küstenweg in Richtung Sandkås.

Fahrradverleih Nordbornholms Cykelforretning: Radverleih mit professioneller Werkstatt und einer Dependance im Nachbarort Sandvig (Strandvejen 121). Tagesmiete 70 dkr. Mo–Fr 9–17.30 Uhr, Sa 9–12 Uhr, Juni bis Aug. Sa/So bis 13 Uhr. Pilegade 1 (nahe der Kirche), ✆ 5648-0291, www.nbhc.dk.

Kirche Die Kirche ist April bis Nov. Mo–Do 8–16 Uhr, Fr 8–12 Uhr geöffnet, Dez. bis März ist montags geschlossen.

Veranstaltungen Allinge Folkemødet: politisch-demokratisches Volkstreffen mit zahlreichen Freiluftveranstaltungen; über 100.000 Besucher sorgen in und um Allinge für einen Ausnahmezustand. Mitte Juni, www.brk.dk/folkemoedet.

Allinge Jazz Festival: eine Woche lang Indoor- und Open-Air-Konzerte an verschiedenen Standorten mit namhaften Künstlern. Mitte Juli, www.allingejazz.dk.

Gæstgiveren: inselweit berühmtes Veranstaltungszentrum mit soziokulturellem Anstrich. Biergarten im Sommer (Grillbuffet). Namhafte Vertreter der skandinavischen Musikszene konzertieren hier für wenig Gage und dürfen in den Gegenzug improvisieren und experimentieren. Café und Biergarten nur Juli bis Mitte Aug. ab 18.30 Uhr. Theaterstræde 2, ✆ 5644-6230, www.gaestgiveren.dk.

Allinge Røgeri: In der kleinen Räucherei nördlich vom Hafen (nicht zu verwechseln mit der Nordbornholms Røgeri) finden von Mitte Juni bis Mitte Aug. an vielen Abenden Livemusik-Konzerte statt. Rustikales Ambiente mit Sandboden und hinreißendem Meerblick. Sverigesvej 5, ✆ 5648-0533, www.allinge-rogeri.dk.

Einkaufen

Zwei Supermärkte liegen gleich südlich vom Hafen, ein Bankautomat befindet sich am Kirchplatz, ein zweiter etwas unterhalb an der Außenwand der Apotheke neben der Schweizer Konditoriet. Die Post befindet sich am selben Platzrondell im gut sortierten Kiosk, der u. a. auch deutsche Zeitungen führt (Mo–Fr 12–16 Uhr, Kirkegade 12, ✆ 5648-0142).

Wochenmarkt, stimmungsvoll am Hafen, mittwochvormittags.

Det Gamle Lysestøberi, eines der originellsten Geschäfte Bornholms versteckt sich hinter der Kirche. Der alte Bauernhof ist bis zum Dach mit Kerzenkreationen und Zubehör gefüllt, die von Hand in der eigenen Werkstatt gezogen werden. Die Kerzen bestehen zu 100 % aus Pflanzenstearinen. In der Regel in der Saison geöffnet. Kirkestræde 1, ✆ 5648-1429, www.vognporten.com.

Danish Only, das sympathische Geschäft direkt an der Hafenzeile hat sich auf Danish Design spezialisiert. Eine Deutsche und eine Dänin betreiben gemeinsam den kleinen Laden und den zugehörigen Onlineshop. Ausgewählte Produkte von Kleidung bis zur Tonware. Mo–Fr 11–17 Uhr, Sa 10–13 Uhr, in der Hauptferienzeit Mo–Sa bis 20 Uhr, So bis 17 Uhr. Havnegade 17, www.danishonly.com.

Übernachten/Essen & Trinken

Erstaunlich viele gemütliche Pensionen verstecken sich in alten Fachwerkgehöften im ruhigen Ortsteil südlich des Hafens. Die Traditionsbetriebe verweisen darauf, dass in Allinge die Anfänge des Inseltourismus liegen. Campingplätze und weitere Quartierempfehlungen finden Sie in den Nachbarorten Sandvig und Sandkås.

Übernachten Byskrivergården (Allinge Badehotel) **7**, romantische Pension in einem Fachwerk-Vierseithof aus dem 18. Jh., nur wenige Schritte bis zum Meer. Ambiente mit Patina, gepflegter Garten, verwunschener Innenhof. 22 zweckmäßig eingerichtete Zimmer, teils mit Veranda und Meerblick (Zimmer zum Hof sind etwas dunkel). Am 11. Aug. 1851 nächtigten hier König Frederik VII. und Louise Gräfin Danner (→ Louisenlund). Kein Restaurant. Mai bis Okt. EZ ab 530 dkr, DZ ab 850 dkr. Løsebækgade 3, ✆ 5648-0886, www.allingebadehotel.dk.

** Hotel Allinge 8, neu eröffnete Pension am südlichen Stadtausgang, gut geführt, nette Zimmer, freundliche Atmosphäre, beliebt bei Gruppenreisen. Mitte Mai bis Mitte Sept. geöffnet. Das **Juhls Steak- & Seafood-Restaurant** steht auch auswärtigen Gästen offen. DZ ab 875 dkr. Storegade 3–5, ✆ 5648-0025, www.hotelallinge.dk.

»» Mein Tipp: Tines Gjestehûz **1**, die familiäre und freundliche Pension zwischen Allinge und Sandvig ist unser Tipp. Die 20 Zimmer sind einfach, aber zweckmäßig eingerichtet und befinden sich im Haupthaus aus dem Jahr 1898 oder im Nebenhaus aus den 1970er-Jahren. Zwischen beiden Gebäuden liegt ein himmlischer Felsengarten mit Liegestühlen und Hängematte. Das Frühstück wird im Gemeinschaftsraum eingenommen, kein Restaurant. Ganzjährig geöffnet. DZ ab 750 dkr. Strandvejen 49, ✆ 5648-0333, www.gjestehuz.dk. ««

Essen & Trinken Nr. 9 **2**, vielleicht das beste Restaurant im hohen Inselnorden, Speiseraum im dänischen Konzeptdesign, auf der kleinen (aber feinen) Karte finden sich Fisch- und Fleischgerichte. Klassische Gerichte mit ausgesuchten Zutaten (200–300 dkr). Mitte Juni bis Ende Aug. Fr–So 18–22 Uhr geöffnet. Havnegade 9, ✆ 3132-7485, www.no-9.dk.

Det Gamle Posthus 4, seit 2006 ist das alte Postamt ein ambitioniertes, in eleganten Tönen gestyltes Café und Restaurant. Die Küche verarbeitet vorzugsweise Produkte von der Insel, kreative Gerichte mit internationalem Einschlag (Zweigangmenü ab

Pittoresker Hafen in Alllinge

Übernachten
1 Tines Gjestehüz
7 Byskrivergården
8 Hotel Allinge

Essen & Trinken
3 Nr. 9
4 Det Gamle Posthus
5 Margeritten
6 Nordbornholms Røgeri
8 Juhls Steak & Seafood

Cafés
2 Havnegrillen
4 Det Gamle Posthus

ca. 250 dkr), mittags preiswerte Tapas (z. B. *Smågen af Bornholm* für 108 dkr). Freiplätze auf der Veranda, auch Zimmervermietung (B & B). Im Sommerhalbjahr tägl. ab 12 Uhr, Jan. geschlossen, Nebensaison Mo zu. Kirkegade 8, ℅ 5648-1042, www.detgamle posthusallinge.dk.

》》 Mein Tipp: Nordbornholms Røgeri 6, für viele die beste Fischräucherei auf Bornholm. Modernes Haus mit großzügigen Innen- und Außenplätzen am Meer. Unter den Delikatessen ist u. a. der Räucherhering von den Erbseninseln oder geräucherter Aal zu empfehlen. Am Abend üppiges Fischspezialitäten-Buffet für 180 dkr (Kinder zahlen die Hälfte). Tägl. 11–22 Uhr, der Fischverkauf startet um 9 Uhr. Kæmpestranden 2 (südlich vom Hafen), ℅ 5648-0730, www.nbr.dk. 《《

Margeritten 5, das Familienrestaurant ist auf Pizza aus dem Steinofen (ab ca. 55 dkr) sowie Barbecue spezialisiert, vielleicht einmal das gegrillte Kotelett vom Bornholmschwein *(Grillet kotelet af Bornholmsk gris)* für 149 dkr probieren! Salatbar und ausgesuchte Weine. Mai bis Okt. tägl. ab 17 Uhr. Kirkepladsen 1 b, ℅ 5648-2209, www.margeritten.dk.

Havnegrillen 2, empfehlenswerter Imbisspavillon am stimmungsvollen Hafen mit rustikalen Holztischen. Eis, Burger, Kaffee sowie Kaltgetränke. Tägl. ab 12 Uhr, Juli/Aug. ab 10.30 Uhr. Sverigesvej 15, ℅ 5648-0560.

Rund um Allinge

Die einzige Option für Spaziergänger ist der Küstenpfad von Allinge nach Süden in den Nachbarort Sandkås. Ein guter Ausgangspunkt ist der Hafen, denn bereits nach wenigen Schritten eröffnen sich bezaubernde Ausblicke auf typisch skandinavische Bilderbuchlandschaften. Der eigentliche Fußweg beginnt am winzigen Badestrand Næs, eine kleine Sandbucht mit Badesteg 50 m südlich der Pension Byskrivergaden.

Mit dem Drahtesel gibt es mehrere Optionen: Angenehm fahren lässt es sich oberhalb der Küstenstraße auf dem einstigen Bahndamm nach Sandvig. Unterwegs sollte man keinesfalls versäumen, einen Blick auf die prähistorischen Petroglyphen in den Madsebakken (s. u.) zu werfen. Eine wunderbare, wenn auch anstrengende Fahrradstrecke führt von Allinge über die Hügel zur Westküste – nach Hasle oder zur Burgruine Hammershus. Die Fahrradroute Nr. 10 entlang der Küste Richtung Gudhjem kann hier nicht ganz mithalten, denn der Radweg verläuft die meiste Zeit parallel zur Straße.

Madsebakken: Am Radweg zwischen Allinge und Sandvig sind auf einigen Rundfelsen die schönsten Petroglyphen (Felsbilder) Bornholms zu sehen. Der besseren Sichtbarkeit halber werden die Konturen und Einschabungen dieser prähistorischen Kunstwerke von Zeit zu Zeit farblich verstärkt (→ Kunst und Kultur, S. 33 f.). Zu erkennen sind, neben einigen abstrakten Zeichen Schiffsbilder, Fußabdrücke und Radkreuze. Auch einige napfförmige Vertiefungen sind zu erkennen, sog. Schalensteine, deren Bedeutung unklar ist. Eines der Schiffsbilder – es handelt sich um ein jüngeres Werk aus der Eisenzeit – konnte als ein sog. Hjortspringboot identifiziert werden. 1921 fand man exakt ein solches Boot auf der dänischen Insel Alsen (in der Nähe des Hofes Hjortspring) und datierte es grob auf das Jahr 350 v. Chr.
Anfahrt mit dem Auto: Zunächst auf der Hauptstraße Richtung Allinge und auf der Höhe der Statoil-Tankstelle auf das Schild „Helleristninger" achten; die Stichstraße steigt an und endet an einem Parkplatz.

Storeløkkebakken: Weniger populär und spektakulär, zudem schwerer erreichbar als die Madsebakken präsentiert sich das zweite Areal vorgeschichtlicher Petroglyphen. Zufällig entdeckten 1929 Steinmetze bei der Arbeit vier Schiffe, elf Schalengruben und ein Fußzeichen auf dem vom Gletscher glatt geschliffenen Granit.
An der Straße nach Olsker, 500 m hinter dem Ortsschild auf das Schild achten, ein verwachsener Fußpfad führt vom Einstieg zur Fundstelle.

Stenbrudsmuseum Moseløkken: Zwischen Allinge und der Ruine Hammershus liegt der Granitsteinbruch Moseløkken. Das einstige Wohnhaus des Vorarbeiters, das Moseløkkehus, ist standesgemäß aus Bornholmer Granit erbaut und beherbergt heute ein Museum. Ausgestellt werden Werkzeuge, Gesteinsproben sowie weitere Objekte, die die Geschichte der Steinhauerei auf der Insel dokumentieren. Das Besondere an der Einrichtung ist jedoch, dass hier noch immer gearbeitet wird. Steinhauer zeigen Besuchern, wie man den harten Granit bearbeitet, das Ambiente wirkt noch so, wie es zur Blütezeit des Gewerbes gewesen sein könnte. Auf der Besenheide nördlich vom Steinbruch verstecken sich prähistorische Felszeichnungen *(Hammersholm helleristninger)*. Das Museum ist mit dem Auto von Allinge erreichbar.
April bis Okt. Mo–Fr 9–16 Uhr. 70 dkr, erm. 60 dkr. In Allinge an der Ortsdurchfahrt auf Schild achten und am Fitnesscenter (Sundhedscenter) in die Pilegade einbiegen. ✆ 5648-0468, www.moseloekken.dk.

Südlich von Allinge beginnt die Schärenküste

Die Küste zwischen Allinge und Gudhjem

Der Küstenabschnitt von Allinge über Tejn und Gudhjem bis hinunter nach Nexø wird in mancher Tourismusbroschüre etwas vollmundig als Bornholmer Riviera bezeichnet.

Badetauglich ist die Nordostküste trotz des erwähnten verheißungsvollen Namens jedoch nicht. Allenfalls in Sandkås gibt es einige längere Strandpartien, sonst muss man zwischen glatt geschliffenen Granitfelsen nach den wenigen Einstiegsstellen suchen. Zwischen Tejn und Gudhjem steigen die Klippen steil aus dem Wasser: Die faszinierenden Helligdomsklipperne gelten als höchste Steilküste Dänemarks! Einen Steinwurf von den Felsen entfernt setzt der moderne Komplex des Kunstmuseums gänzlich andere Schwerpunkte: Der architektonisch eigenwillige Bau integriert eine einstmals heilige Quelle, innen sind u. a. wichtige Werke der Bornholmer Malschule und des Bornholmer Kunsthandwerks zu bestaunen. Die Küstenstraße macht um die wunderschöne Küstenpartie zwischen Kunstmuseum und Gudhjem einen großen Bogen. Der Küstenpfad zählt jedoch zu den schönsten Touren, die man in diesem Teil der Insel unternehmen kann (→ Tour 4, S. 211 ff.). Ein kürzerer Spaziergang führt vom Kunstmuseum ins Døndal, ein inseltypisches Spaltental, an dessen Ende – nicht genug der innerdänischen Rekorde – die höchsten Wasserfälle des Landes in die Tiefe stürzen.

Sandkås

Das kleine Straßendorf ist eindeutig der attraktivere Teil der Doppelortschaft Tejn-Sandkås, was vor allem an den kleinen Sandstrandpartien liegt, die zum Baden einladen. Dies ist insofern bemerkenswert, weil die Nordostküste ansonsten wenig

Küstenschutzdenkmal an der Stammershalle

Optionen für Wasserratten bietet. Vielleicht deshalb haben sich hier auch einige Hotels und andere touristische Einrichtungen etabliert. Naturfreunde können zwischen einer idyllischen Strandwanderung nach Allinge wählen oder oberhalb der Ortschaft das **Storedal** erkunden. Es handelt sich um ein typisches Bornholmer Spaltental, durch das ein Fußpfad führt. Neben dem Bach blühen zwischen üppigen Farnen u. a. Knabenkraut und Leberblümchen. Bester Ausgangspunkt für beide Touren ist der Park- und Picknickplatz am nördlichen Ortsausgang unterhalb der Straße, die hier ansteigend landeinwärts schwenkt. Ein weiterer Zugang zum Storedal befindet sich oberhalb des Ortes am ehemaligen Bahndamm, der das Spaltental überquert.

Übernachten/Essen *** Hotel Friheden, moderner Komplex oberhalb der Ortsdurchfahrt. 48 Zimmer mit Meerblick, teils mit Küche für Selbstversorger. Frühstücksbuffet, gutes Restaurant mit Außenterrasse (nur abends). Der Wellness-Bereich mit Pool, Sauna und diversen Anwendungen steht auch Nicht-Hotelgästen offen. April bis Sept. DZ ab 825 dkr. Tejnvej 80, ✆ 5648-0425, www.hotelfriheden.dk.

Sandkås Familiecamping, freundlicher Zeltplatz mit individueller Note am Ortsausgang Richtung Allinge. Legendär ist das Frühstücksbuffet, das im gelben Poppel huset angeboten wird (nur in der Hochsaison). Vermietung von Hütten, Fahrradverleih, großzügig abgeteilte Parzellen, nur wenige Schritte zum Meer. April bis Mitte Okt. 2 Pers. mit Zelt ab 154 dkr. Poppelvej 2, ✆ 5648-0441, www.sandkaas-camping.dk.

Sandkås Caféen, kultiges Café an der Ortsdurchfahrt, gutes Eis, Kuchen, Sandwichs, Salate und kleine Snacks. Von der geschlossenen Holzveranda fällt der Blick aufs Meer. Ein Minigolfplatz befindet sich nebenan, zudem vermietet der Inhaber Ferienhäuser, die unterhalb des Cafés am Strand liegen. Ostern bis Okt. tägl. ab 7 Uhr. Tejnvej 47 a, ✆ 5648-1768, www.sandkaas cafeen.dk.

Tejn

In ästhetischer Hinsicht ist Tejn eindeutig das Stiefkind unter den Ortschaften an der Nordostküste. Es präsentiert sich insgesamt wenig attraktiv, sieht man einmal

Die Küste zwischen Allinge und Gudhjem

davon ab, dass hier die zweitgrößte Fischereiflotte Bornholms vor Anker liegt (nach Nexø). Auch der Jachthafen bietet üppige Kapazitäten, die Reparaturwerft und eine Fischfabrik sorgen für ein sprödes Ambiente am Hafen. Mit Sandkås ist Tejn mehr oder weniger zusammengewachsen. Die ohnehin nicht sehr üppige Infrastruktur konzentriert sich am Hafen und entlang der Ortsdurchfahrt (u. a. ein Kiosk am Minigolfplatz, ein Ferienhausvermittler, zwei Boutiquen und ein Supermarkt).

Südlich von Tejn passiert die Küstenstraße nacheinander mehrere Kultplätze. Die **Stammershalle** war, wie Ausgrabungen belegen, bereits in der Steinzeit besiedelt. Das Grasen der Schafe, Kühe und Ziegen bewirkte, dass sich hier der authentische Landschaftscharakter erhielt. Von der Hochheide blickt man bis nach Allinge und in der Gegenrichtung bis Gudhjem. Kein Wunder, dass die Menschen den Platz einst für bedeutsam hielten. Auf der anderen Straßenseite, nur wenige Meter südlich, liegt ein zweiter Kultplatz namens **Troldskoven:** Im Wald verborgen liegt dieser eisenzeitliche Grabplatz, u. a. mit Menhiren, die in Form eines (Toten-)Schiffs angeordnet sind.

Übernachten/Essen Stammershalle Badehotel, Bornholmer Traditionsquartier mit romantisch-morbidem Charme (seit 1911), das Fachwerkhaus in Alleinlage an der Küstenstraße wurde von einem deutschen Kaufmann erbaut. Exzellentes Restaurant (s. u.), Gäste dürfen den zur Ferienanlage oberhalb gehörenden Pool mitbenutzen. Mai bis Mitte Sept., Ende März bis Ende April und Mitte Sept. bis Ende Okt. Mi–Sa geöffnet. Standard-DZ ab 900 dkr. Sdr. Strandvej 128, ✆ 5648-4210, www.stammershalle-badehotel.dk.

》》 **Mein Tipp: Lassens,** seit Küchenchef Daniel Kruse den Kochlöffel schwingt, kann sich das Restaurant im Hotel Stammershalle (s. o.) vor internationalen Auszeichnungen kaum retten (u. a. erhielt man 2012 die begehrte Roussillon-Dessert-Trophy). Auf der kleinen Karte finden sich Fisch- und Fleischgerichte, das Hauptgericht kostet um 250 dkr, das Dreigangmenü ca. 425 dkr. Mo Ruhetag, i. d. R. nur abends, in der Nebensaison nur Fr/Sa. Sdr. Strandvej 128, ✆ 5648-4210, www.stammershalle-badehotel.dk. 《《

Helligdomsklipperne und Døndal

Wind und Wetter schufen über Jahrtausende diesen wilden Küstenabschnitt. Heute zählen die Felsen von Helligdommen zu den beliebtesten Zielen an der Bornholmer Riviera. In Sichtweite zu den Klippen beherbergt seit 1993 ein modernes Museum die größte und wichtigste Kunstsammlung der Insel. Fügt man noch das Døndal hinzu, eine wunderbare Naturoase mit Küstenkontakt, dann lässt sich mit Fug und Recht behaupten, dass sich hier die Inselattraktionen geradezu häufen. Egal, ob die Kunst oder die Natur ruft, einfach vorbeifahren sollte man hier keineswegs. Vom Kunstmuseum zur Steilküste führen zwei Wege, die sich zu einem kurzen, aber erlebnisreichen Rundweg kombinieren lassen. Auch ohne die Ortsbezeichnungen für sich sprechen zu lassen, spürt man mit jeder Faser, dass die Gegend den Menschen einst hoch und heilig war. Ganz offensichtlich ist dies bei den Helligdomsklipperne, den Heiligtumsklippen. Weniger augenfällig ist es bei der Quelle, die heute im modernen Museumsfoyer „entspringt". Alljährlich pilgerten die Menschen zur Mittsommerzeit zum Ursprung des kleinen Baches Rø Kjilja und erhofften sich vom Genuss des Wassers Gesundheit und Wohlbefinden.

Wenige Schritte vom Kunstmuseum entfernt stürzen die Granitfelsen der **Helligdomsklipperne** über 20 m lotrecht in die Ostsee. Der vielleicht spektakulärste Küstenabschnitt Bornholms übertrifft sogar in puncto Dramatik noch Jons Kapel an der Westküste! Bereits der Anblick der Steinskulpturen regt die Fantasie an; sie tragen Namen wie Lyse- oder Capriklippen und sind ein Eldorado für Felskletterer.

Immer wieder zweigen Stichpfade vom Küstenschutzweg ab; sie enden auf schmalen Plattformen in schwindelerregender Höhe oder steuern als Treppenwege die Felsbuchten an. Wer eine Taschenlampe zur Hand hat, kann eine Grotte erkunden, die über Steg und Trittleiter zu erreichen ist. Andere Höhlen tragen Bezeichnungen wie *Gåseranden* (Gänserinne) oder *Tørre Ovn* (Der trockene Ofen). Den schönsten Klippenblick gewährt die Bootspassage von Gudhjem.

Das **Døndal** (Donnertal) ist das bekannteste Spaltental in der Nordhälfte Bornholms und ein beliebtes Ausflugsziel. Das liegt einerseits an seiner guten Erreichbarkeit, andererseits daran, dass am hinteren Ende des Tals der Bach Døndaleå in mehreren Kaskaden insgesamt 20 m in die Tiefe „donnert". Und auch wenn dieser Umstand bei den Reisenden aus den Alpenländern allenfalls ein müdes Achselzucken hervorrufen mag, verdient er dennoch Erwähnung: Es handelt sich um den höchsten Wasserfall Dänemarks! Ausgehend vom Besucherparkplatz an der Küstenstraße, ca. 750 m nördlich des Kunstmuseums, erschließen zahlreiche Wege und Pfade den durchschnittlich 200 m breiten und 1200 m langen Senkungsgraben, der vor ca. 1 Mrd. Jahren im Urgebirge entstanden ist. Seit 1975 steht das Tal unter Naturschutz.

Verbindungen Ausgeschilderte **Parkplätze** gibt es am Kunstmuseum oder etwas weiter südlich am Zugang zum **Bornholmerpladsen**, einer 1911 angelegten Fest- und Picknickzone.

Bus: Von Allinge u. a. mit der Linie 1, von Gudhjem mit der Linie 4.

Landschaftlich schön ist die **Küstenwanderung** von Gudhjem (→ Tour 4, S. 211 ff.), die Radwege aus beiden Richtungen verlaufen parallel zur viel befahrenen Straße.

Bootstouren Ein Erlebnis ist die ca. 30-minütige Fahrt mit der MS Thor von/nach Gudhjem, der Anleger bei den Helligdomsklipperne ist ausgeschildert. Bei gutem Wetter Mitte April bis Mitte Okt., in der Vorsaison 1-mal tägl., von Mai bis Sept. häufigerer Takt. Hin und zurück 100 dkr (erm. 70 dkr), einfache Fahrt 85 dkr (erm. 50 dkr). ℡ 5648-5165, www.ms-thor.dk.

Übernachten/Essen Bådsted Camping, familiäre Anlage mit beschränkter Infrastruktur im zivilisatorischen Niemandsland zwischen Kunstmuseum und Stammershalle. Zum Strand sind es 50 m. Mitte Juni bis Mitte Sept. 2 Pers. und Zelt ab 120 dkr. Sønder Strandvej 91, ℡ 5648-4230, www.bornholmerguiden.dk/camping/badsted.

Dine's Lille Maritime Café, hübsches Ausflugscafé zwischen Kunstmuseum und Gudhjem, Tour 4 führt direkt daran vorbei (→ S. 212). Hinreißender Meerblick von der Terrasse, leckere Kuchen sowie Kalt- und Warmgetränke. Geraldine und Eduard Dahlmann stammen aus dem Ruhrgebiet und betreiben das Logis seit vielen Jahren mit viel Engagement. Auch Vermietung von Ferienwohnungen (Alte Strandvogtei). Røstadvej 10 (an der Küstenstraße ausgeschildert), ℡ 5648-4297, www.wildlachs.de.

Ein Hauch von Dramatik: die Helligdomsklipperne

Die Küste zwischen Allinge und Gudhjem 125

Bornholms Kunstmuseum

Der 1990–1993 von den dänischen Architekten Johan Fogh und Per Følner geplante und errichtete Bau aus Ziegel, Granit und Sandstein wurde 2003 auf die heutige Ausstellungsfläche von 4000 m² erweitert. Die Institution geht auf eine Stiftungsinitiative des Bornholmer Malers Lars Hansen (1813–1872) zurück, der seine Werke einem zukünftigen Museum vermachte, um der Bornholmer Kunstszene zu einer standesgemäßen Präsentation zu verhelfen. Bis zur Eröffnung des Neubaus befand sich die Kunstsammlung in Rønne. Die Ausstellungsräume verteilen sich auf drei Ebenen und sind von einer zentralen „Straßenachse" zugänglich. Aufmerksame Betrachter entdecken am Boden dieser Achse ein schmales Rinnsal, das von einer heiligen Quelle (Helligdomskilden) im Foyer gespeist wird. Der Schwerpunkt der Sammlung liegt auf der Bornholmer Malschule (→ S. 38 f.), wobei dem bekanntesten Vertreter der Schule, Oluf Høst, in seiner Wahlheimat Gudhjem zusätzlich noch ein eigenes Museum gewidmet ist. Im Erdgeschoss ist die Malerei bis zum Beginn des 20. Jh. zu begutachten. Das erste Untergeschoss befasst sich mit der erwähnten Malschule und weiteren Künstlergruppen, während das zweite Untergeschoss seinen Schwerpunkt auf die Grafik und das Bornholmer Kunsthandwerk legt. Außerdem führt von hier ein Steg zu einer Freiluft-Aussichtsplattform mit Meerblick. Zur Infrastruktur des Museums gehören ein Kongress-Auditorium, ein Café mit Außenterrasse sowie ein Shop. Rund um den modernistischen Flachbau weiden schottische Hochlandrinder, außerdem befindet sich hier ein kleiner Skulpturenpark, u. a. mit Werken von Ole Christensen und Jun-Ichi Inoue (→ Kasten, S. 128).

Innenarchitektur nach Augenmaß: die „Straße" folgt einem Bach

Museum: Nov. bis März Do/Fr 13–17 Uhr, Sa/So 10–17 Uhr, April/Mai und Sept./Okt. Di–So 10–17 Uhr, Juni bis Aug. tägl. 10–17 Uhr. 70 dkr, erm. ab 50 dkr., Kinder frei. Otto Bruuns Plads 1, ℡ 5648-4386, www.bornholms-kunstmuseum.dk.

Das **Museumscafé** im Untergeschoss steht auch auswärtigen Gästen offen (Zutritt von der Veranda auf der Museumsrückseite).

Abstecher ins Hinterland

Wichtigstes Ausflugsziel im nördlichen Inselinneren ist die Olskirke, eine von vier Rundkirchen Bornholms. Von hier überblickt man weite Teile des Hinterlandes, an guten Tagen reicht der Blick nach Osten bis zu den Erbseninseln.

Abgesehen von Rø, das Golfsportlern hinlänglich vertraut sein dürfte, sind die meisten anderen Orte nur Insidern ein Begriff. Trotz des hügeligen Terrains lohnt sich die Fahrt mit dem Drahtesel (→ Tour 3, S. 207 ff.): Auf Forstwegen und schmalen Nebenstraßen lässt sich einiges entdecken, u. a. der Skulpturengarten des bedeutenden Bildhauers Ole Christensen sowie ein eiszeitlicher Findling, ein sog. Wackelstein.

Rø

Spirituelles Zentrum des gleichnamigen Kirchspiels *(sogn)* ist die neuromanische Kirche aus dem Jahr 1888. Der Ort liegt praktisch in Sichtweite zu den Klippen von Helligdommen und zum Kunstmuseum und hat Besuchern eher wenig zu bieten. Ohnehin befinden sich die interessanten Punkte außerhalb, u. a. eine landschaftlich schöne 18-Loch-Golfanlage (→ S. 73 f.) mit nettem Ausflugscafé (s. u.) sowie – daran anschließend – das Naturschutzgebiet **Spellinge Mose**. Eigentlich handelt es sich um ein ungewöhnlich breites Spaltental; der Torfstich in den letzten beiden Weltkriegen (man benötigte dringend Heizmaterial) hat jedoch tiefe Spuren hinterlassen. Heute ist das an seinen Rändern verschilfte Sumpfgebiet weitgehend sich selbst überlassen; wer den Pfad um das Moor finden möchte, muss schon ganz genau Ausschau halten. Den besten Einstieg zur Erkundung des Areals bietet der Radweg Nr. 23 Rø–Klemensker, der hier auf dem ehemaligen Bahndamm verläuft.

Nördlich des Moores schließt sich das Wald- und Hochheideareal **Rutsker Højlyng** an. Hauptattraktion hier ist ein ca. 20 t wiegender eiszeitlicher Findling. Der Wackelstein *(rokkesten)* bewegte sich noch in den 1960er-Jahren und ist vom Wanderparkplatz am Krashavevej (zwischen Rø und Klemensker) in wenigen Gehminuten erreichbar. Seit 1930 steht das ca. 2 ha große Areal unter Naturschutz. Das zweite große Waldgebiet in der Umgebung heißt **Rø Plantage** und ist auf S. 157 beschrieben.

Essen & Trinken Stenby Mølle, das herrlich gelegene Restaurant und Café am Golfplatz steht auch anderen Gästen offen. Hübsche Innen- und Außenplätze, Steaks und Fischfilet mit Pommes, wechselnde Gerichte zu moderaten Preisen. April bis Okt. tägl. ab 12 Uhr. Spellingevej 1 (Beschilderung zum Golfplatz folgen), ✆ 5648-8840, www.stenbymolle.dk.

Olsker

Das auf den ersten Blick nur wenig interessante Straßendorf ist die größte Siedlung im nördlichen Hinterland. Die meisten Besucher kommen wegen der sehenswerten **Rundkirche** hierher. Die romanische Wehrkirche liegt am Ortsrand von Olsker auf einem Hügel, 112 m über dem Meer. Von hier hat man die Nordostküste fest im Blick; der frei stehende Glockenturm am Rand des Friedhofs ist ein Werk des 18. Jh. Patron der Olskirke ist der norwegische König Olav II. Haraldsson (995–1030), der nach seinem Tod heilig gesprochen und unter dem Namen Olaf der Heilige bekannt wurde. Die geschnitzte Eichenholzfigur des Kirchenpatrons ziert

Traditioneller Vierseithof in grandioser Aussichtslage

Der Skulpturenpark von Ole Christensen bei Olsker

Gräber und Skulpturen: Künstlerisches Vermächtnis zweier Bildhauer

Ein der japanischen Landschaftsarchitektur entlehntes Gestaltungselement, ein kleiner Ginkgobaum, sowie eine abstrakte Miniaturskulptur verraten die letzte Ruhestätte des Bildhauers **Jun-Ichi Inoue** (1948–2009) auf dem Friedhof an der Olskirke. Inoue lebte bis zu seinem Tod in der Nähe von Olsker und hinterließ der Insel mehrere Werke, u. a. die monumentale Sonnenuhr-Skulptur auf dem Marktplatz in Rønne. Eine weitere kreative Spur seines Schaffens befindet sich auf der Rückseite des Kunstmuseums. In den 1970er-Jahren kam er erstmals auf Einladung des dänischen Bildhauers **Ole Christensen** (1932–2000) nach Bornholm. Er kehrte Jahre später auf die Insel zurück, um hier ab 1987 seine letzten Lebensjahre zu verbringen.

Auch Ole Christensen arbeitete gerne in großformatigen Dimensionen, auch er liegt im Schatten der Rundkirche begraben. Weitere seiner Arbeiten zieren u. a. den Außenbereich des Kulturzentrums Svanekegården in Svaneke. Die zwei befreundeten Künstler verschrieben sich mit Haut und Haaren der fälligen Erneuerung der traditionellen Steinmetz- bzw. Steinbildhauerkunst. Christensen, der bereits 1956 von Kopenhagen auf die Insel gekommen war, gründete zu diesem Zweck die sog. Frie Værksteder (Die Freie Werkstatt), eine Einrichtung, die seit den 1960er-Jahren verstärkt Künstler und Kunsthandwerker nach Bornholm lockte. Wie sein japanischer Kollege widmete er sich mit Vorliebe der Bearbeitung des harten Granitsteins, weitere Skulpturen fertigte er aus Holz, Bronze, Eisen und Keramik. Zahlreiche Werke sind heute in einem **Skulpturengarten** am Radweg von Olsker nach Slotslyngen ausgestellt. Das Grundstück befindet sich ca. 1 km nordwestlich von Olsker, der Zutritt ist kostenlos.

den Giebel der Vorhalle. Im Vergleich zu den anderen Rundkirchen wirkt das Schiff ungewöhnlich schlank und hoch: Vom Boden bis zur Spitze des Schindeldachkegels misst der romanische Sakralbau aus dem 12. Jh. satte 26 m. Er besteht aus drei Stockwerken, wobei die Obergeschosse als Rückzugsraum bei Angriffen sowie zur Verteidigung dienen sollten (allerdings erwähnen die Annalen nicht, dass je irgendwelche Kampfhandlungen stattfanden). Der ehemalige Zweck der Wehrkirche ist jedoch noch heute am Schießschartenfries zu erkennen. Im Innenraum erweisen sich die dezenten, ästhetisch ansprechenden floralen Ranken am zentralen Stützpfeiler als Blickfang. Bemerkenswert ist ferner die Renaissancekanzel aus der ersten Hälfte des 16. Jh., wobei die Kanzelfelder erst zu einem späterem Zeitpunkt illustriert wurden. Spärliche Farbreste am romanischen Taufstein lassen hingegen umgekehrt darauf schließen, dass er ursprünglich bemalt war.

Die Olskirke ist eine von vier Bornholmer Rundkirchen

Übrigens wurden einige Szenen des Abenteuerfilms „Der verlorene Schatz der Tempelritter" aus dem Jahr 2006 in den Bornholmer Rundkirchen gedreht. Der Plot folgt einer literarischen Vorlage der englischen Autorin Enid Blyton (1897–1968) und handelt von einer cleveren Kinderschar auf der Suche nach der Bundeslade. Der schwere Stein, den sie dabei zur Seite wenden mussten, steht im Vorraum der Olskirke.

Verbindungen Schnellste Anfahrt mit dem Auto von Allinge (5 km) und Tejn (3 km); alternativ mit den Buslinien 1 (von Hasle) und 4 (von Allinge). Der Radweg Nr. 26 Slotslyngen–Almindingen führt nahe an der Rundkirche vorbei.

Einkaufen Olsker Antik & Genbrug, ein Antiktrödelgeschäft mit kuriosen Ausmaßen: eine ganze Halle voll gestopft mit allem erdenklichen Krimskrams in einer erschlagenden Fülle. Mi–So 10–17 Uhr. Rønnevej 54 (an der Ortsdurchfahrt), ✆ 5648-0061.

Kirche Ende April bis Mitte Okt. Mo–Fr 10–13 und 13.30–17 Uhr. 10 dkr.

Rutsker

Auf einem Hügel am Rand des ca. 70 Einwohner zählenden Straßendorfs zwischen Olsker und Hasle steht die dem Erzengel Michael geweihte **Rutskirke**. Der um 1200 errichtete romanische Sakralbau liegt 130 m über dem Meer und ist somit die am höchsten gelegene Inselkirche. Der Befreiungsheld Povl Ancher (1629–1697), der bei der Vertreibung der Schweden im Schicksalsjahr 1658 in prominenter Stellung mithalf, war bis zu seinem Tod Pfarrer der gleichnamigen Kirchspielgemeinde.

Die Kirche ist Mo–Fr 8–15.30 Uhr, im Sommer bis 16.30 Uhr geöffnet.

Blick vom Viadukt der Küstenstraße auf Gudhjem

Der Osten

Kaum einer kann sich dem Eindruck entziehen, den Gudhjem und Svaneke auf Besucher ausüben. Die beiden berühmtesten Orte Bornholms liegen ebenso im Ostteil der Insel wie weitere Attraktionen, u. a. in Østerlars die größte mittelalterliche Rundkirche.

Gudhjem und Svaneke stehen stellvertretend für das, was die Insel ausmacht und was Besucher an ihr so lieben: idyllische Häfen, schmucke Fachwerkhäuser und mediterrane Gärten. Gudhjem prunkt mit einem intakten Ortsbild, das landseitig von steilen Hügelflanken eingerahmt wird – ein natürliches Amphitheater mit der Hafenpromenade als Bühne und Laufsteg. Svaneke hingegen ist urbaner, weitläufiger – und kultivierter. Während Gudhjem außerhalb der Touristensaison gespenstisch leer wirkt, hat sich Svaneke keinesfalls ausschließlich vom Tourismus vereinnahmen lassen. Auch befriedigt das Angebot in Gudhjem eher gewöhnliche Geschmäcker, die Boutiquen in Svaneke präsentieren ästhetische Highlights für Feingeister und solche, die es werden wollen.

Die umliegende Küstenlandschaft ist hingegen etwas, das getrost beide Orte als Attraktion für sich verbuchen dürfen: Im Nordwesten präsentiert sich die Küste zunächst noch als mächtige Urgewalt, rund um Svaneke überwiegt zerfaserte Schärenküste in Reinform, während gen Süden die Küste immer mehr verflacht. Am südlichen Ende der Bornholmer Riviera, kurz vor Nexø, weicht der Granit urplötzlich dem Sandstein. Im Übrigen hat die spezifische Gesteinsstruktur um Svaneke den feststehenden Begriff „Svaneke-Granit" geboren: Der Stein ist von

Der Osten

Pegmatit- (grobkörniges Magmagestein), Kalifeldspat- und Sandsteingängen durchsetzt. Seine grobkörnige Struktur unterscheidet Svaneke-Granit von anderen Formen des Grundgesteins.

Wichtigstes Ausflugsziel im Hinterland für Naturfreunde sind die Paradieshügel (Paradisbakkerne), während kulturinteressierte Reisende unbedingt der Rundkirche von Østerlars einen Besuch abstatten sollten.

Gudhjem

Das klare, mediterrane Licht faszinierte seit jeher die Künstler und Maler. Sie wurden und werden von der überaus idyllisch gelegenen Ortschaft magisch angezogen. Heute streifen Tagesgäste in Scharen durch die Gassen und bevölkern Kneipen, Restaurants und Souvenirgeschäfte.

Bereits die Lage des Städtchens ist bemerkenswert: Die Küstenstraße berührt nur den oberen Ortsteil und führt am Zentrum vorbei. So entsteht der Eindruck einer beschaulichen, verkehrsberuhigten Sackgasse. Die schönste Tageszeit in Gudhjem ist der frühe Vormittag oder der spätere Nachmittag, wenn der ganze Spuk der Massen wieder vorbei ist. Manchem ist der Rummel um Gudhjem bereits des Guten zuviel, auch wenn sich kaum jemand der spezifischen, südländisch geprägten Stimmung entziehen kann, welche die mediterranen Gärten mit Feigen- und Maulbeerbäumen verbreiten. Andererseits gibt es auch ruhigere Zeiten, die ein wenig die Tatsache verschleiern, wie populär das Städtchen bei den Besuchern ist und wie sehr es am Tropf der Tourismuswirtschaft hängt. Seinen wahren Zauber entfaltet der Ort allerdings erst abends, wenn Einheimische und Fremde am putzigen Hafen zusammensitzen oder gemächlich ihre Runden ziehen und glühendes Sonnenlicht die Fassaden erleuchtet.

Wer tagsüber dem Rummel entfliehen möchte, steuert einfach einen der zahlreichen Aussichtspunkte an. Den schönsten Blick über Gärten, Fachwerkhäuser und Meer genießt man vom Viadukt der Küstenstraße. Der recht anstrengende Aufstieg zum Bokul, einem weiteren Belvedere, lohnt sich ebenfalls. Der Punkt ist bereits von Weitem an der dänischen Fahne, die unübersehbar am baumhohen Mast weht, zu erkennen, ein dezenter Hinweis *„Gangsti til Bokul"* auf der Rückseite der Jugendherberge weist auf den Einstieg hin. Wer etwas weniger Aufwand betreiben möchte, wählt einfach vom südlichen Ende des Hafens den Klippenpfad zur Kirche; bereits nach wenigen Schritten kann man auf Felsen gemütlich lagern und die Seele baumeln lassen.

> **Wo die Zeit „herkommt"**
> Gudhjem liegt exakt auf dem 15. östlichen Längengrad (→ S. 175). Anhand dieses Meridians wird die mitteleuropäische Zeit (MEZ) berechnet, weshalb man in Dänemark auch von der Gudhjem-Zeit spricht.

Abgesehen davon, dass auch in Gudhjem der Ort selbst die Attraktion ist, liegen die Sehenswürdigkeiten weit verstreut: Unübersehbar thront die Kirche über dem Hafen, während sich das Museum des Inselmalers Oluf Høst bereits fast schon am zweiten Hafen ganz im Norden, dem Nørresand Havn, befindet. Wahrzeichen im oberen Ortsteil ist die weit aus dem Ortsbild herausragende Holländerwindmühle

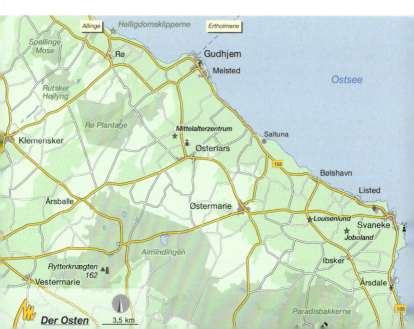

(Gudhjem Mølle). Sie lohnt einen Besuch, sofern der Inselladen mit einer großen Auswahl an Produkten „Made in Bornholm" und einem Bistro geöffnet hat. Einige Besucher mehr würde man dem privat geführten Gudhjem Museum wünschen, das sich – ebenfalls im oberen Ortsteil – im ehemaligen Bahnhof befindet. Im Übrigen lohnt beim Flanieren ab und an der Blick nach oben: Zahlreiche Dachfirste zieren Wetterfahnen mit mehr oder weniger originellen Tiersilhouetten (Walfische, Vogel-Schweine etc.).

Oluf Høst Museum

500 m vom Zentrum entfernt, fast schon am Nordhafen, liegt die herrschaftliche Villa, die der Maler Oluf Høst seit 1929 ausbaute und bewohnte. Im Hinterhofgarten, der heute vom Museumscafé in Beschlag genommen ist, entstanden viele Werke des bedeutenden Protagonisten der Bornholmer Malschule (→ Kunst und Kultur, S. 38 f.). Einige von ihnen sind im Wohnhaus ausgestellt, u. a. auch mehrfach das von Oluf Høst in Öl auf Leinwand gebannte Hofgut Bognemark. Ein einstündiger Film über den Inselmaler ergänzt und vertieft die Einblicke in Werk und Leben des nicht unkomplizierten Zeitgenossen. Für das Privatmuseum – die meisten Objekte stammen aus Familienbesitz – sollte man sich etwas Zeit nehmen! Weitere Werke sind 6 km nördlich von Gudhjem im Kunstmuseum ausgestellt (→ S. 125).

Gudhjem: Puppenstube Bornholms

Mitte April bis Mitte Juni und Mitte Aug. bis Anfang Sept. Mi–So 11–17 Uhr, Mitte Juni bis Mitte Aug. tägl. 11–17 Uhr. 75 dkr, erm. 35 dkr. Løkkegade 35, ✆ 5648-5038, www.ohmus.dk.

Gudhjem Kirke

Der Sakralbau aus dem Jahr 1893 ist eine der jüngsten Kirchen auf Bornholm. Er liegt überaus fotogen auf einer Hügelkuppe über dem Meer, von der alten Kirche sind auf dem Friedhof nebenan nur noch die Grundmauern erhalten. Diese war der heiligen Anna geweiht (u. a. die Patronin der Seefahrer). Die Gründungslegende erzählt, wie ein deutscher Skipper vor Gudhjem in Seenot geriet und nach seiner Rettung zum Dank das Gotteshaus errichten ließ. Sehenswert im Inneren der neuen Kirche ist u. a. die dreiteilige spätgotische Altartafel (um 1475). An die einstige Funktion als Fischerkirche erinnert das Modell einer Dreimastbark, das – typisch für viele Kirchen auf der Insel – 1912 im Kirchenschiff aufgehängt wurde. Auf dem Friedhof liegt neben den Ruinen der alten Kirche der Inselmaler Oluf Høst (s. o.) begraben.

Mo–Fr 8–16 Uhr. Kirkevej 9, www.gudhjemkirke.dk.

Gudhjem Museum

Das Heimatmuseum befindet sich im alten Bahnhof, der 1916 von den bedeutenden dänischen Architekten Kay Fisker und Aage Rogn errichtet wurde. Bis zur Stilllegung der Eisenbahn im Sommer 1952 war hier die Endstation der Bahnlinie von Almindingen. Das toprenovierte Haus atmet noch den Geist des vergangenen Eisenbahnzeitalters. Die Räume im modernen Anbau aus dem Jahr 1990 werden für Kunst- und andere Sonderausstellungen genutzt.

Im Sommerhalbjahr nur zu Sonderausstellungen geöffnet. Mo–Sa 10–17 Uhr, So 14–17 Uhr. 35 dkr, erm. ab 10 dkr. Stationsvej 1, ✆ 6122-3365, www.gudhjem-museum.dk.

Basis-Infos

Information Das Informationsbüro liegt direkt am Hafen und ist bei Fragen gewöhnlich die erste Anlaufstelle. Mo–Fr 10.30–16 Uhr. Åbogade 9, ✆ 5648-5210.

Verbindungen Eine Serpentinenstraße führt hinunter ans Meer. Der kostenpflichtige **Parkplatz** liegt in der Nähe des Hafens, die Kapazitäten reichen aber in der Hochsaison oftmals nicht aus. Kostenlose Parkplätze an der oberen Ortsdurchfahrt (Küstenstraße).

Fahrradfahrer auf dem Weg ins Ortszentrum sollten ihren Drahtesel oben abstellen oder müssen schieben – eine Besonderheit in Gudhjem! Eine charmante Alternative zum Fußmarsch auf der steilen Stichstraße ist der **Treppenweg** von der Kirche über die Klippen zum Hafen.

Mit den **Buslinien** 1, 4, 9 sowie 7 und 8. Achtung: Die meisten Busse fahren nicht hinunter zum Hafen (Gudhjem Havn), sondern halten an der oberen Ortsdurchfahrt (Gudhjem Øvre).

Taxi: Gudhjem Taxi, ✆ 5648-4412.

Bootstouren Der Hafen von Gudhjem ist ein ausgezeichneter Ausgangspunkt für Touren mit dem Schiff. Zum Kunstmuseum bei den **Helligdomsklipperne** fährt bei gutem Wetter die MS Thor. Hin und zurück 100 dkr, erm. 70 dkr. Mai bis Sept. mit häufigen Abfahrten. ✆ 5648-5165, www.ms-thor.dk.

Von Mitte April bis Mitte Okt. fährt u. a. die MS Ertholm zu den **Erbseninseln** (Ertholmene), in der Hochsaison auch häufiger. Tagesticket (hin und zurück) ab 200 dkr. Früheste Abfahrt um 10 Uhr, der Ticketschalter ist am Hafen. ✆ 5648-5176, www.christiansoefarten.dk.

Fahrradverleih Fahrräder gibt es u. a. an Campingplätzen, in der Jugendherberge oder an der Rezeption der beiden Ferienanlagen unterhalb der Küstenstraße (Richtung Melsted).

Veranstaltungen In der Touristensaison breitet sich neben dem Hafen ein kleiner Markt u. a. mit Bornholmprodukten aus. Außerdem gibt es in Gudhjem ein Kino.

Sol over Gudhjem: hochdekorierter Kochwettbewerb u. a. mit Beteiligung dänischer und ausländischer Sterneköche zum Ge-

Gudhjem

denken an das Bornholmer „Nationalgericht". Mit großem Rahmenprogramm. Ende Juni (www.solovergudhjemkonkurrence.dk).

Blues over Gudhjem: zweitägiges Spektakel mit Livemusik an verschiedenen Standorten. Mitte/Ende Juli.

Bornholms Gadeteater Festival: internationales Straßentheaterfest am Hafen (seit 2011) mit Open-Air-Darbietungen. Zwei Tage Ende Juli (www.bornholmsgadeteaterfestival.dk).

Einkaufen

Supermarkt (mit Post) sowie Bank (mit Geldautomat) befinden sich im oberen Ortsteil an der Stichstraße, alles andere liegt gut erreichbar in Hafennähe.

Glasrøgeri, in einer ehemaligen Fischräucherei im Zentrum hat die renommierte Glaskünstlerin Pernille Bastrup (→ Kunst und Kultur, S. 39 f.) ihren Verkaufsladen. Regelmäßige Vorführungen im Showroom, großzügige Öffnungszeiten. Tägl. 10–17 Uhr, in der Hauptsaison Mo–Fr abends bis 20 Uhr. Ejnar Mikkelsensvej 13 a, ☎ 5648-5468, www.gudhjem-glasroegeri.dk.

Bech Chokolade, betörend duftendes Paradies für Schleckermäuler. Leckere Pralinen und weitere Schokospezialitäten. April bis Mitte Okt. tägl. 11–16 Uhr, im Sommer ab 10 Uhr und abends länger. Ejnar Mikkelsensvej 19, ☎ 5648-6008, www.bechchokolade-gudhjem.dk.

Karamel Kompagniet, Dänemarks erste Karamellmanufaktur im Hotel Jantzens ist eine Institution in Gudhjem, fast jeder schaut hier vorbei. Gefertigt werden die Produkte nach traditionellen englischen Familienrezepten. Ostern bis zu den Herbstferien tägl. ab 10 Uhr, in der Nebensaison ab 11 Uhr. Holkavej 2, ☎ 5644-2255, www.karamelkompagniet.dk.

Abendstimmung am Hafen von Gudhjem

Übernachten/Essen & Trinken

Gudhjem ist, gemeinsam mit Svaneke, die Hauptdestination im Osten Bornholms und wartet daher mit einer breiten Palette an Quartieren auf. Wer es ruhiger mag, kann sich zudem im Nachbarort Melsted (→ S. 139) nach einem geeigneten Logis umsehen.

Übernachten Jantzens Hotel **2**, ehrwürdige Traditionsherberge im Ortszentrum (seit 1872). Lauschiger Hof mit Steingarten, 16 renovierte und stilvoll eingerichtete Zimmer, einige mit eigener Terrasse. Ende April bis Mitte Sept. geöffnet. Standard-DZ ab 1150 dkr. Brøddegade 33, ✆ 5648-5017, www.jantzenshotel.dk.

Hotel Klippen **6**, Alleinlage über der Felsküste, schöner kann ein Hotel kaum liegen. 17 Zimmer im Haupt- und Nebenhaus, teils mit Meerblick und Terrasse. Der Frühstückssalon wird tagsüber als Café genutzt. Ganzjährig geöffnet. DZ ab 600 dkr. Grevens Dal 50 (wenige Gehminuten vom Hafen), ✆ 5644-3222, www.hotelklippen.dk.

Gudhjem Vandrerhjem **1**, fantastische Lage mitten im Zentrum, in puncto Qualität fällt die Herberge gegenüber Rønne und Svaneke jedoch etwas ab. Holzhaus mit Doppel- und Familienzimmern, Dusche und WC auf dem Gang. Die Rezeption befindet sich im Kiosk nebenan (eingeschränkte Öffnungszeiten). Kein Frühstück, Küche für Selbstversorger. DZ 495 dkr, Bett im Schlafsaal 2330 dkr (Frühstück extra). Løkkegade 7, ✆ 5648-5035, www.danhostel-gudhjem.dk.

Gudhjem Camping **9**, trotz fantastischer Lage am Meer und in Gehentfernung zum Zentrum kann die Anlage hinsichtlich Servicequalität und Ausstattung mit dem Platz im Nachbarort Melsted nicht mithalten. Mai bis Mitte Sept. 2 Pers. mit Zelt ab 154 dkr. Melsted Langgade 36 a, ✆ 5648-5071, www.gudhjemcamping.dk.

Essen & Trinken Einige Tagesbesucher steuern mittags die zentral gelegene Räucherei an. Das opulente Fischbuffet ist für Kinder unter 12 Jahren kostenlos, die beiden Ableger in Allinge und in Snogebæk gehören zur gleichen Kette (www.smokedfish.dk).

Pandekagehuset **8**, das Pfannkuchenhaus liegt an der Ortszufahrt ein paar Schritte oberhalb vom Hafen. Riesige Auswahl an Pfannkuchen und Omelettes – deftig oder süß, vollständige Gerichte mit Salat 90–100 dkr. Beschränkte Sitzkapazitäten innen und im ansprechend gestalteten Gastgarten. In der Saison tägl. geöffnet. Brøddegade 15, ✆ 5648-5517, www.pandekagehusetgudhjem.dk.

》》 **Mein Tipp:** Brøddan **7**, das Buffetrestaurant mit Pizzeria ist mein Gudhjem-Tipp. Schnörkellose Kost mit typisch dänischem Einschlag, mittags einfaches Frokost-Buffet (120 dkr), abends dann die opulente Variante (190 dkr). Fisch, Fleisch, Gemüse und Salate, dazu optional im Anschluss die Eis-Bar. Leckere Pizza (ca. 90 dkr), Kinder bis 12 Jahre zahlen beim Buffet die Hälfte. April bis Okt. tägl. geöffnet, zahlreiche Innen- und Außenplätze (nichts

Windmühle in Gudhjem

Übernachten
1. Gudhjem Vandrerhjem
2. Jantzens Hotel
6. Hotel Klippen
9. Gudhjem Camping

Essen & Trinken
3. Café Klint
7. Brøddan
8. Pandekagehuset

Cafés
3. Café Klint
4. Bornholmer Softice
5. Café Provianten
6. Klippen

für ruhige Stunden bei Kerzenschein). Brøddegade 20, ℡ 5648-5022, www.broddan.dk. «

Café Klint 3, der Platzhirsch unter den Einkehradressen im Ortszentrum, rustikales Ambiente, von der gemütlichen Terrasse hat man die Flaneure fest im Blick. Mittags Salate, Snacks, Smørrebrød und Fisch (80–130 dkr), abends zusätzlich Tortillas, Tapas und manchmal auch im Sommer Livemusik. Wer keinen Sitzplatz bekommt, kann auch gegenüber bei Bech Chokolade (s. o.) Platz nehmen. April bis Mitte Okt. tägl. ab 10 Uhr, in der Hochsaison bis weit in die Nacht geöffnet. Ejnar Mikkelsensvej 20, ℡ 5648-5626, www.cafe-klint-gudhjem.com.

Café Provianten 5, die auf den ersten Blick unscheinbare Hafenbar strahlt jugendlich-heitere Stimmung aus. Guter Kaffee, Fruchtsäfte, Sandwichs – aber v. a. auch gute Musik, Cuba Libre und Gin Tonic. Wenige Freiplätze direkt am Hafen. April bis Okt. ab 9 Uhr. Ejnar Mikkelsensvej 28, ℡ 4076-8196.

Bornholmer Softice 4, Speiseeis-Mekka direkt am Hafen mit zahlreichen Sorten (seit 1959). Der Erlös aus diversen Salsa-Veranstaltungen fließt an ein mexikanisches Hilfswerk. März bis Okt. tägl. ab 10 Uhr. Ejnar Mikkelsensvej 26, ℡ 5648-5359, www.gudhjemspecial.com.

Am Klippenweg zwischen Gudhjem und Melsted

Rund um Gudhjem

Badetauglich ist die Küste auch in und um Gudhjem nicht, bescheidene Einstiege ins Wasser mit **Badesteg** findet man jedoch im südlichen Nachbarort Melsted. Der 20-minütige Fußpfad vom Hafen nach Melsted passiert spektakuläre Klippenszenerien und ist Teil von Tour 6 (→ S. 215 ff.). Auch in die Gegenrichtung lässt es sich an der Küste hervorragend wandern, die Tour zum Kunstmuseum und zu den „Heiligtumsklippen" ist ebenfalls hinten im Wanderteil des Buches zu finden (→ Tour 4, S. 21 ff.). Auch landeinwärts hält die Umgebung einiges parat, u. a. das sehenswerte Landwirtschaftsmuseum in Melsted. Auch nach Østerlars mit der größten Rundkirche Bornholms und dem Mittelalterzentrum ist es von Gudhjem nur ein Katzensprung.

> **Tour 4: Zu Fuß von Gudhjem zu den Helligdomsklipperne** → S. 211 ff.
> Abwechslungsreiche und landschaftlich schöne Küstenwanderung
>
> **Tour 5: Fahrradrunde**
> **von Gudhjem zu Rø Plantage und Spellinge Mose** → S. 213 ff.
> Einfache Radtour mit vielen kulturellen und landschaftlichen Höhepunkten
>
> **Tour 6: Wanderung von Gudhjem ins Kobbeådalen** → S. 215 ff.
> Ein kürzerer Abstecher landeinwärts zu einem Wasserfall

Melsted

Ins beschauliche Dorf südlich von Gudhjem mit seinen verstreut liegenden Fischerkaten und Ferienhäusern verirren sich i. d. R. nur selten Besucher. Wichtigste

Rund um Gudhjem

Sehenswürdigkeit in Melsted ist das **Landwirtschaftsmuseum Melstedgård** (direkt unterhalb der Küstenstraße). Das Hofgut ist einerseits Museum, andererseits wird hier noch gearbeitet, was den spezifischen Reiz dieser Einrichtung ausmacht. Mitarbeiter in traditioneller Kluft führen das Vieh zum Ziehbrunnen im Hof, im Stall hängen die Ähren zum Trocknen. Die wichtigste Erweiterung 2015 ist das **Madkulturhaus,** das sich der Esskultur und traditionellen Bornholmer Lebensmittelprodukten widmet. Das Herrschaftshaus mit seinen Stilmöbeln und Accessoires atmet Nostalgie und wirkt wie aus einem Heimatfilm geschnitten, der Kräuter- und Gemüsegarten wird noch immer gepflegt. Im Ganzen präsentiert das Anwesen sich noch so, wie bis zum Beginn der landwirtschaftlichen Mechanisierung in der Mitte des 20. Jh. gewirtschaftet wurde. Einst verfügte der Bauernhof über 30–45 ha Land, es handelte sich also um einen für Bornholm typischen Agrarbetrieb mittlerer Größe. Bis 1982 war der Hof noch vollständig in Betrieb, zwei Jahre später wurde er zum Familienmuseum umgestaltet.

Landwirtschaftsmuseum Mitte April bis Juni und Mitte Aug. bis Mitte Okt. So–Do 10–16 Uhr, Juli bis Mitte Aug. tägl. außer Sa 10–16 Uhr. 70 dkr. Melstedvej 25, ✆ 5648-5598, www.bornholmsmuseum.dk.

Übernachten/Essen Melsted Badehotel, Nobelherberge mit Stil und Esprit am südlichen Ortsausgang, nur wenige Schritte zum Schilfgürtel am Meer. 19 Zimmer, teils mit eigener Veranda, ausgezeichnetes Restaurant. Mai bis Mitte Sept. geöffnet. DZ ab 1350 dkr. Melstedvej 27, ✆ 5648-5100, www.melsted-badehotel.dk.

»» Mein Tipp: Sannes Familiecamping, einer der beliebtesten Plätze Bornholms, am südlichen Ortsrand von Melsted. Pool, Fahrradverleih und Zeltplätze direkt am Meer. Ein wunderbarer „Adventure-Minigolfplatz" neben der Anlage, weitläufiges Areal, Kiosk und Holzhütten. Ende März bis Mitte Okt. 2 Pers. mit Zelt ab 135 dkr. Melstedvej 39, ✆ 5648-5211, www.familiecamping.dk. ««

Melstedgård: Museumsbauernhof im Nachbarort

Die Küste zwischen Gudhjem und Svaneke

Auch wenn die ganz großen Attraktionen fehlen, ist dieser Abschnitt der Riviera dennoch reich an Höhepunkten. Geologisch interessierte Besucher sollten in Saltuna zur Randkløve Skår absteigen, der Stopp im Atelier der Glasmanufaktur Baltic Sea Glass ist hingegen allen zu empfehlen.

Zunächst verbleiben Straße und Radweg in Tuchfühlung zum Meer. Südlich von Melsted queren beide das **Kobbeådalen,** lediglich ein karges Schild weist auf das geologisch und botanisch interessante Spaltental hin. Ein erlebnisreicher Fußweg führt vom Parkplatz landeinwärts zum Stavehøl Vandfald. Mit einer Fallhöhe von 4 m zählt der Wasserfall zu den höchsten Kaskaden Dänemarks. Wenn im Hochsommer das Bachbett ausgetrocknet ist, kann man sich den Marsch jedoch sparen (→ Tour 6, S. 215 ff.): Vom Radweg Nr. 25 Gudhjem–Åkirkeby zweigt zwischen Melsted und Østerlars ein beschilderter Fußweg nach links ab und führt in wenigen Minuten zum Ziel.

Hinter der Gemarkung Saltuna schwenkt die Küstenstraße landeinwärts und steigt in der Folge steil an. In diesem Abschnitt ist die Küste ausschließlich Fußgängern vorbehalten und ansonsten mehr oder weniger sich selbst überlassen. Erst kurz vor dem Fischerweiler Bølshavn rückt das Meer wieder in Sichtweite. Später entdecken aufmerksame Beobachter im Süden erstmals die Spitze des modernen Wasserturms sowie die Windmühle im oberen Ortsteil von Svaneke.

Saltuna

Es handelt sich um keinen Ort im engeren Sinn, eher um eine Flurbezeichnung. Sie markiert den Übergang von der seichten Schärenküste im Norden zur Steilküste im Süden. Am Nordende von Saltuna sollten Reisende unbedingt einen Zwischenstopp in der **Glasmanufaktur Baltic Sea Glass** einlegen (s. u.). Die Vorführungen demonstrieren das künstlerische und ästhetische Niveau, auf dem sich die Glaskünstler bewegen. Weiter südlich, bereits im Bereich der Steilküste, weist ein unscheinbares Schild auf einen Abstecher zur **Randkløve Skår** hin. Ein markierter, 15-minütiger Fußweg führt vom Parkplatz unterhalb der Straße zur Klippenküste, wo eine Scharte im Fels die Herzen der Geologen höher schlagen lässt: Hier beginnt der sog. Kelså-Diabasgang, einer von ca. hundert Diabasgängen, die sich durch die Insel ziehen. Diabas ist ein vulkanisches Ergussgestein, das wegen seiner typischen Farbe auch Grünstein genannt wird. Es füllte die Granitspalten und verwitterte schneller als das Grundgestein. Vom Diabas finden sich daher nur noch wenige Spuren, an den Steilküsten sind Restvorkommen am wahrscheinlichsten. Der Kelså-Diabas ist u. a. auch im Ekkodalen (→ S. 185 f.) nachweisbar.

Einkaufen Hvide Hus, das strohgedeckte, schmucke Fachwerkhaus steht unübersehbar an der Küstenstraße, drinnen gibt es Keramik sowie Jacken und Mützen aus Tweed zu kaufen. Lissy und Vagn Aage, die das verfallene Anwesen in den 1960er-Jahren kauften und renovierten, arbeiteten zuvor als Modedesigner auf Seeland. Sehenswert ist der Felsengarten mit vielen botanischen Raritäten hinterm Haus (Eintritt 25 dkr). In der Hauptsaison Mo–Fr 9-18 Uhr, Sa/So 10–17 Uhr (Garten), Mo–Fr 10 bis 16 Uhr (Shop). In der Nebensaison eingeschränkte Öffnungszeiten. Randkløvevej 15, ✆ 5647-0333, www.hvidehus-bornholm.dk.

》》 Mein Tipp: Baltic Sea Glass, auch wenn die kostbarsten Schätze für den nor-

Inspirationen aus der Natur: Baltic Sea Glass

malsterblichen Geldbeutel unerschwinglich sind, ist der Besuch dieser renommierten Glaswerkstatt ein Highlight! Für die Demonstration vor dem Ofen sollte man sich genügend Zeit lassen. Die schönsten Werkstücke stehen in einem Kabinett; die Ähnlichkeit der Glasstruktur mit den Vorbildern aus der Natur (Maiskolben, Bienenwaben) ist frappierend. Tägl. 10–17 Uhr. Melstedvej 47, ☏ 5648-5641, www.balticseaglass.com (→ Kunst und Kultur, S. 40). «

Bølshavn

Der etwas verträumte Fischerweiler mit den verstreut liegenden und teils mit Reet gedeckten Katen ist ein Ort für Individualisten. Der winzige Hafen fasst nur kleine Boote, eine nennenswerte Infrastruktur gibt es nicht – abgesehen von der Ferienpension am nördlichen Ausgang und einem Steakrestaurant an der Ortsdurchfahrt. Zwischen Bølshavn und dem Nachbarort Listed (s. u.) steht an der Mündung des Gyldenså am Straßenrand eine Gruppe von **Bautasteinen** (→ S. 34). Das Ensemble ist wegen einer Heiligenlegende berühmt, bei der es um eine Frau geht, die sich und ihre zehn Kinder in Stein verwandeln ließ, um einer dräuenden Gefahr zu entgehen. Wie man sich das vorzustellen hat, mag dahingestellt sein, jedenfalls ist der hohe Stein die „heilige Frau" – Hellig Kvinde, so heißt auch der Ort –, die kleinen Steine sind ihre Kinder. Beim Passieren grüßen Inselbewohner das Denkmal und erweisen der Frau den Respekt.

Wandern Zwischen Bølshavn und Listed verläuft der Küstenpfad an der Straße, schöner ist der Weg nach Saltuna in die Gegenrichtung: Vom Hafen steuert der Kyststi zunächst ebenfalls die Straße an, um kurz hinter der Pension Bølshavn wieder nach rechts Richtung Meer abzuzweigen (4,5 km bis Saltuna).

Übernachten Pension Bølshavn, paradiesisch gelegenes Feriendomizil mit Garten zum Meer. Das freundliche, deutsch-dänische Gastgeberpaar sorgt für das Wohl der Urlauber, das Frühstück wird in den sechs komfortabel ausgestatteten Zimmern oder Apartments eingenommen. Kein Restaurant, Vermietung nur wochenweise. DZ ab

520 dkr (Frühstück extra). Bølshavn 9, ℡ 5649-6121, www.boelshavn9.de.

Essen & Trinken Louisekroen, rustikales Wirtshaus wie aus alten Tagen an der Ortsdurchfahrt. Auf der Karte stehen aromatisch-würzige Steaks in vielen Varianten. Das Inhaberpaar legt Wert auf hohe Fleischqualität. Tägl. ab 17.30 Uhr. Bølshavn 22, ℡ 5649-6203.

Listed

Der Fischerweiler 2 km westlich von Svaneke verfügt über einen Hafen und eine rekordverdächtige Anzahl von Räuchereien. Sie lassen auf ein ehedem florierendes Fischereigewerbe schließen, sind aber bis auf eine Ausnahme nicht mehr in Betrieb. Das Zentrum ist fest in der Hand des norddeutschen Juweliers und Goldschmieds Sebastian Frost. Neben seinem Geschäft am Hafen betreibt er mit seiner Partnerin Signe Bay Frost eine Cocktail-, Kaffee- und Schampusbar und verbreitet auf diese Weise in der „Bay Frost" einen Hauch von Jetset und Saint-Tropez. Wie Bølshavn ist Listed keine Badedestination, die Schärenküste lässt den Einstieg ins Wasser nur selten zu. Rühmliche Ausnahme ist die winzige Bucht Høl am westlichen Ortsrand. Sie besteht aus grobkörnigem Sand, der Küstenschutzpfad Richtung Gudhjem führt daran vorbei. Schöner ist jedoch der Weg in die Gegenrichtung: Ein 45-minütiger Spaziergang verbindet Listed mit Svaneke. Der Weg führt zwischen Klippen (Svaneke-Granit) und dem sog. Nordwald (Nordskoven) hindurch und passiert dabei einige Verteidigungsschanzen aus dem Beginn des 15. Jh.

Ein asphaltierter Hohlweg (Lillehøjvej) führt vom Hafen ansteigend ins Hinterland. Rechter Hand liegt ein bronzezeitlicher Grabhügel (1700–500 v. Chr.), von wo man eine hübsche Aussicht auf die Küste hat. Weitere vorgeschichtliche Gräber und ein mutmaßlicher Signalberg befinden sich unmittelbar dahinter.

Einkaufen Sebastian Frost, die Inspiration für seine Unikate im formstrengen, klassischen Design holt sich der Künstler während ausgedehnter Spaziergänge entlang der Bornholmer Schärenküste. Die wertvollen Uhren und Colliers setzen einen seltsamen Kontrapunkt zum Fischerflair nebenan. Di–So 11–17 Uhr. Strandstien 1 a, ℡ 2022-5305, www.sebastianfrost.dk.

Listed entpuppt sich als waschechter Fischerort

Essen & Trinken Bay Frost, auf edel getrimmte Wein-, Sekt- und Kaffeebar mit Freiplätzen am Hafen. Zudem gibt es Waffeln, Eis und Kuchen, die schwarzen Sonnenschirme verbreiten Metropolenflair. Seit 2015 mit einer Dependance am Marktplatz in Rønne. Di–So 11–17 Uhr. Strandstien 1 a, ℡ 2022-5305, www.sebastianfrost.dk.

Hummerhytten, die winzige Räucherei am Hafen ist – wie der Name bereits sagt – auf geräucherten Hummer spezialisiert. Nur bei gutem Wetter eine Einkehroption, da keine Innenplätze vorhanden. Kleine Gerichte um 100 dkr, der halbe Hummer kostet 275 dkr. Anfang Juli bis Ende Aug. tägl. 11.30–15.30 und 17.30–23 Uhr geöffnet. Strandstien 10, ℡ 2345-1735, www.hummerhytten.dk.

Beliebter Ankerplatz: der Hafen von Svaneke

Svaneke

Die Fassaden gestandener Kaufmannshöfe rahmen den bildschönen Hafen ein. Dahinter breitet sich das weitgehend intakte Zentrum mit zahlreichen Ladengeschäften aus. Passanten, die den Gassen folgen, landen früher oder später automatisch auf dem Torvet, dem pulsierenden Herzen der Stadt.

Die östlichste Stadt Dänemarks ist mit Sicherheit eine der schönsten Ortschaften Bornholms und gilt daher völlig zu Recht als Pflichtdestination jeder Inselrundreise. Es überrascht daher wenig, dass in den schmalen Gassen zwischen Marktplatz und Hafen an guten Tagen reichlich Betrieb herrscht. Sobald die Tagesbesucher jedoch die ausgetretenen Routen verlassen, ebbt der Lärm rasch ab und man hat den Ort gleichsam für sich. Das Besondere an diesem kultivierten Städtchen ist das Kunsthandwerk, kein anderer Ort Bornholms weist eine solche Dichte von Ateliers und Boutiquen auf. Wer gemütlich bummeln will oder auf der Jagd nach schönen Dingen ist, wird hier sicherlich auf die eine oder andere Weise fündig werden. Ein weiteres auffälliges Merkmal sind die vielen ausgezeichneten Einkehradressen. Im Zentrum führt fast jede offene Tür zu einem kulinarischen Aha-Erlebnis. Dies gilt ganz besonders für den Marktplatz (Torvet), wo u. a. in einem Kontorhaus aus der Mitte des 18. Jh., dem heutigen Bryghuset, in schweren Kupferkesseln das Svaneke-Bier zur Reife gelangt. Es handelt sich um die einzige Brauerei der Insel. Keinesfalls versäumen, auch wenn der Weg weiter ist, sollte man den Gang zur **Fischräucherei.** Die fünf markanten Kamine überblicken gleichsam wie Soldaten die Felsküste und sind ein beliebtes Fotomotiv (→ S. 147). Ein weiterer Platz, der Glastorvet, liegt vom Marktplatz aus betrachtet gleich um die Ecke: Hier hat Pernille Bülow, eine der bekanntesten Glaskünstlerinnen Bornholms, ihr Atelier (→ S. 146). Der Platz ist fest in Familienhand, seit im Jahr 2007 ihr Neffe Johan Bülow seine Lakritzmanufaktur gründete und damit für ein veritables Wirtschaftswunder sorgte. Die beste Zeit für einen Ausflug nach Svaneke ist an Werktagen, wenn die Geschäfte geöffnet haben!

Sehenswürdigkeiten im engeren Sinn fehlen gänzlich; was für Gudhjem und Allinge zutrifft, gilt auch hier: Svaneke als Ganzes ist ein sehenswertes Gesamtkunstwerk. An der **Kirche** am oberen Ortsrand fällt zunächst einmal ihre leuchtend rote Farbgebung auf. Dieses typische Svaneke-Rot taucht auch an zahlreichen anderen Hausfassaden auf und harmoniert prächtig mit anderen Farben, die von ocker bis rosa changieren. Der heutige Sakralbau stammt, bis auf wenige Reste der Vorgängerkapelle, aus dem Jahr 1881. An der Friedhofsmauer sind einige alte Grabsteine sowie ein Runenstein zu bewundern (Mo–Fr ab 8 Uhr geöffnet). Ebenfalls im oberen Ortsteil befindet sich eine von drei Bockwindmühlen Bornholms, die Küstenstraße führt direkt daran vorbei. Dieser Typus, bei dem sich der gesamte Mühlkörper im Wind dreht, ist seit dem 16. Jh. auf der Insel bekannt. Die **Bechs Mølle** in Svaneke gilt als älteste Windmühle Dänemarks. Einen modernen Kontrapunkt setzt wenige Schritte weiter am Ortsrand der pyramidale **Wasserturm**. Das Stahlbetonkonstrukt aus dem Jahr 1952 ist ein frühes Werk des dänischen Architekten Jørn Oberg Utzon (1918–2008), der später mit dem Bau der Oper von Sydney berühmt wurde. Neben der Fischräucherei am Meer trifft man noch auf Reste alter Verteidigungsanlagen. Blickfang hier sind zwei Kanonen aus dem Jahr 1715. Wie das eingegossene Initial von Zar Peter dem Großen zeigt, stammen sie aus Russland. Eingesetzt wurden sie u. a. im Krieg gegen England.

Moderner Kontrapunkt:
der Wasserturm

Geschichte: Das städtische Symbol und Wappentier, das auch im Ortsnamen seinen Niederschlag fand, ist der Schwan *(svane)*. Wer genau hinsieht, stolpert immer wieder über dieses Symbol. Bereits im frühen 13. Jh. befand sich hier ein Fischerort, der im Mittelalter von reichen Heringsgründen profitierte. Zusätzlichen Wohlstand schufen im 15. Jh., begünstigt durch entsprechende Privilegien des Erzbischofs von Lund, die Niederlassungen der Kaufleute. Für das Jahr 1543 belegen die Annalen erstmals die Existenz einer Ratsversammlung, das offizielle Markt- und Stadtrecht erhielt Svaneke jedoch erst zwölf Jahre später. Im 18./19. Jh. erfuhr der Küstenort eine beispiellose Blüte, wovon noch zahlreiche Handelshäuser zeugen, die zu dieser Zeit entstanden. Der bisherige Hafen zeigte sich dem steigenden Bedarf nicht mehr gewachsen und wurde daher 1816 erweitert. Ein Hochwasser im Katastrophenjahr 1872 vernichtete ihn fast vollständig. Beim Wiederaufbau wurde das Becken für Dampfschiffe ausgebaut, Ende des 19. Jh. verkehrten sogar regelmäßig Schiffe in die dänische Hauptstadt. Das Bahnzeitalter setzte der wirtschaftlichen Prosperität ein (vorübergehendes)

Svaneke

Ende. Svaneke erhielt im Jahr 1975 die Europa-Goldmedaille für Denkmalpflege der Alfred-Toepfer-Stiftung F. V. S., mit der u. a. Gemeinden für ihre Verdienste bei der Bewahrung des städtebaulichen Erbes ausgezeichnet wurden.

Basis-Infos

Information Freundliches Auskunftsbüro am Hafen. Mitte Juni bis Mitte Sept. Mo–Fr 10–16 Uhr. Gruset 2, ✆ 5649-2949.

Verbindungen Die günstige Lage des Städtchens sorgt für eine gute Erreichbarkeit aus fast allen Richtungen. Die Küstenstraße (158) führt direkt am Hafen vorbei, **Parkplätze** zwischen Hafen und Fischräucherei.

Mit dem **Bus** am günstigsten von Rønne, Nexø, Åkirkeby oder Østerlars mit den Linien 3 bzw. 8.

Baden Einen hübsch gelegenen, felsigen Strand findet man südlich des Leuchtturms Svaneke Fyr am Hullehavn. Die Wanderung Nr. 7 (→ S. 217) führt daran vorbei, für die Bewirtung sorgt ein Kiosk (→ Essen & Trinken, S. 148).

Fahrradverleih Die Firma Boss Cykler aus Balka betreibt im Sommer eine Dependance in Svaneke (Zweirad ab 65 dkr/Tag). Juni bis Sept. Mo–Fr 9–16 Uhr. Søndergade 14 (südliche Ortsdurchfahrt), ✆ 5649-7574, www.bosscykler.dk.

Veranstaltungen Kildefest: Zum Gedenken an eine heilige Quelle *(kilde)*, die bis 1872 in der Nähe des kleineren Hafens westlich vom Zentrum (Vigehavne) ihr Wasser spendete, wird einmal jährlich das Quellenfest gefeiert. Viel Kunst und Kultur, ein großer Umzug sowie reichlich Blumenschmuck. Das Festzentrum liegt heute am Leuchtturm. Mitte/Ende Juni (Sankt Hans).

Svanekegården: Das Kultur- und Veranstaltungszentrum liegt in einem alten Kaufmannshof zwischen Zentrum und Räucherei. Musik, Theater und Kleinkunst, Schwerpunkte sind das Puppentheater und die Kunst des baltischen Raums. Die meisten Veranstaltungen finden in den Sommermonaten statt. Skippergade 6, ✆ 5649-7372, www.svanekegaarden.dk.

Einkaufen

Die Auswahl an Geschäften in Svaneke wird von keiner anderen Stadt der Insel übertroffen, wer auf Powershopping steht, hat die Qual der Wahl. Einzig der Geldautomat bereitet Probleme, der versteckt sich nämlich in einer Seitenstraße, die vom Marktplatz abzweigt (Nansensgade 5, vor der Einmündung in die Storegade auf der rechten Seite).

Wochenmarkt, stimmungsvoll mit viel Kunsthandwerk und Trödel auf dem Marktplatz, samstagvormittags.

Johan Bülow Lakrids, seit 2007 produziert die exklusive Manufaktur aus der Süßholzwurzel die dänische Leib- und Magenspeise. Fünf klassische und scheinbar abseitige Sorten, u. a. auch Schokoladen-Lakritze, in ausgezeichneter Qualität. Zuweilen liegt eine Duftwolke aus Lakritz über dem Stadtzentrum. Tägl. ab 10 Uhr. Glastorvet 1, ✆ 5649-6822, www.lakrids.de (Onlineshop).

》》》 Mein Tipp: Charlotte Thorup, das abgelegene Atelier der jungen Keramikerin ist mein Einkaufstipp. Beeindruckend ist v. a. die schlichte Eleganz der hochwertigen Tonware, auch wenn manche Kreation sich nicht fürs Reisehandgepäck eignet. Do/Fr 12–16 Uhr, Sa 11–14 Uhr und nach Vereinbarung (in den Sommer- und Herbstferien erweiterte Öffnungszeiten). Vestergade 8 (nahe der Kirche), ✆ 2738-9795, www.charlottethorup.dk. 《《《

Svaneke Chokoladeri, berühmte Adresse für Naschkatzen am Markt vor dem Brauhaus. Leckere Pralinen mit ungewöhnlichen Geschmackskombinationen (Limone-Kokos, Himbeer-Lakritz oder Ingwer-Aprikose). Mo–Sa 10–17 Uhr, So 12–17 Uhr. Torvet 5, ✆ 5649-7021, www.svanekechokoladeri.dk (Onlineshop).

Købmandshandel, der Kaufmannsladen ist ein Tante-Emma-Geschäft wie aus alten Tagen. Im Bürgerhaus aus dem Jahr 1836 am Marktplatz gibt es Lebensmittel „Made in Bornholm", u. a. die berühmte Pasta

Rhapsodie in Rot:
die Kirche von Svaneke

aus Svaneke. Di–Fr 10–17.30 Uhr, Mo ab 11 Uhr, Sa 9–13 Uhr. Torvet 2, ☏ 5649-7161, www.svanekekoebmandshandel.dk.

Pernille Bülow, die überregional bekannte Glaskünstlerin hat im Zentrum von Svaneke ihr Verkaufsatelier. In einer Seitenstraße veranstaltet sie Workshops, in denen die Teilnehmer sich selbst an der Herstellung von Glas versuchen können. Mo–Fr 9–17.30 Uhr, Sa/So bis 15 Uhr (Juli bis Mitte Aug. an Werktagen bis 21 Uhr). Brænderigænget 8, ☏ 5649-6672, www.pernillebulow.dk (→ Kunst und Kultur, S. 39 f.).

Svaneke Bolcher, dänische Schulklassen rennen der Bonbon-Manufaktur die Türen ein, auch hier kann man den Meistern der Kalorienware bei der Arbeit zusehen. Der Clou: Wer ein eigenes Logo mitbringt (und sei es grafisch noch so komplex), kann Bonbons mit dem eigenen Zeichen in Auftrag geben (Logo Bolcher). Tägl. 10–18 Uhr, Bonbonherstellung Mo–Fr bis 16 Uhr. Torvet 7, ☏ 5649-6282, www.svanekebolcher.dk.

Postgade 21, hinter diesem Label verbirgt sich ein Konsortium aus 10 Bornholmer Künstlerinnen und Künstlern. Kleines Geschäft, aber eine große Bandbreite hochwertiger Werkstücke aus Glas, Keramik, Textil, Papier und Holz. Mo–Sa 11–17 Uhr. Postgade 21, ☏ 5649-4021, www.postgade21.dk.

Übernachten → Karte S. 148/149

Neben unten genannten Quartieren bietet das Ortszentrum Ferienwohnungen und Apartments in ansprechend restaurierten ehemaligen Kaufmannshöfen, z. B. im Nansensgård aus dem Jahr 1765 (☏ 5649-6170). Direkt am Hafen wurde das Hotel Østersøen aus dem 18. Jh. zum Ferienzentrum mit Hofgarten und Pool umgebaut (www.teambornholm.de). Am Marktplatz liegt ein weiteres Kontor aus dem 18. Jh., in dem sich Mette Sølling um ihre Gäste kümmert (www.soellingsgaard.dk).

»» Mein Tipp: *** **Siemsens Gaard** 6, das hufeisenförmig angelegte Kaufmannskontor mit reicher Vergangenheit öffnet sich zum Hafen. In den 1930er-Jahren zum Hotel umgebaut, internationaler Standard mit Tagungsräumen, 49 Zimmer. Das gute Restaurant mit Innen- und Außenplätzen im Hof verarbeitet vorzugsweise Produkte aus Bornholm (mittags z. B. das Fischfilet mit Krabben und hausgemachter Remoulade für 92 dkr, abends teurer). Jan/Febr. geschlossen. DZ ab 1225 dkr. Havnebryggen 9, ☏ 5649-6149, www.siemsens.dk. **««**

Danhostel Svaneke 12, das Vandrerhjem ist eine der schönsten Jugendherbergen Dänemarks. Ruhige Lage in der südlichen Vorstadt, wenige Schritte zum Leuchtturm, 10 Min. zu Fuß ins Zentrum. Rot getünchtes Holzhaus mit Haupt- und Nebengebäuden, Doppel- und Mehrbettzimmer, Frühstücksbuffet. Bei Schulklassen sehr beliebt! DZ ab 460 dkr, Platz im Mehrbettzimmer 160 dkr (Frühstück extra). Reberbanevej 9, ☏ 5649-6242, www.danhostel-svaneke.dk.

Svaneke Familiecamping 1, schön gelegener Zeltplatz in den Møllebakken am westlichen Ortsrand. Freundlicher Platz von überschaubarer Größe und ohne Allüren. Fahrradverleih, Hüttenvermietung (acht Hütten für 3–6 Pers.), zum Meer führt ein Pfad (150 m). Mai bis Mitte Sept. 2 Pers. mit

Zelt ab 154 dkr. Møllebakken 8, ✆ 5649-6462, www.svaneke-camping.dk.

Hullehavn Camping 14, wunderschön gelegener Zeltplatz zwischen Wald und Klippenküste, ca. 1 km südlich von Svaneke (nahe dem Leuchtturm). Kiosk, Gemeinschaftsraum und Grillplatz. Mitte April bis Mitte Sept. 2 Pers. mit Zelt ab 164 dkr. Sydskovvej 9, ✆ 5649-6363, www.hullehavn.dk.

Essen & Trinken → Karte S. 148/149

In Svaneke ist die Auswahl an guten Restaurants und Cafés groß. Ganz besonders Schleckermäuler dürfen sich freuen, denn von raffinierten Pralinen über Bonbons bis Eis und Kuchen gibt es (fast) alles, was das Herz begehrt. Das Zauberwort heißt hier *handlavet* (handgemacht), wovon sich jeder selbst überzeugen kann, der den Mitarbeitern beim Zubereiten der Köstlichkeiten über die Schulter schaut.

Barso's 10, Little Italy à la Bornholm: Pizza (nur abends ab 17 Uhr), italienische Kuchen und natürlich italienisches Eis, kultivierte Außenplätze, innen nur wenige Tische. Die Sandwichs sind eine Wucht, der Cappuccino mundet. In der Vor- und Nachsaison nur Do–So, Juni bis Sept. tägl. geöffnet. Glastorvet 3, ✆ 5649-2011.

B's Fiskeværksted 5, hell und freundlich möbliertes Restaurant neben dem Hafen mit großen Außenkapazitäten. Spezialität des Hauses: knusprige Fish'n'Chips für 130 dkr. Tägl. mittags und abends geöffnet. Gruset 2, ✆ 5649-2949.

Bryghuset 7, das einzige Brauhaus Bornholms hat zuverlässig das ganze Jahr über geöffnet. Pub und Restaurant mit überwiegend deftigen Speisen aus besten Zutaten (Mittagessen 50–80 dkr, Hauptgerichte abends ab 120 dkr). Der beste Ort, um sich durch das Sortiment der Biersorten zu trinken. Innenplätze in der dunkel getäfelten Stube zwischen Braukesseln oder im Hof. Tägl. ab 10 Uhr. Torvet 5, ✆ 5649-7321, www.svanekebryghus.dk.

Svanen 3, am Hafen entpuppen sich „die Schwäne" als hochklassiges Restaurant mit wenigen Plätzen, nur ein paar Tische innen und außen. Auf der überschaubaren Karte stehen jahreszeitlich wechselnde Fisch- und Fleischgerichte (ab 180 dkr). Der Koch ist jahrelang zur See gefahren und versteht sein Geschäft, im Juli/Aug. empfehlenswertes Mittagsbuffet, sonst nur abends ab 17.30 Uhr. Storegade 1, ✆ 5649-6999.

Die Mutter aller Fischräuchereien befindet sich in Svaneke

148 Der Osten

>>> **Mein Tipp:** Mermaid **11**, die „Meerjungfrau" ist ein junges Unternehmen, das sich der Herstellung von Weingummi verschrieben hat. Unterschiedliche Geschmacksvarianten, interessant sind die auf Seetang basierenden Sorten. Im gemütlichen Hinterhof munden die Sandwichs und der Cappuccino, besonders empfehlenswert sind frisch gepresste, vitaminreiche Säfte. Auch leckeres (Bio-)Eis. April bis Mitte Okt. tägl. ab 11 Uhr, in der Hauptsaison ab 10 Uhr. Postgade 3, ✆ 5649-3740, www.mermaid-universe.dk. <<<

Røgeriet 2, die Fischräuchereien von Svaneke liegen in zauberhafter Umgebung abseits vom Zentrum. Fünf schwarz-weiß getünchte Rauchkamine recken sich in den Himmel, an der Außenterrasse befinden sich noch Reste alter Schanzen (Verteidigungsanlagen). Spezialität ist u. a. der „Bornholmer" (geräucherter Ostsee-Hering). April bis Mitte Okt. tägl. ab 10 Uhr. Fiskergade 12, ✆ 5649-6324, www.roegeriet svaneke.dk.

Svaneke Bodega 8, eines der urigsten Wirtshäuser an der Bornholmer Riviera, der Prototyp der „hyggeligen" Kneipe am Marktplatz. Rustikale Innenausstattung, Freiplätze im Hof. Im Sommer Live-Konzerte, Billardtisch. Tägl. ab 11 Uhr bis in den späten Abend, So ab 20 Uhr zu. Torvet 2a, ✆ 5649-6024.

Café Chicco 4, Italien im hohen Norden, in diesem Café schmeckt v. a. die Pizza ganz ausgezeichnet (die Pizza Svaneke Spezial mit Serranoschinken und Rucola kostet 90 dkr). Auch Kaffee und Kuchen, Freiplätze auf der Veranda zum Marktplatz. Tägl. ab 12 Uhr, in der Nebensaison nur Mi–Fr und So ab 16.30 Uhr. Torvet 8, ✆ 5649-6156, www.ilchicco.dk.

Ismejeri 9, hier gibt es leckeres, selbstverständlich hausgemachtes Sahneeis (kalorienarm), selbst die Waffeln werden frisch gebacken. Fantasievolle Kreationen (u. a. mit nordischen Waldfrüchten), auch der Cappuccino mundet. Freundliches Personal, gemütliche Sitzplätze im Hof. Tägl. ab 11 Uhr. Svaneke Torv 3, ✆ 5648-7487, www.svaneke-is.dk.

Syd-Øst for Paradis 13, liebenswertes Tapas-Strandcafé am Hullehavn südlich des Ortszentrums, nur wenige Gehminuten vom Leuchtturm entfernt. Cocktails, Reggae und die Terrasse an den Klippen verbreiten einen Hauch von Karibik. Juni bis Aug. tägl. ab 10 Uhr. Skovgade 34, ✆ 4075-8411.

Übernachten
1 Svaneke Familiecamping
6 Siemsens Gaard
12 Danhostel Svaneke
14 Hullehavn Camping

Essen & Trinken
2 Røgeriet
3 Svanen
4 Café Chicco
5 B's Fiskeværksted
7 Bryghuset
10 Barsø's
13 Syd-Øst for Paradis

Cafés
4 Café Chicco
8 Svaneke Bodega
9 Ismejeri
10 Barsø's
11 Mermaid
13 Syd-Øst for Paradis

Rund um Svaneke

Südlich von Hullehavn schließt sich das **Schutzgebiet Frenne Odde** an, zwischen Wald und Granitfelsen am Meer gedeihen u. a. Mauerpfeffer und Schwalbenwurz. Die **Gemarkung Grisby,** die sich südwestlich ans Schutzgebiet anschließt, ist eher kulturhistorisch interessant: Der aufmerksame Beobachter entdeckt auf einer Erderhebung in Tuchfühlung zur Küstenstraße einige Menhire. Größere wissenschaftliche Relevanz besitzt hingegen das neolithische Ganggrab Hallebrøndshøj etwas weiter landeinwärts (3500–2800 v. Chr.). Die Megalithkammer unter dem Rundhügel wurde bereits in den 1820er-Jahren entdeckt und untersucht, u. a. fand man einige Fragmente aus Feuer- und Bernstein. Weitaus bekannter ist die Gegend in der Archäologenzunft, seit sie 1985 zum Schauplatz eines der größten Sensationsfunde Nordeuropas wurde: Gemeint sind die Götterfiguren in Goldblech, die Guldgubber von Sorte Muld, die von Amateurarchäologen in der Gemarkung Grisby entdeckt wurden (→ S. 84).

In die Gegenrichtung führt der Küstenschutzweg durch naturschöne Umgebung in 45 Min. um eine **Halbinsel** herum und endet im Nachbarort Listed. Am besten startet man vom Parkplatz vor der Räucherei; ein schmaler Pfad führt zum westlichen Ende des Schärenvorsprungs und steigt zum kleinen Vigehavnen ab. Auf der anderen Seite setzt sich der Weg – nun eindeutig erkennbar und ausgeschildert – nach Westen fort.

Freizeitpark Joboland: Zwischen Svaneke, Listed und Ibsker liegt der einzige Erlebnis- und Freizeitpark Bornholms. Zielgruppe sind Familien mit jüngeren Kindern. Die weitläufige Anlage besteht aus drei Teilen, dem Tierpark (exotische Tiere, u. a. Affen), einem Vergnügungspark (mit Wasserrutsche, Spielplatz, Kletterpark und der Möglichkeit, Bootsfahrten auf dem See zu machen) und schließlich dem Gastronomiebereich (Café und Schnellrestaurant). Letzterer befindet sich im Haupthaus, das nichts anderes als ein umgebauter Großbauernhof aus dem 16. Jh. ist. 1904 erwarb Emil Ipsen Brændesgård das Anwesen, staute den Vaseå auf, um auf diese Weise Strom zu erzeugen. Der umtriebige Geschäftsmann verkaufte den Strom an umliegende Bauern und baute um den Stausee herum peu à peu ein Erlebniszentrum für Kinder – die Keimzelle des heutigen Freizeitparks.

Ende Juni bis Mitte Aug. tägl. 10–18.30 Uhr, Mai/Juni und Mitte Aug. bis Mitte Sept. tägl. 11–17 Uhr. Wegen gelegentlicher Schließtage lohnt der Blick auf die Homepage! 125–149 dkr, Familienticket bis 5 Pers. 500 dkr. Højevejen 4 (von Listed ausgeschildert), ✆ 5649-6076, www.joboland.dk.

Louisenlund: Der Louisenwald auf halber Strecke zwischen Svaneke und Østermarie ist nach der Gräfin Louise Danner (1815–1874) benannt. 1850 kaufte der dänische König Frederik VII. diesen idyllisch gelegenen Hain, im selben Jahr ehelichte er die bürgerliche Ballettänzerin Louise Christine Rasmussen und erhob sie zur Adeligen. Die kleine Parzelle birgt die größte Ansammlung von Menhiren bzw. **Bautasteinen** Bornholms (→ S. 34). Rund 50 dieser Monolithe aus der Bronze- und Eisenzeit (1100 v. Chr.) sind heute hier zu sehen, früher einmal waren es fast doppelt so viele.

Von Svaneke 4 km Richtung Rønne/Østermarie, dann nach links in den Louisenlundvej Richtung Nexø.

Auf dem Küstenweg südlich von Svaneke

Die Küste zwischen Svaneke und Nexø

Südlich von Svaneke verflacht die Küste ganz allmählich, die Straße verläuft einige Meter über dem Meer in beruhigendem Abstand landeinwärts. Der Küstenschutzpfad führt durch Granitfelsen und dichten Wald und ist ein Paradies für Naturfreunde.

Einzig der kleine Fischerort Årsdale bildet einen zivilisatorischen Posten zwischen ansonsten grandioser skandinavischer Bilderbuchlandschaft. Und nur wer genauer hinsieht, entdeckt neben dem steinigen Pfad einige Wälle, die ausnahmsweise nicht eiszeitlichen Ursprungs sind, sondern von Menschenhand geschaffen wurden. Es handelt sich um die Reste der Küstenbefestigungen im Kampf um die Hegemonie in der baltischen Hemisphäre. Kurz vor Nexø thronen erhaben die Batterien von Malkværn Skanse über dem Meer. Das idyllische Landschaftspanorama täuscht ein wenig darüber hinweg, dass hier im Jahr 1645 eine Schlacht gegen Schweden tobte. Später, zu Beginn des 18. Jh., richteten sich die Abwehrmaßnahmen gegen England. Bis zu 4 kg wogen die Kugeln, welche die beiden Kanonen abfeuerten, die einst hier standen.

Tour 7: Küstenwanderung von Svaneke nach Nexø → S. 217 f.
Die erlebnisreiche Tour erfordert stellenweise etwas Trittsicherheit

Årsdale

Årsdale ist das Fischerdorf schlechthin. Bereits im Jahr 1410 erwähnte eine Quelle, dass Heringsfischer aus Königsberg in Osdael – so der mittelalterliche Name – Salz und Fässer lagerten. Die exzellenten Fangquoten vor der Küste ließen die Fischerei aufblühen. Vom mittlerweile verflossenen Boom zeugen die 1869 angelegte und danach mehrfach erweiterte Hafen sowie die Fischräuchereien, deren schlanke Kamine die Silhouette der Ortschaft heute prägen. Die noch immer aktive **Årsdale Silderøgeri** im Zentrum gilt als eine der besten Räuchereien der Insel. Der Grund, warum nicht mehr Gäste den Weg hierher finden, liegt an der Küstenstraße, die das Ortszentrum großzügig umfährt. Dabei stoßen die Passanten unweigerlich auf das eigentliche Wahrzeichen des Dorfes: Die 1877 erbaute **Windmühle** (Årsdale Mølle) ist das Flaggschiff unter den 13 auf Bornholm erhaltenen Holländermühlen. Ihre Drehhauben waren eine Erfindung niederländischer Handwerker und erwiesen sich als so vorteilhaft, dass dieser Typus die ältere Bockwindmühle verdrängte. Die Mühle in Årsdale ist seit vielen Generationen ununterbrochen in Betrieb (bis 2003 wurde Korn gemahlen) und voll funktionstüchtig. Wer ein Faible für original erhaltene Mahlwerke und andere Requisiten des traditionellen Müllerhandwerks hat, sollte die Museumsmühle besichtigen (auf vier Etagen begehbar). Das nebenstehende Lagerhaus ist heute eine Granitwerkstatt mit Kunstgalerie und Café. Neben Granit- und Bernsteinschmuck gibt es Ansichtskarten und Souvenirs, Sitzbänke befinden sich unter der schattigen Krone eines Walnussbaums.

Die Windmühle ist das Wahrzeichen von Årsdale

Kajak Havkajak Bornholm, Kajakverleih, Organisation von geführten Ausflügen und Kurse mit Zertifikat nach EPP-Standard (Europäischer Paddelpass). Der Einerkajak kostet im Verleih 450 dkr/Tag, der Zweierkajak 550 dkr/Tag inkl. Paddel und sonstigem Zubehör. Strandvejen 5, ✆ 2989-1840, www.en havkajakbornholm.sk2.dk.

Windmühle Ostern bis Mitte Okt. Mo–Fr 10–17 Uhr, Juni bis Aug. auch Sa/So bis 16 Uhr geöffnet. 25 dkr, erm. 10 dkr. Gaden 44, ✆ 5649-1680, www.aarsdalemoelle-granitvaerkstedet.dk.

Essen & Trinken Årsdale Silderøgeri, vor drei Generationen begründete der Fischer Anton Peter Pedersen den kleinen, aber feinen Familienbetrieb. Spezialität des Hauses ist neben Hering kalt geräucherter Lachs, der 20 Std. lang bei wenig Rauch im Kamin hängt. Nur wenige Tische auf der Veranda. Mai tägl. 10.30–16 Uhr, Juni bis 18 Uhr, Juli bis 20 Uhr. Gaden 2, ✆ 5649-6508, www.aarsdalesilderoegeri.dk.

Abstecher ins Hinterland

Ein Ausflug ins „Paradies" dauert mit dem Auto von der Küste nur wenige Minuten. Für die zahlreichen Besonderheiten des Wald- und Heidegebietes sollte man sich hingegen genügend Zeit lassen. Außerdem wartet die größte Rundkirche auf Besucher.

Von Årsdale ist der Weg zu den waldreichen Paradisbakkerne, einem der schönsten Wandergebiete der Insel, am kürzesten. Wobei Radler auf dem Weg ins Hinterland schon ein wenig strampeln müssen, denn im Verlauf der nur 3 km steigt das Gelände von der Küste auf rund 100 m über Meeresniveau an. Das Waldgebiet ist durch einen grünen Gürtel mit Almindingen, dem geografischen Inselzentrum, verbunden. Eine beliebte und landschaftlich überaus reizvolle Radroute führt von Årsdale bzw. von Nexø quer durch die Paradisbakkerne nach Westen und endet im Almindingen. Nördlich der Paradieshügel (Paradisbakkerne) öffnet sich die Landschaft, die Natur weicht intensiv bewirtschaftetem Agrarland. Über die romanische Kirche von Ibsker und den Verkehrsknoten Østermarie führt die Straße nach Østerlars. Der 5 km südlich von Gudhjem gelegene Ort ist nicht nur wegen der größten und prächtigsten Rundkirche Bornholms einen Besuch wert. Nördlich von Østerlars liegt mit Rø Plantage ein weiteres wichtiges Waldgebiet der Insel.

Dieser See ist nur zu Fuß erreichbar

Paradisbakkerne

Die Paradieshügel, so lautet der Name auf Deutsch, gehören zu den wichtigsten Naturlandschaften der Insel. Die Namensgebung lässt an sich wenig Spielraum für Interpretationen, auch wenn die Bezeichnungen markanter Punkte, z. B. Heksensdør (Hexentür), mitunter Zweifel wecken. Wie im Fall der Hexentür regten zahlreiche markante Stellen im hügeligen Wald- und Heidegebiet die menschliche Fantasie an und förderten die Legendenbildung: Vom Eiszeitfindling namens Slingesten wird z. B. erzählt, dass ihn einst ein Kobold von den Erbseninseln hierher schleuderte. Nun ja, eigentlich wollte er die Kirche von Bodilsker treffen, aber die Kraft hat wohl nicht ganz ausgereicht ... Wenige Schritte weiter soll in einer Felsspalte, die Rede ist vom Linkisten, eine Schwedin nebst Kind jämmerlich zu Tode gekommen sein. Wenn dies also das Paradies sein soll, wie sieht es dann erst in der Hölle aus?

Solcherlei Fragen erweisen sich spätestens beim ersten Besuch der Paradisbakkerne als Makulatur: Wenn im Sumpf unter tief abstürzenden Felsen das Wollgras in der schräg stehenden Sonne glänzt und schimmert, kann man den hervorragenden Ruf nachvollziehen, den die Gegend bei Naturfreunden genießt. Zahlreiche **Spaltentäler** (→ S. 20), oft nur wenige Meter breit, prägen die geomorphologische Struktur der Landschaft. Sie bilden ein eng gewirktes Netz, das sich auf schmalen Pfaden zu Fuß erschließen lässt. Der mitunter üppige Waldbestand täuscht darüber hinweg, dass der ursprüngliche Bodenbewuchs einst die Heide war. Heute weisen von Kahlschlag geprägte Flächen auf Versuche der Regionskommune hin, das Gebiet wieder für Schafherden zu öffnen. Offiziell ausgewiesene Wanderrouten – rot, gelb und blau markiert – steuern die wichtigsten Highlights an: Die **Gamleborg** ist eine eisenzeitliche Fluchtburg (ca. 400–800) am südwestlichen Rand der Paradisbakkerne, während sich weiter im Norden **Gamledam** als faszinierendes Hochmoor entpuppt, in dem seltene Pflanzenarten zu Hause sind. Das beliebteste Wanderziel ist jedoch der **Rokkesten** (Wackelstein), den u. a. die blau markierte Route anvisiert. Es handelt sich um den größten Findling der Insel, der seit 1894 unter Naturschutz steht. Eine Tafel erklärt, an welcher Stelle die Krafteinwirkung genau erfolgen muss, um den 35 t schweren Koloss zu bewegen.

Die Paradieshügel erreichen eine Höhe bis 113 m (Midterpilt) und sind Privatbesitz. Ausgangspunkte für Touren sind drei Parkplätze, die auf ausgeschilderten Routen von der Küste erreichbar sind. Bester Startpunkt ist **Klintebygård** im Süden, weil alle drei markierten Routen hier beginnen bzw. enden. Nach Sonnenuntergang ist der Zutritt nicht mehr erlaubt, Radfahrer dürfen nur auf der Radquertrasse (Radweg Nr. 22) fahren. Eine Übersichtskarte, auf der die wichtigsten Attraktionen verzeichnet sind, finden Sie bei Tour 8 auf S. 220.

Verbindungen Die beiden **Parkplätze** im Süden, Klintebygård und Gamleborg, sind am schnellsten von Nexø über den Paradisvej und den Klintebyvejen erreichbar. Reisende von Årsdale und Svaneke via Ibsker können auch den am Osteingang gelegenen Parkplatz Oksemyrvej nutzen.

Der **Radweg** Nr. 22 Årsdale–Rønne quert auf naturschöner Strecke die Paradieshügel und steuert anschließend Almindingen an.

> Tour 8: Paradisbakkerne – Wandern im Paradies → S. 219 ff.
> Spaltentäler, Hochheide, eine alte Fluchtburg sowie ein eiszeitlicher Findling

Ibsker

Spirituelles Zentrum der kleinen Streugemeinde ist die romanische **Ibskirke.** Der weiß getünchte Sakralbau stammt aus dem 11./12. Jh. und ist dem Apostel Jakobus geweiht. Interessant ist der Kirchturm, dessen Stockwerke von Tonnengewölben und dem Mittelpfeiler getragen werden. Der architektonische Aufbau gleicht somit den mittelalterlichen Rundkirchen. Die Keramikfiguren an der Renaissancekanzel (um 1600) zeigen die vier Evangelisten und stammen aus der Hand des Künstlers Paul Briegel Høm (1905–1994), der auch in anderen Bornholmer Kirchen seine Spuren hinterlassen hat.

An der Straße zwischen Ibsker und Svaneke liegt der 11.000 m^2 große Garten **Fuglesang Haveparadis,** der von der japanischen und englischen Landschaftsarchi-

Abstecher ins Hinterland 155

tektur inspiriert ist. Else-Marie Knudsen hat die Anlage auf dem Areal eines alten Bauernhofes mit viel Liebe gestaltet, neben ca. 400 Rosenarten gibt es verschiedene botanische Raritäten zu sehen.

Einkaufen Nisse & Trolde Kompagniet, sympathischer Hofladen 1 km südlich der Ibskirke. Der Besenbinder erklärt interessierten Besuchern die Herstellung qualitativ hochwertiger Bürsten, das Material stammt aus aller Herren Länder (u. a. aus Taiwan und Brasilien). Im Shop werden darüber hinaus handgearbeitete Trollfiguren verkauft. Mai bis Mitte Dez. Mo–Fr 10–17 Uhr. Ibskervej 41, ℅ 4229-1662, www.bornholmerboersten.dk.

Hallegård, netter und bei Einheimischen beliebter Hofladen mit qualitativ hochwertigen Fleischprodukten aus eigener Schlachtung. Die Wurst nach alten Inselrezepten gilt als eine der besten Dänemarks und erhielt 2004 die begehrte Auszeichnung der Dänischen Gastro-Akademie (Det Danske Gastronomiske Akademi). Der Inhaber ist auch auf einigen Märkten präsent und beliefert zahlreiche Restaurants. Der Hofladen liegt ca. 3 km westlich von Ibsker, Picknickbänke vor dem Haupthaus. Mo–Do 10–15 Uhr, Fr 10–17 Uhr. Aspevej 3, ℅ 5647-0247, www.hallegaard.dk. ∎

Garten Mitte Mai bis Mitte Okt. Fr–So 10–16 Uhr, Mitte Juni bis Mitte Aug. Di–So 10–17 Uhr. Eintritt 25 dkr. Korshøje 5, ℅ 5649-6568, www.fuglesang-haveparadis.dk.

Kirche Mo–Sa 9–12 und 14–17 Uhr geöffnet; falls verschlossen, beim Kirchendiener klingeln.

Østermarie

Das überraschend große Straßendorf im Dreieck Svaneke–Gudhjem–Almindingen liegt am Zusammenfluss wichtiger Verkehrswege. Seine günstige Lage bedingt, dass Reisende mit dem Bus hier zuweilen umsteigen müssen. Sehenswert ist die Kirche am südlichen Ortsausgang. Der neuromanische Bau stammt aus dem Jahr 1891, an den Arbeiten war u. a. der junge Martin Andersen Nexø (→ S. 41 ff.) beteiligt. Wegen der feinen Akustik finden im Inneren regelmäßig Musikveranstaltungen statt, u. a. konzertierte hier bereits die dänische Sängerin Gitte Hænning. Der

Romanische Kirchenruine in Østermarie

spätromanische Taufstein aus Gotland sowie das gemalte Epitaph für den Bornholmer Befreiungshelden Jens Pedersen Kofoed (→ S. 29) stammen aus der romanischen Vorgängerkirche. Erstaunlicherweise fiel letzterer dem Neubau nicht gänzlich zum Opfer, ihre Ruine ist nebenan auf dem Kirchhof zu besichtigen. Interessant ist das massive Gewölbe über der Apsis! Zwischen alter und neuer Kirche stehen vier Runensteine, von denen der größte einst als Schwellenstein für die mittelalterliche Kirche diente. Dass der Vorgängerbau der Gottesmutter geweiht war, ist noch heute am Ortsnamen erkennbar: Østermarie ist somit das Pendant zu Vestermarie auf der anderen Seite der Insel.

Kirche Tägl. 7–16 Uhr geöffnet.

Essen & Trinken ≫ Mein Tipp: **Fru Petersens Café**, der legendäre Pausenplatz zwischen Østermarie und Almindingen ist praktisch ein Muss für jeden Inselbesucher. Die behaglichen Räume wirken wie ein Museum und sind liebevoll bis ins Detail eingerichtet. Bei schönem Wetter sitzt man im gepflegten Garten unter einer schützenden Kastanie. Üppiges Frokost-Buffet für 125 dkr, nachmittags lockt ein nicht minder appetitliches Kuchenbuffet (105 dkr inkl. Kaffee und verschiedene Säfte). April bis Mitte Okt. Mi–So 12–18 Uhr, in der Hauptsaison tägl. geöffnet. Almindingensvej 31, ℡ 5647-0618, www.frupetersenscafe.dk. ≪

Østerlars

Eines der beliebtesten Ausflugsziele im Hinterland liegt nur einen Steinwurf von Gudhjem entfernt. Doch die meisten Besucher interessieren sich überhaupt nicht für Østerlars, sondern steuern schnurstracks die außerhalb der Ortschaft gelegenen Attraktionen an. Die wichtigste Sehenswürdigkeit ist die dem heiligen Laurentius von Rom geweihte **Rundkirche,** die von Einheimischen auch Larskirke genannt wird (Lars ist die dänische Version für Laurentius), was übrigens auch die Herkunft des Ortsnamens erhellt. Wie die anderen Rundkirchen der Insel entstand der wehrhafte Sakralbau um die Mitte des 12. Jh. Abgesehen von den später hinzugefügten markanten Stützstreben, vom Vorraum mit dem Eingang und von den Fenstern präsentiert er sich noch heute in der ursprünglichen romanischen Bauform. Die Wände sind etwa 2 m dick, ein aussagekräftiges Modell befindet sich im Kulturhistorisk Museum in Rønne (→ S. 86). Die Rotunde hat einen Außendurchmesser von 16 m, womit die Kirche von Østerlars die gewaltigste der Bornholmer Rundkirchen ist. Ins Innere gelangt man über den spätgotischen Vorraum. Seit 1921 flankiert den Eingang ein Runenstein aus dem 11. Jh. mit einem Kreuz und einer Grabinschrift. Trotz seines Volumens wirkt der Innenraum etwas beengend, was vor allem am massiven Pfeiler in der Mitte liegt. Dieser teilt einen inneren Arkadengang ab und lässt vom eigentlichen Schiff nur einen schmalen Wandelgang übrig. Der zentrale Raum, von den Einheimischen Ofen genannt, wird heute als Taufkapelle genutzt. Die Fresken an der Außenseite des Pfeilers sind die wichtigste Sehenswürdigkeit: Von links nach rechts zu lesen, erzählt der Bildfries Episoden aus dem Leben Jesu Christi. In einem Feld, erkennbar an den Pferden, trägt die Frau eine Sichel. Es handelt sich vielleicht um eine Erntedarstellung. Die Kalkmalereien stammen aus dem 13. Jh. und wurden erst 1889 entdeckt und anschließend freigelegt. Unter dem mit Klinkerstein aus Hasle abgedeckten Fußboden soll sich ein ca. 2 m hoher Hohlraum verbergen, der bislang noch nicht erforscht ist. Besucher haben aber die Möglichkeit, über eine schmale Treppe, die einst Verteidigungszwecken diente, in die beiden Obergeschosse zu gelangen. Durch die Öffnungen im oberen Wehrgang sind bei klarer Sicht im Osten die Erbseninseln zu erkennen.

Abstecher ins Hinterland 157

Bornholms Middelaldercenter: Nur 500 m Luftlinie von der Rundkirche entfernt hat sich ein Rollenspiel-Erlebniszentrum zum Thema Mittelalter etabliert. Besonders für Familien mit Kindern lohnt der Besuch; zu den regelmäßig dargebotenen Aktivitäten gehören Gauklerspiel, Bogenschießen und die Demonstration traditioneller Handwerkstechniken. Im Zentrum des weitläufigen Areals steht eine von einem Palisadenwall aus Holz umgebene Burg.

Rø Plantage: Das erstaunlich hügelige und rund 6 km^2 große Waldgebiet im Niemandsland zwischen Østerlars, Rø und Gudhjem ist heute Teil des Bornholmer Staatsforstes. 1866–1875 wurde die ehedem steinige Hochheide nach dem üblichen Muster zunächst mit Steinwällen eingefriedet und dann mit Bäumen bepflanzt. 1956 und 1967 richteten Orkane erhebliche Zerstörungen an, von deren Ausmaß noch heute zahlreiche Schonungen mit jungen Bäumen zeugen. Mehrere Wanderwege bilden ein dichtes Netz, der Fahrradweg Nr. 26 Olsker–Almindingen sowie die Radrundtour 5 (→ S. 213 ff.) streifen das Areal. Nördlich der Försterei schließt sich das Naturschutzgebiet Spellinge Mose an (→ S. 126).

Verbindungen Østerlars liegt 5 km südlich von Gudhjem und ist von der Bornholmer Riviera und von Rønne/Almindingen gut erreichbar, der Weg zur Rundkirche ist ausgeschildert. Mit der Buslinie 3 von Rønne, mit der Linie 5 von Svaneke/Nexø sowie mit der Linie 1 von bzw. Linie 9 nach Gudhjem. Der Radweg von Melsted nach Østerlars steigt zuerst steil an und folgt dann dem ehemaligen Bahndamm durch den Wald.

Einkaufen Kirkebogård, kleiner Laden mit Ausflugscafé neben der Rundkirche mit idyllischem Garten, Gebrauchskunst u. v. m. Eine Besonderheit sind die handgefertigten Seifen – 50 verschiedene Sorten mit Kräutern und anderen qualitativ hochwertigen Bio-Zutaten. Tägl. 10–17 Uhr. Vietsvej 12, ☏ 5648-0202.

Kirche April bis Okt. Mo–Sa 9–17 Uhr, So 12–17 Uhr. 10 dkr. www.oesterlarskirke.dk.

Klettern Klettergarten für alle Altersstufen zwischen Østerlars und Rø. Es gibt vier unterschiedliche Parcours von ganz einfach bis mittelschwer. Hauptzielgruppe sind Kinder und Jugendliche. Mai/Juni Do–So 10–20 Uhr, Juli bis Okt. tägl. 10–20 Uhr. 4 Std. für 245 dkr, erm. ab 75 dkr. Brommevej 10, ☏ 5648-4840, www.highparkbornholm.com.

Mittelalterzentrum Mai Mo–Fr 11–15 Uhr, Juni bis Aug. Mo–Fr 10–16 Uhr, Juli bis Mitte Aug. Mo–Sa 10–17 Uhr, Sept. Mo–Fr 11–15 Uhr. 90 dkr, in der Hochsaison 140 dkr, erm. ab 45 dkr. Ticket gilt auch für die Ruine-Hammershus-Ausstellung (→ S. 109). Stangevej 1, ☏ 5649-8319, www.bornholms middelaldercenter.dk.

Die Rundkirche von Østerlars ▲

Fresko in der Rundkirche ▼

Abendstimmung am Balka-Strand

Der Süden

Von Nexø, der zweitgrößten Hafenstadt Bornholms, bis zur Bucht von Sose kurz vor Arnager erstreckt sich die Südküste Bornholms. Wegen ihrer langen, wunderbaren Sandstrände zählt sie zum beliebtesten Ferienrevier der Insel. Im Hinterland locken attraktive Ziele zu Tagesausflügen.

Im Gegensatz zum kleinteilig strukturierten, hügeligen Norden präsentiert sich der Inselsüden überwiegend flach oder sanft geschwungen. Zur landschaftlichen Weite tragen großformatig angelegte Felder und Wiesen bei, ab und an setzen Hofgüter in traditioneller Vierkantbauweise markante Farbakzente. Nicht wenige werden heute von Künstlern bewohnt, die in den vormaligen Stallungen ihre Ateliers eingerichtet haben und regelmäßig zu Vernissagen einladen. Im Norden bildet der Waldgürtel zwischen Paradisbakkerne und Almindingen eine natürliche Barriere zu den anderen Inselteilen. Was Alpinsportlern allenfalls ein müdes Lächeln abringt, ist für den Ostseeraum mehr als respektabel: Denn im Waldgürtel Almindingen liegt mit dem 162 m hohen Rytterknægten die höchste topografische Erhebung Bornholms! Und noch mehr Superlative weist das abwechslungsreiche Erholungsgebiet auf, denn das wunderbare Ekkodalen ist das Vorzeigeobjekt unter den geologischen Spaltentälern der Insel. Der gesamte Süden ist landschaftlich und geologisch überaus interessant, denn hier verläuft die Trennlinie zwischen Sandstein und Gneis. Betrachten lässt sich der Bruch am besten im bzw. am Museum NaturBornholm in Åkirkeby. Die einzige Stadt ohne Hafen liegt am Kreuzungspunkt der großen Verkehrsadern und bietet noch viele weitere Gründe für eine Stippvisite.

Der Süden

Die geologische Entwicklung bestimmt stets das gegenwärtige Bild der Landschaft: Der erwähnte Sandstein ist z. B. genau der Grund, warum sich die Sandstrände hier konzentrieren. Und dies ist wiederum die ideale Voraussetzung für einen erholsamen Familienurlaub, weshalb die meisten Ferienhauskolonien hier im Inselsüden liegen.

Nexø (Neksø)

Im drittgrößten Fischereihafen Dänemarks liegen heute nur noch wenige Fischerboote vor Anker. Dafür lockt die neue Fährverbindung nach Kolberg heute zahlreiche Sportangler und andere Gäste aus Polen an. Nexø wurde im letzten Weltkrieg schwer zerstört, was das Ortszentrum bis heute nicht vollständig verkraftet hat.

Um es gleich vorweg zu sagen: Die zweitgrößte Stadt der Insel ist kein Urlaubsort. Das heißt aber nicht, dass es hier nichts zu sehen gibt. Für einen Tagesausflug oder Zwischenstopp auf der Inselrundfahrt eignet sich Nexø allemal. Das beweist nicht zuletzt auch die ansehnliche Liste an Sehenswürdigkeiten (überwiegend Museen). Die Hafenanlagen schieben sich weit ins Meer und sind an der Küste kilometerweit zu sehen. Ein moderner Gebäuderiegel mit Geschäften im Erdgeschoss schirmt sie von der breiten Durchgangsstraße ab. Nur wenige Schritte vom Meer entfernt liegt der Marktplatz (Torvet) mit Banken (Geldautomat) sowie einigen Ladengeschäften. Wer sich auf die Suche nach den idyllischen Ecken und Winkeln der Stadt begibt, die man hier natürlich auch findet, sollte sich auf den Fahrradsattel schwingen, denn die innerörtlichen Entfernungen sind keinesfalls klein; zum Haus des Inseldichters Martin Andersen Nexø ist es z. B. vom Marktplatz ein knapper Kilometer!

Ebenfalls interessant sind die nördlichen und südlichen Stadtentrees: Wer sich auf der Küstenstraße von Norden nähert, passiert zunächst einen Ableger der Royal Danish Academy of Fine Arts (→ Kunst und Kultur, S. 39 f.). Auf der gleichen Straßenseite liegt die Bornholms Konservesfabrik, die als Lieferant des dänischen Königshofes auf sich aufmerksam macht. Die Fischkonserven in leuchtend blauer Verpackung sind auch in gut sortierten Supermärkten erhältlich. Auf der anderen Seite fällt der Blick wenig später auf den schmalen Grünstreifen zwischen Straße und Küste. Hier veredeln Skulpturen den umliegenden Landschaftsraum, die von fünf litauischen Künstlern stammen. Initiiert wurde das Projekt 1997 vom Kulturverein Baltisk Bro (Baltische Brücke) aus Østermarie, der die gutnachbarschaftlichen Beziehungen der Ostseenationen auf dem kulturellen Sektor pflegt.

Geschichte: Nexø erhielt bereits 1346 das Marktrecht, war also bereits im späten Mittelalter eine bedeutende Siedlung. Viel ist aus der damaligen Zeit nicht erhalten, was mit diversen schweren Zerstörungen zu tun hat, die der Ort im Verlauf seiner Geschichte erdulden musste. Im Juni 1645 griff eine schwedische Flotte unter dem Kommando von Admiral Wrangel die Stadt mit 26 Schiffen an. Trotz Gegenwehr seitens der Bürgerwehr konnten die Soldaten die Stadt einnehmen und stundenlang plündern. Ein weiteres Mal wurde Nexø am 7./8. Mai 1945 durch russische Bomben zerstört (→ Geschichte, S. 31). Über 90 % der historischen Bausubstanz wurde beschädigt oder zerstört, zahlreiche Einwohner waren auf einen Schlag obdachlos. Ein schwedisches Hilfsprogramm entspannte die Situation: In einer Siedlung am Stadtrand errichtete man nach Kriegsende 75 Holzhäuser, die noch heute Schwedenhäuser genannt werden. Zwischen Paradisvej, der nach Nordwesten führenden Ausfallstraße, und Kong Gustavs Vej ist das damals entstandene Quartier noch heute im Stadtbild zu erkennen. Die genannten Zerstörungen waren aber

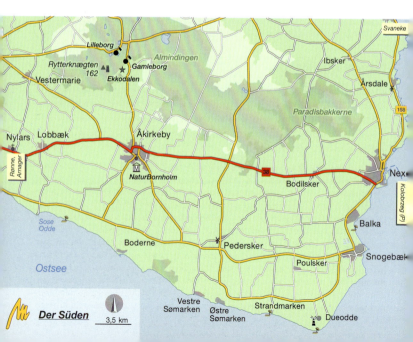

Idyllischer Fachwerkwinkel in Nexø

beileibe noch nicht alles: Bereits 1510 suchte die Lübecker Hanse die Stadt heim, und im Jahr 1756 war es eine Feuersbrunst, die Teile von Nexø versehrte. Bei alldem wundert es nicht, wenn das heutige Ortsbild die Spuren der Historie noch nicht vollständig verdaut hat.

Andersen Nexø Hus

Am südlichen Stadtausgang liegt das Wohnhaus, in dem der Inseldichter Martin Andersen Nexø (→ Kunst und Kultur, S. 41 ff.) seine Kindheit verbrachte. Seit 1990 ist es ein Museum, die Kopfbüste vor dem Eingang stammt vom Bildhauer Odd Hilts und zeigt den – mittlerweile prominenten – 75-Jährigen. In den Räumen sind u. a. einige persönliche Gegenstände des Dichters ausgestellt, die kleine Sammlung zeigt Gemäldeportraits des Dichters, Fotos von seinem Leben sowie Erstausgaben seiner Werke in verschiedenen Sprachen. Der einstündige Film über sein Leben ist leider nur in dänischer Sprache. Hinter dem Haus befindet sich ein Picknickplatz.

Mitte Mai bis Mitte Okt. Mo–Fr 10–16 Uhr, Juli/Aug. auch Sa 10–13 Uhr. 40 dkr, erm. 20 dkr. Ferskesøstræde 36, ✆ 5649-4542, www.andersennexoe.dk.

Nexø Museum

Das bescheidene Museum im Rat- und Arresthaus aus dem Jahr 1796 an der Durchgangsstraße thematisiert wichtige Aspekte der Stadthistorie. Das Erdgeschoss widmet sich der Fischerei. Schiffsmodelle stehen neben Requisiten aus der hiesigen Motor- und Maschinenfabrik, die bis 1932 Motoren für Fischerboote produzierte. Die Ausstellung im ersten Stock zeigt Dokumente aus der Zeit des Zweiten Weltkriegs, während im zweiten Stock Gegenstände aus Alltag und Gewerbe präsentiert werden. Der Anker auf dem kleinen Platz hinter dem Museum gehörte einst zum Dampfer S/S Carl, der sich während des letzten Weltkriegs unter dem Decknamen Liseruten an heimlichen Waffen- und Passagiertransporten beteiligte (→ Geschichte, S. 30 f.).

Mitte Mai bis Mitte Okt. Mo–Fr 10–16 Uhr, Juli/Aug. auch Sa 10–13 Uhr. 40 dkr, erm. 20 dkr. Havnen 3, ✆ 5649-2556, www.nexoemuseum.com.

DBJ Museum

Das hübsche Museum zur Geschichte der Eisenbahn auf Bornholm (→ S. 52) liegt an der Ortsdurchfahrt nördlich des Hafens. Bis 1968 war Nexø Endpunkt der 36 km langen Bahnstrecke von Rønne. Die Reliquien aus dem längst verflossenen Schienenzeitalter füllen eine komplette Hafenhalle aus Holz, u. a. sind vier begehbare Originalwaggons (Post- und Personenwagen) sowie die Reste einer Lokomotive zu sehen. Einige Inszenierungen und nicht zuletzt die Museumskasse, die sich als Billetschalter im Originalzustand entpuppt, lassen das verflossene Bahnzeitalter wieder aufleben.

Juni bis Mitte Sept. Mo–Fr 10–16 Uhr, Sa 10–14 Uhr. 30 dkr, erm. 20 dkr. Ndr. Strandvej 8, ✆ 5649-6186, www.dbj.dk.

Nexø Kirke

Die Nikolaikirche ist, ebenso wie ihr Pendant in der Inselhauptstadt, dem Patron der Seefahrer geweiht. Im Unterschied zu vielen anderen Kirchen der Insel ist der vorherrschende Baustoff nicht Granit, sondern Sandstein. Im Innern finden sich nur wenige Ausstattungsstücke, die der Erwähnung wert sind (u. a. die Kanzel aus dem 17. Jh., deren Felder in den 1993–95 neu ausgestaltet wurden). Der wundervolle Fachwerkgiebelturm, der bereits von Weitem zu sehen ist, stammt aus der Renaissance.

Die Kirche ist Mo–Fr 8–16 Uhr geöffnet.

Sommerfuglepark

Die Schmetterlingsfarm an der westlichen Peripherie zählt zu den beliebtesten Ausflugszielen in Nexø. Die schwül-heiße Luft, die den Besucher beim Betreten des Gewächshauses empfängt, begünstigt das Wachstum üppig-tropischer Pflanzen – der ideale Lebensraum für exotische, farbenprächtige Schmetterlinge. Sie stammen

Der Jacht- und Industriehafen von Nexø

Nexø (Neksø) 163

vorwiegend von Züchtern aus Costa Rica. Im benachbarten Freiluft-Naturgarten tummeln sich die indigenen Arten, u. a. Admiral oder Aurora- und Distelfalter. Picknickplätze und Kiosk komplettieren die Infrastruktur.

Mai bis Mitte Sept. tägl. 10–17 Uhr. 90 dkr, erm. ab 60 dkr. Gl. Rønnevej 14, ☎ 5649-2575, www.sommerfugleparken.dk.

Bright Park Bornholm

Ganz in der Nähe der Schmetterlingsfarm liegt das Areal einer früheren Möbelfabrik. Das aus den 1930er-Jahren stammende Unternehmen stellte gegen Ende des 20. Jh. die Produktion ein. Nach einem Jahrzehnt Leerstand baute eine Stiftung das Quartier zum heutigen Kreativdienstleistungszentrum um. Kunsthandwerker haben hier ihre Ateliers, junge Start-up-Firmen ihre Büros, dazu heißt ein Hostel (→ S. 165) auswärtige Gäste willkommen.

Gl. Rønnevej 17 a, www.brightparkbornholm.dk.

Fachwerkgiebel der Nikolaikirche

Basis-Infos

Information Das **Turistbureau** befindet sich im modernen Einkaufszentrum am Hafen, der Zugang erfolgt von der Straße gegenüber dem Busbahnhof. Hilfsbereit und freundlich. Mo–Fr 10–17 Uhr, Mai bis Aug. auch Sa 10–14 Uhr. Sdr. Hammer 2, ☎ 5649-7079, www.oplevnexo.dk.

Verbindungen Nexø ist mit dem Auto in ca. 30 Min. auf der südlichen Quertrasse (Route 38) von Rønne aus erreichbar, **Parkplätze** am Hafen.

Der **Busbahnhof** liegt zentral, zum Hafen und Marktplatz sind es nur wenige Schritte. Mit den Linien 5 und 6 von Rønne bzw. Åkirkeby, mit der Linie 3 aus Svaneke. Zusätzlich fahren in der Saison die Inselrundlinien 7 bzw. 8.

Taxi: Østbornholms Taxi, ☎ 5648-8510.

Hafenmeister Helge Rosted Hansen ist freundlicher Ansprechpartner für alle Ankömmlinge mit dem Boot. ☎ 2176-8303, www.condornexo.com.

Baden Nexø ist kein Badeort, zum beliebten Balka-Strand im Süden (→ S. 167 f.) sind es von hier jedoch nur 2 km.

Einkaufen Supermärkte sowie Geschäfte für den täglichen Bedarf befinden sich rund um den Torvet, weitere Lebensmittelläden an der südlichen Ortsausfahrt Richtung Balka. Der Kiosk neben der Touristeninfo hat großzügige Öffnungszeiten, akzeptables Eis und deutsche Zeitungen. Ebenfalls am Hafen bietet die Fiskeværkstedet – ein Fischladen mit Snackbar – Frischegarantie (Mo–Fr 9.30–17.30 Uhr, Sa 9–13 Uhr).

Wochenmarkt jeden Donnerstagnachmittag auf dem Marktplatz. Im Sommer **Antik- und Trödelmarkt** am Hafen, freitags ab 10 Uhr.

Veranstaltungen Kirchenkonzerte: Im Sommer finden hin und wieder in der Nikolaikirche Orgel- und Jazzkonzerte statt. Juni bis Aug. (www.nexokirke.dk).

ØstersøJazz: Seit fast zwei Jahrzehnten belebt das Ostsee-Jazzfestival die Straßen und Plätze der Stadt. Die Bandbreite der Interpreten reicht von Blues über Swing, Latin zu Funk, Eintritt ist frei. Ende Juli/Anfang Aug. (www.ostersojazz.dk).

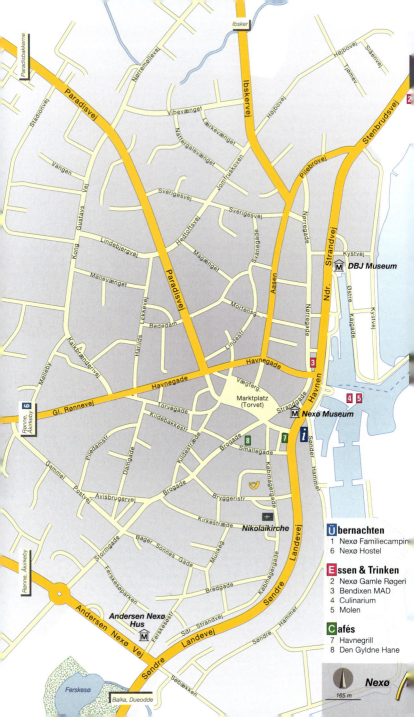

Übernachten/Essen & Trinken

Übernachten Nexø Hostel **6**, neue, gut ausgestattete Zimmer in einer ehemaligen Möbelfabrik am westlichen Stadtrand (Bright Park Bornholm). Ohne Frühstück, dafür mit Gemeinschaftsküche, die Rezeption ist Mo–Fr werktags 9–14 Uhr besetzt. Doppel- und Mehrbettzimmer, Freiplätze im Innenhof, ganzjährig geöffnet. DZ 495 dkr. Gl. Rønnevej 17 a, ℡ 7022-0898, www.nexohostel.dk.

Nexø Familiecamping **1**, kleiner Zeltplatz an der nördlichen Stadtausfahrt, nur wenige Schritte zum Meer. Idyllische Lage, Vermietung von Hütten, Badestelle und Ortszentrum jeweils in Gehentfernung. Ende April bis Mitte Sept. 2 Pers. inkl. Zelt ab 140 dkr, Hütte für 2 Pers. ab 325 dkr. Stenbrudsvej 26, ℡ 5649-2721, www.nexocamp.dk.

Essen & Trinken Culinarium **4**, feine lukullische Adresse am Hafen, die Inhaber kommen aus Deutschland und führten zuvor ein Restaurant nördlich von Svaneke. Küchenchef Claus Dalitz lernte bei Sternekoch Johann Lafer das Handwerk. Jahreszeitlich wechselnde Karte (z. B. gebratener Mandellachs auf Gemüsebandnudeln mit Jakobsmuscheln), leichte und bekömmliche Zubereitung. Am Abend Dreigangmenü um 260 dkr, einfache Mittagsgerichte 85–200 dkr. Juni bis Okt. tägl. mittags und abends, Sa ab 18 Uhr. Havnen 4 a, ℡ 5644-3361, www.culinarium-bornholm.com.

Nexø Gamle Røgeri **2**, die „alte Räucherei" befindet sich an der nördlichen Stadtausfahrt in der Nähe des Campingplatzes. Familiärer Betrieb, vormittags werden Heringe, Lachse und Makrelen frisch geräuchert. Meerblick von der Terrasse. Ende April bis Mitte Okt. tägl. 10–17 Uhr, in der Hauptsaison abends länger. Stenbrudsvej 22, ℡ 5649-3522, www.n-g-r.dk.

》》》 **Mein Tipp: Molen 5**, der Newcomer unter den Hafen-Restaurants in Nexø schaffte es umgehend auf den ersten Platz. Nordische Küche mit mediterranen Akzenten, der Schwerpunkt liegt auf Fisch. 10 Tische auf der beliebten Panoramaterrasse (besser reservieren!). Das Dreigangmenü gibt's für 300 dkr, das Fünfgangmenü kostet 450 dkr. Mi–So ab 12 Uhr geöffnet. Havnen 6, ℡ 8887-6733, www.restaurantmolen.dk. 《《

Bendixen MAD **3**, freundliches Restaurant im Stadtzentrum, gediegene Innen- und Außenplätze. Frische Einrichtung, peppige Farben, klassische nordische Küche mit Fisch- und Fleischgerichten (Schwerpunkt liegt auf Fisch). Mittagsmenü 190 dkr, Menü abends 290 dkr, preiswerte Kindermenüs. So zu, sonst ab 11 Uhr. Havnen 11, ℡ 5649-3730, www.bendixenmad.com.

Havnegrill **7**, wenn alles andere geschlossen hat, ist der Grillpavillon an der Küstenstraße in Hafennähe oft die letzte offene Instanz. Hervorragende Burger, einige wenige Sitzplätze im Freien. Tägl. 11–21 Uhr. Toldbodgade 4, ℡ 5649-3500.

Den Gyldne Hane **8**, der „goldene Hahn" ist ein Pub ohne Allüren und rauchgeschwängerter Luft. Billardtisch, Bier und kleine Snacks. Tägl. ab 12 Uhr bis in den späten Abend geöffnet, an wenigen ausgewählten Tagen ab 22 Uhr Livemusik. Brogade 9, ℡ 5649-4153, www.den-gyldne-hane.dk.

Rund um Nexø

Kurz sind die Wege von der zweitgrößten Hafenstadt Bornholms ins Hinterland zu den **Paradisbakkerne,** die auf S. 153 f. besprochen werden. An der Küste schließt sich unmittelbar südlich das Vogelschutzgebiet **Nexø Sydstrand** an die Stadt an. Dieses Areal durchquert automatisch, wer die Fußwegvariante von Nexø nach Balka wählt. Zu beobachten sind hier u. a. diverse Entenarten, aber auch Strandläufer, Kiebitze und Regenpfeifer. Am nördlichen Stadtrand, ganz in der Nähe der Konservenfabrik, liegt ein ehemaliger Sandsteinbruch, der sich bei einer Sturmflut 1872 mit Wasser füllte. Anno 1754 gab der dänische König Frederik V. (1723–1766) höchstpersönlich die Order zum Abbau. Im Winterhalbjahr nutzen durchziehende Enten den Felsen in der Mitte des anmutig gelegenen **Stenbrudssøen** (Steinbruchsee) als Rastplatz. Wegen der Nähe zum Meer handelt es sich um einen Salzwassersee. Wer den Übergang von Sandstein zum Grundgestein nachvollziehen möchte, macht sich von hier am besten auf Schusters Rappen in Richtung Svaneke auf. Der Einstieg zum Küstenpfad befindet sich wenige Schritte nördlich vom Campingplatz. Die Küstenwanderung ist in umgekehrter Richtung im Wanderteil (→ Tour 7, S. 217 f.) beschrieben.

Bodilsker: Der erste Ort auf der stark frequentierten Straße von Nexø Richtung Åkirkeby ist die Streusiedlung Bodilsker. Spirituelles Zentrum der gleichnamigen Kirchspielgemeinde ist Bodils Kirke. Geweiht ist das weiß getünchte romanische Gotteshaus dem heiligen Bothulf, einem englischen Mönch aus dem 7. Jh., über dessen Leben nicht viel bekannt ist. Im Vorraum erinnert ein Runenstein an eine gewisse Botirda, wichtigste Stücke im Chor sind das aus Gotland stammende Taufbecken sowie die Eichenholzkanzel (um 1600). Der Turm stammt noch aus romanischer Zeit, während der eigentliche Glockenturm wie immer abseits steht. Eine eigenwillige Legende erzählt, wie einst der Pastor vom Teufel verfolgt wurde. Glücklicherweise entkam der Gottesmann und flüchtete sich auf den Friedhof. Der zornige Teufel, nun machtlos, konnte nur noch seinen Hut nach ihm werfen. Dieser blieb indes am Glockenturm hängen, wo er noch heute – in etwa 3 m Höhe – als Granitstein zu erkennen ist.

Etwa 1 km weiter nördlich, auf halbem Weg zwischen Kirche und Paradisbakkerne, steht im Wald eine große Gruppe von **Bautasteinen** (Menhire). Es handelt sich, neben Louisenlund bei Svaneke, um den wichtigsten Fundort dieser Art auf Bornholm. 2011 untersuchten Archäologen hier neun frühgeschichtliche Gräber; u. a. fand man Kämme aus Knochen. Am besten dem Hinweis „Keramik" folgen und nach rund 1 km das Auto am Plantagevej abstellen. Pfade führen vom Stichweg nach rechts in den Wald.

Einkaufen Galleri Bjerrelide, in einem Häuschen an der Hauptstraße nahe der Kirche lebt die aus Bornholm stammende Künstlerin Ulla Lyme. Ihre kleinformatigen Ölgemälde können im Atelier besichtigt werden. Rønnevej 40, ✆ 2559-6841, www.ullalyme.dk.

Paradiskeramik, ein junger Engländer und dessen Frau betreiben auf ihrem Bauernhof in der Nähe der Bautasteine ein Keramikatelier. Eine Galerie im Nebenhaus präsentiert diverse Künstler in Wechselausstellungen. Im Sommer Mo–Fr 10–18 Uhr. Plantagevej 10, ✆ 5644-1245, www.paradiskeramik.dk.

Kirche Mo–Fr 8–17 Uhr geöffnet.

Der Steinbruchsee bei Nexø im Licht der Abendsonne

Balka: Vom Parkplatz ist es nur ein Katzensprung zum Strand

Die Küste zwischen Nexø und Dueodde

Sandstein und nicht mehr Granit ist der feste Untergrund, der das Gesicht der Küste südlich von Nexø prägt. Der wunderbare Sandstrand zwischen Balka und Snogebæk lockt jährlich zahlreiche Feriengäste an.

Im Vergleich zur Schärenküste der Bornholmer Riviera im Norden teilt hier ein breiter Piniengürtel die herrlichen Strände von den kargen Feldern im Hinterland ab. Zwischen den Kiefern verstecken sich ab und an Feuchtgebiete; das Marschland ist ein wichtiges Vogelschutzgebiet. Der Unterschied zum Granit weiter im Norden könnte kaum größer sein: Die Küstenzone präsentiert sich flach, lediglich Dünen setzen einige topografische Akzente. Erster Ferienort südlich von Nexø ist das weit über Bornholm hinaus bekannte Seebad **Balka**. Wenige Kilometer weiter folgt der vergleichsweise mondäne Fischerort **Snogebæk**. Danach beginnt bereits der Einflussbereich von Dueodde und dem Südkap: Die Küstenlinie zieht sich nach Westen zurück, Campingplätze in großer Zahl säumen die Strandpartien.

Balka

Das besonders bei Familien mit Kindern sehr beliebte Strand- und Seebad liegt an einer himmlischen Sandbucht, die sich von Balka bis zum Nachbarort Snogebæk zieht. Der feinkörnige Sand und das flache Wasser sorgen dafür, dass hier während der dänischen Sommerferien unglaublich viel los ist. In der Saison werden an Wasserratten Liegestühle, Sonnenschirme und Tretboote vermietet. Außerdem lässt es sich hier ausgezeichnet surfen. Nicht umsonst hat die einzige Surfschule Bornholms in Balka ihren Standort. Außerhalb der Sommersaison allerdings kann Balka – dieser Nachteil verbindet viele Badeorte – durchaus ziemlich öde wirken. Dann sind Strandkiosk und Ferienhäuser verwaist, die Gehsteige werden hochgeklappt. Ohnehin besteht der Ort nur aus wenigen Häusern und zwei großzügig geschnittenen Hotelanlagen. Am zentralen Parkplatz gibt es zudem ein Café-Restaurant sowie einen Minigolfplatz.

Verbindungen Die Küstenstraße führt an Balka vorbei, eine beschilderte Stichstraße endet am **Parkplatz**, der sich direkt am Meer befindet. Auch der **Radweg** Nr. 10 (die Inselrundroute) streift den Ort lediglich landeinwärts. Die öffentlichen **Busse** halten an einem Rondell an der Stichstraße kurz hinter der Abzweigung von der Küstenstraße (Linien 6, 7 und 8).

Fahrradverleih Boss Cykler, der landeinwärts an der Küstenstraße gelegene Radverleih führt neben dem Hauptgeschäft auch eine Sommerfiliale in Svaneke. Dreigangfahrräder, Mountainbikes (sieben Gänge), Tandems sowie Kinderanhänger, Tagesmiete für einen Drahtesel ab 65 dkr. Mo–Fr 9–17.30 Uhr, Sa bis 15 Uhr, So erst ab 10 Uhr. Sept. bis Mai Sa bis 12 Uhr, So zu. Kannikegardsvej 10, ✆ 5649-4474, www.boss cykler.dk.

Wassersport Eastwind Surf School, Windsurf-, Kitesurf- und Stehpaddelkurse für Kinder, Jugendliche und Erwachsene. Professionelle Betreuung, Einführungskurse (3 Std.) kosten 550 dkr, dreitägige Einsteigerkurse 1250 dkr (jeweils Windsurfen). Auch Ausrüstungsverleih. Juni bis Aug. tägl. ab 9.30/10 Uhr am Rettungsschwimmerturm (Balka-Strand). ✆ 2933-0991, www.eastwind.dk.

Übernachten Neben dem unten erwähnten Mittelklassehotel gibt es eine zweite Anlage, die der Vollständigkeit halber erwähnt werden soll (Hotel Balka Søbad, ✆ 5649-2225, www.hotel-balkasoebad.dk). Die Infos zum Campingplatz und Hinweise zu Ferienhäusern entnehmen Sie bitte dem folgenden Ortskapitel zu Snogebæk.

*** **Hotel Balka Strand**, gut geführte Hotelanlage in Strandnähe mit Pool, Bar und Restaurant. Die Zimmer liegen in verstreuten Nebengebäuden und verfügen über Terrasse und Küchenzeile für Selbstversorger. Teils barrierefrei ausgestattet, bei Reisegruppen beliebt. Mai bis Mitte Okt. geöffnet. DZ ab 825 dkr. Boulevarden 9 a, ✆ 5649-4949, www.hotelbalkastrand.dk.

Essen & Trinken Weekendhytten, Strandcafé mit Minigolfplatz davor und Restaurant am zentralen Parkplatz von Balka. Mittags deftige Frokost-Gerichte, in der Feriensaison gibt es Fr/Sa abends ab 19 Uhr Spanferkel vom Grill. Mitte Juni bis Mitte Aug. tägl. ab 12 Uhr. Boulevarden 14, ✆ 5649-2534, www.weekendhytten.dk.

Gesehen am Balka-Strand

Snogebæk

In der Tat einer der anmutigsten Orte im Süden Bornholms: Am jenseitigen Ende des Balka-Strands gelegen, hat sich Snogebæk trotz Tourismus sein Flair als Fischerdorf bewahrt – auch kulinarisch lohnt der Abstecher hierher. Nördlich und südlich der Ortschaft verbergen sich im Strandkieferngürtel zahlreiche Ferienhäuser. Snogebæk profitiert unverkennbar vom beträchtlichen Aufkommen der Feriengäste, ohne dass die Ankömmlinge am Hafen den Eindruck gewinnen, in einer Touristenhochburg gelandet zu sein. Das Tempo im überschaubaren Zentrum ist gemächlich, zahlreiche qualitativ hochwertige Restaurants und Cafés laden zum Verweilen ein. Sogar über einen gut sortierten Supermarkt verfügt Snogebæk. Die kulinarischen Flaggschiffe kreisen um das weite Feld der süßen Verlockungen: Die Schokoladenmanufaktur Kjærstrup mit ihren unwiderstehlichen Pralinen sowie der Eisproduzent Boisen mit leckerem Speiseeis aus biologischer Herstellung sind beide weit über die Grenzen Bornholms bekannt.

Die Orientierung ist einfach: Beinahe alles spielt sich beiderseits der Stichstraße ab, die in gewundenem Verlauf den Hafen ansteuert, der sich wiederum weit draußen auf dem Meer befindet. Eine 100 m lange **Seebrücke** aus Holz verbindet den Hafen mit der locker bebauten Uferzeile. Beim großen Hafenfest, das alljährlich Ende Juli hier stattfindet, ist es allerdings um die Ruhe und Beschaulichkeit geschehen. Seit über vier Jahrzehnten hat das Ereignis einen festen Platz im Eventkalender der Insel. Historisch lassen sich die Anfänge der Siedlung auf die Mitte des 16. Jh. zurückführen, vermutlich war aber der Ort bereits im Mittelalter besiedelt. Das größte Bevölkerungswachstum setzte im 19. Jh. ein, als die meisten der Wohnhäuser in der zweiten Reihe erbaut wurden. Einen enormen Boom brachte der Tourismus in den 1920er-Jahren, als die ersten *sommerhuse* im nördlichen Kieferngürtel errichtet wurden. Jenseits der landeinwärts verlaufenden Küstenstraße liegt das etwa 50 ha große Feuchtreservat **Hundsemyre**. Außer zur Brutzeit, von Mitte März bis Mitte Juli, kann das Areal zu Fuß auf schmalen Pfaden umrundet werden. Bei dem ehemaligen Torfmoor handelt es sich um das wichtigste Vogelbrutgebiet Bornholms.

Verbindungen Snogebæk liegt im Südosten Bornholms, auf halbem Weg zwischen Nexø und Dueodde. **Parkplätze** in Hafennähe befinden sich am Ende der Stichstraße. Der **Radweg** Nr. 10 Nexø–Dueodde quert die Ortschaft; die **Buslinie 6** verbindet Snogebæk ganzjährig mit Rønne, zusätzlich fahren im Sommer die Insel-Rundlinien 7 und 8 bis zum Hafen.

Einkaufen Kjærstrup Chokoladelæde, seit 1999 steht die kleine Manufaktur für köstliche Pralinen (u. a. „Pflaume in Madeira") und andere Leckereien (Eis, Schokoküsse). Die Inhaber des Familienbetriebs stammen von der Insel. Vielfach prämiert, u. a. mit dem Diplom der dänischen Gastronomischen Akademie. Tägl. 10–17 Uhr. Hovedgade 9, ✆ 5648-8089, www.kjaerstrup.dk.

Pernille Bülow, das Ladengeschäft neben Boisen Is (s. u.) ist ein Ableger der berühmten Glasmanufaktur in Svaneke (→ S. 146). Neben Gebrauchsglas gibt es hier, anders als in Svaneke, auch Designermode, Schmuck und Accessoires. Überraschend preiswert. Ostern bis Okt. tägl. 10–18 Uhr. Hovedgade 4, ✆ 5648-7707, www.pernillebulow.dk.

Markt, traditioneller Flohmarkt im Sommer. Samstags.

Veranstaltungen Snogebæk Havnefest: Das vielleicht wichtigste Hafenfest der Insel findet zwischen malerischen Fischerkaten am Meer statt, fast die gesamte Dorfbevölkerung hilft mit. Neben diversen kulinarischen Angeboten jede Menge Musik, Sport und Unterhaltung. Ende Juli (www.havnefest.dk).

Übernachten Snogebæk Hotelpension, liebenswerte und familiäre Unterkunft mit Garten im hinteren Ortsteil in der Nähe der Küstenstraße. Alle Zimmer verfügen über eine Privatterrasse, lobenswertes Früh-stück, auf Wunsch abends Restaurantbetrieb.

Die Seebrücke in Snogebæk führt zum Hafen

Kleiner Pool, Leihfahrräder. Mai bis Sept. geöffnet. DZ ab 590 dkr. Ellegade 9, ✆ 5648-8080, www.zzz-zzz.dk.

Balkastrand Familiecamping, kleiner Platz am Strand, am nördlichen Ortsrand gelegen, einige Kiefern spenden Schatten. Vermietung von Surfbrettern, Kajaks und Tretbooten. Anfang Mai bis Mitte Sept. geöffnet. 2 Pers. mit Zelt 150–205 dkr, auch Hütten für 5 Pers., die wochenweise vermietet werden. Klynevej 6, ✆ 5648-8074, www.balkastrand-familiecamping.dk.

> Weil einige **Ferienhäuser** am Meer zwischen Snogebæk und Balka bereits etwas betagt sind, lohnt sich bei der Buchung die Erkundigung nach dem Baujahr. Vorbildlich ist der weite Abstand, den die Häuser untereinander haben, Zäune fehlen gänzlich. Die vom Frederiksvej zugänglichen Quartiere mit den geraden Hausnummern liegen näher am Strand.

Essen & Trinken **Æblehaven**, anspruchsvolles Restaurant in einer Seitenstraße mit ausgezeichnetem Service. Ambitionierte französisch-asiatische Fusionsküche. Stilvolle Innen- und Außenplätze, die Holzveranda öffnet sich nach hinten zum Apfelgarten. Menü ab 400 dkr (drei Gänge). Anfang Juli bis Anfang Sept. tägl. ab 18 Uhr. Hovedgade 15, ✆ 5648-8885, www.aeblehaven.com.

Den Lille Havfrue, das schicke Restaurant hat sich der authentischen Bornholmer Küche verschrieben. „Die kleine Meerjungfrau", so der Name auf Deutsch, ist etwas teurer, aber die Qualität stimmt. Stilvolles Interieur, gepflegte Gartenveranda nach hinten raus. Ostern bis Mitte Okt. ab 12 Uhr. Hovedgade 5, ✆ 5648-8055, www.denlillehavfruebornholm.dk.

》 Mein Tipp: Sørens Værtshus, die vielleicht rustikalste Kneipe Bornholms ist für Nachtschwärmer ein Muss. Innen viel Holz und Kajütenflair, von der Veranda blickt man auf die Seebrücke. Livemusik-Events in der Hauptsaison, auch schmackhafte Pizza (groß: 140 dkr, klein: 100 dkr) u. a. Speisen. Die Lieblingsbeschäftigung junger Kneipengänger ist das Einschlagen von Zimmermannsnägeln in einen Holzpflock. Im Sommer tägl. geöffnet. Hovedgade 1, ✆ 5648-8020, www.sørensværtshusbornholm.dk. 《

Boisen Is, der kleine Biobetrieb ist seit 15 Jahren eine Inselinstitution. Selbst gefertigtes Eis nach bio-organischen Kriterien, die Milch stammt von Bornholmer Kühen. Sehr guter Kaffee (Ökoanbau), wenige Außenplätze auf der Sonnenterrasse in Hafennähe. Juni bis Sept. ab 10 Uhr. Hovedgade 4, ✆ 3053-9870, www.boisen-is.dk. ∎

Dueodde

Die Sanddünen am Südkap Bornholms sind ein Naturereignis und zählen zum Pflichtprogramm jeder Inselrundreise. Überragt wird das Dünenmeer vom modernen Leuchtturm. Dessen Wahrzeichencharakter ist unbestritten, hingegen lässt sich über seine Schönheit trefflich debattieren.

Dueodde ist streng genommen kein Ort, sondern lediglich ein Flurname. Ein nicht ganz unwichtiger, zumal er dem südlichsten Punkt der Insel einen Namen gibt. Das ist aber nicht der Grund, warum an warmen Sommertagen der große Parkplatz am Ende der Stichstraße hin und wieder an die Grenzen seiner Kapazität stößt. Der eigentliche Grund ist der **Sandstrand**, der in beiden Richtungen kilometerlang die Küste säumt. Dueodde gilt deshalb, neben Balka, als Synonym für Badeferien auf Bornholm. Auch Windsurfer finden hier ideale Bedingungen vor. Eine erkleckliche Infrastruktur am Besucherparkplatz, überwiegend Eiscafés und Grillbuden, ist die fast schon logische Folge. Die Struktur des Küstenabschnitts ist übersichtlich: Am Sandstrand schließt sich landeinwärts das faszinierende, bis zu 500 m breite Areal der Wanderdünen an. Ein Holzplankensteg verbindet den Strand mit dem Parkplatz und quert die Dünenlandschaft. Jenseits der Sanddünen schließt sich ein etwa 1 km breiter Gürtel aus Kiefernwald an, in dem sich einige Campingplätze, Ferienzentren und auch eine Jugendherberge – alle in Strandnähe – finden. Auf Stichwegen sind die Strandzonen von der landeinwärts verlaufenden Küstenstraße erreichbar.

Orientierung bei der Anfahrt und während ausgiebiger Strandwanderungen bietet der 1962 errichtete **Leuchtturm** (Dueodde Fyr), der wenige Schritte vom Parkplatz die Grenze zwischen Kiefernwald und Sanddünen markiert. Mit seiner Höhe von 47 m gilt der schlanke Betonturm als höchstes Leuchtfeuer Nordeuropas. Die Fundamente ruhen 14 m tief im Sand. Trotz der knapp 200 Stufen, lohnt sich der Aufstieg zur Plattform, der Blick auf die Dünen ist fantastisch. Weit unterhalb schlummern im Kiefernwald die spärlichen Reste von Verteidigungsanlagen aus der deutschen Besatzungszeit.

Dünenlandschaft in Dueodde

> Tour 9: Strandwanderung an der Südküste Bornholms→ S. 221 ff.
> Meditative Wanderung mit Badepausen an langen Sandstränden

Basis-Infos

Verbindungen Am auffälligen weißen Turm (Militäranlage) zweigt die beschilderte Stichstraße von der Küstenstraße bzw. dem Radweg Nr. 10 zum **Parkplatz** Dueodde ab. Dieser ist mit dem **Bus** ohne Umsteigen von allen Küstenorten Bornholms aus erreichbar (Linien 7 und 8).

Taxi: Pedersker Taxi, ☎ 5697-8090.

Leuchtturm Anfang Mai bis Ende Juni und Mitte Aug. bis Ende Sept. Di, Do und So 11–14 Uhr; Ende Juni bis Mitte Aug. tägl. 11–14 Uhr. 10 dkr, erm. 5 dkr.

Übernachten Die Anzahl der familienfreundlichen Campingplätze in Dueodde ist rekordverdächtig. Man sollte jedoch bedenken, dass alle Zeltplätze abgelegen sind; ohne eigenen fahrbaren Untersatz gestaltet sich die An- und Abreise mühsam.

Dueodde Familiecamping & Hostel, große, komfortable Anlage, die Zelte stehen fast direkt am Strand. Angeschlossen sind ein Familienhostel, Minimarkt, Pizza-Café (s. u.) und sogar ein Hallenbad (eintrittspflichtig). Mai bis Sept. 2 Pers. inkl. Zelt ab 174 dkr, 2 Pers. im Hostel ab 375 dkr (ohne Frühstück). In der Hauptsaison werden Zimmer nur ab 4 Pers. vermietet. Skrokkegårdsvejen 17, ☎ 2014-6849, www.dueodde.dk.

Møllers Dueodde Camping, der zentralste der drei Campingplätze, ruhige Lage mitten im Kieferngürtel, großer Pool (mit Solarenergie beheizt), Minigolf, Tennisplatz, Fahrradverleih, auch Hüttenvermietung. Mitte Mai bis Mitte Sept. 2 Pers. inkl. Zelt ab 130 dkr, Holzhütten ab 4 Pers. pro Woche ab 2380 dkr. Duegårdsvej 2, ☎ 5648-8149, www.dueodde-camp.dk.

»› Mein Tipp: Bornholms Familiecamping, der kleinste und abgelegenste der drei Plätze. Strandnahe, freundliche und familiäre Anlage. Die Betreiber sind Mitglied im Label „Små Pladser" (kleine, individuelle Anlagen). Schöne Stellplätze unter Kiefern und Birken, auch Vermietung von Zelten und Hütten. Gemeinschaftsraum mit Küche, Kiosk und Radverleih, Hunde sind willkommen. Mitte Mai bis Mitte Sept. 2 Pers. inkl. Zelt ab 154 dkr. Krogegårdsvejen 2 (2 km in Richtung Snogebæk), ☎ 5648-8150, www.bornholms-familiecamping.dk. **‹‹‹**

Essen & Trinken Ein Mekka der Esskultur ist Dueodde nicht gerade. Höhere kulinarische Ansprüche befriedigt man am besten in Snogebæk oder in den Sømarken. Wer hingegen lediglich ein Eis genießen möchte, hat am großen Parkplatz die Qual der Wahl. Am besten schmeckt es in der „Grillbar" (auch Burger und Hotdogs) links vom Steakhouse.

Diner & Steakhouse, Restaurant im amerikanischen Country-Stil, spezialisiert auf saftige Steaks frisch vom Lavasteinofen (mit Bratkartoffeln und Pfeffersauce ca. 130 dkr). Auch Kaffee und Kuchen. Mai bis Mitte Sept. tägl. ab 12 Uhr. Fyrvej 5 (direkt am Parkplatz), ☎ 5648-5510.

Café Dueodde, das Café gehört zum Hostel und Campingplatz (s. o.), Frühstücksbuffet, mittags einfache Frokostgerichte, Kaffee und Kuchen, abends Pizzabuffet (90 dkr, Kinder 55 dkr). Mai bis Sept. geöffnet. Skrokkegårdsvejen 17, ☎ 2014-6849, www.dueodde.dk.

Küste am südlichsten Zipfel Bornholms

Wunderbare Südküste: die weite Bucht von Sose Odde

Die Küste zwischen Dueodde und Arnager

Den feinen Sandstrand findet man keineswegs nur in Dueodde. Er zieht sich weit nach Westen bis Arnager. Während die Sømarken ein beliebtes Revier für Feriengäste sind, warten Boderne und Arnager mit reichlich Fischerflair auf.

An die Südspitze der Insel schließen sich die **Strandmarken** an. Einst bezeichnete der Flurname nur ein paar entlegene und obendrein karge Wirtschaftsflächen, über die hin und wieder Schafhirten streiften. Flugsand von der Küste bedeckte regelmäßig die Felder, weshalb die Bauern landeinwärts zogen und ihre Höfe lieber nach Poulsker und Pedersker verlegten. Die Strandmarken waren seit jeher Königsbesitz. Um der Versandung Einhalt zu gebieten, verordnete 1861 König Frederik VII. (1808–1863) das Anpflanzen von Bäumen. Worauf man es wohl übertrieb, denn in den 1930er-Jahren drohte der Wald die Dünen zu verschlucken. Nur gut, dass nach 1945 der Touristenboom eine steigende Nachfrage nach Ferienhäusern mit sich brachte. Der Bodenbedarf führte dazu, dass sich der Wald nicht weiter ausbreitete. Den Feriendomizilen wies man gesonderte Areale zu, die übrige Fläche wurde 1967 unter Naturschutz gestellt.

Weiter westlich setzt in den **Vestre Sømarken** das traumhaft gelegene Restaurant Kadeau einen kulinarischen Akzent (→ S. 175). Auch hier Sandstrand, so weit das Auge reicht. Zwischen die Sømarken und das wunderbare Fischerdorf **Boderne** schiebt sich ein Truppenübungsplatz. Leider ist der Küstensteig hier nicht immer ausreichend markiert, sodass Wanderer (und Radfahrer) aufpassen müssen, nicht versehentlich auf dem Schießstand zu landen. In der Hauptsaison finden hier keine Übungen statt, ansonsten weisen geschlossene Schranken oder

Signallaternen auf gesperrte Zonen hin. In Boderne am Hafen sowie am Ende der Stichstraße in den Vestre Sømarken werden obendrein die monatsaktuellen Übungspläne ausgehängt.

Zwischen Boderne und dem lieblichen Dorf Arnager, das bereits im westlichen Teil der Insel liegt, verführt die **Bucht von Sose** (Sose Odde) zum Abstecher ans Wasser: Sandstrand satt, Fußgänger entledigen sich am besten ihrer Sandalen und schlendern barfuß am Meer entlang. Der geologisch versierte Betrachter erfreut sich eventuell an den Gesteinsformationen, denn bei Sose entdecken geschulte Augen frische Sand-, Kohle- und Tonschichten. Wegen der Küstenerosion treten die Schichten hier deutlich hervor.

Østre und Vestre Sømarken

Von der Mündung des Flusses Øleå – mit einer Länge von 13 km längster Fluss der Insel – bis zum Truppenübungsplatz ziehen sich die Sømarken. Der Küstenstreifen genießt wegen seiner Sandstrände einen ausgezeichneten Ruf. Diesem tragen teils recht exklusive Ferienhausdomizile Rechnung, die sich zwischen Kiefern verbergen oder frei in idyllischer Heidelandschaft stehen. Von einem Dorf im engeren Sinn zu sprechen, wäre übertrieben. Fischeratmosphäre vermitteln jedoch in Ansätzen die Katen am Bootsanleger am Ende des Østre Sømarks Vej. Zum Ende der Stichstraße gelangen Autofahrer, wenn sie den Schildern zur exquisit gelegenen Fischräucherei folgen. Die Infrastruktur vervollständigen ein Kiosk sowie ein Fahrradverleih.

Nur rund 10 Min. zu Fuß sind es von der Räucherei zur vielleicht wichtigsten Sehenswürdigkeit: der restaurierten Wassermühle **Slusegård** aus dem 19. Jh. in der

Typisch Skandinavien: rote Holzkaten der Fischer in Boderne

Die Küste zwischen Dueodde und Arnager

Nähe der Øleåmündung. Beinahe noch bemerkenswerter ist das historische Fachwerkhaus nebenan, das einst dem Fang von Meeresforellen diente. Ein weiterer Anziehungspunkt ist eine im Boden eingelassene Steinplatte, die darauf hinweist, dass exakt hier zwei Gradlinien zusammentreffen: der 55. Grad Nord (Breitengrad) und der 15. Grad Ost (Längengrad). Insbesondere der Meridian ist wichtig, denn bei allen Ortschaften auf diesem Längengrad stimmen Tages- und Sonnenzeit idealerweise exakt überein. Die mitteleuropäische Zeit (MEZ) orientiert sich am Sonnenstand dieser Gradlinie. Anders gesagt: Im Winterhalbjahr steht hier um 12 Uhr mittags die Sonne am höchsten. Ein Schild an der Straße weist auf den **Geografisk Knudepunkt** hin (→ Tour 9, S. 222 f.). Die Heidelandschaft mit Tuchfühlung zur Küste ist schlicht atemberaubend, ein Besuch lohnt daher auf alle Fälle, auch wenn man obigen geografischen Rechenexempeln weniger abgewinnen kann.

Veranstaltungen Die Livemusik-Konzerte in der Fischräucherei (s. u.) sind Abendevents mit hohem Kultfaktor. Besonders wenn der (seit 2004 in Berlin lebende) isländische Sänger, Gitarrist und Globetrotter Siggi Bjørns das Publikum mit seiner rauchigen Stimme verzückt. Juli/Aug. jeden Mi, Fr und Sa (teils mit Fischbuffet).

Übernachten/Essen Bakkarogeriet, alteingesessene familiäre Fischräucherei (seit 1938) in den Østre Sømarken beim Bootsanleger, schöne Innen- und Außenplätze. Røget sild, Makrelen und Lachs in diversen Varianten. Juli und August Livemusik (s. o.), der Service könnte etwas freundlicher sein. Tägl. ab 11 Uhr. Østre Sømarks Vej 29, ✆ 5697-7120, www.bakkaroegeriet.dk.

Café Slusegård, Ausflugscafé in einem alten Vierseithof am geografischen Knotenpunkt bzw. oberhalb der Wassermühle, der beste Startpunkt für einen 30-minütigen Spaziergang über die Heide. Pfannkuchen, Kuchen, Eis und Getränke, Sitzplätze innen und außen. Auch Vermietung von Ferienwohnungen im gleichen Haus. In der Touristensaison tägl. 11–17 Uhr. Strandvejen 10, ✆ 2671-8045, www.cafe-slusegaard.dk.

»› Mein Tipp: Kadeau eines der qualitativ hochwertigsten, aber auch teuersten Restaurants der Insel, die traumhafte Lage am Strand der Vestre Sømarken mit hinreißender Terrasse sorgt für gepflegten Genuss. Die Küche verwertet bis hin zu den Gewürzen fast nur Erzeugnisse aus Bornholm. Fisch- und Fleischgerichte, preiswerte Frokostkarte (200–500 dkr), mehrgängige Menüs am Abend (500–1000 dkr). Ostern bis Mitte Okt. Do–So ab 17.30 Uhr, in der Hauptsaison tägl. mittags/abends. Baunevej 18, ✆ 5697-8250, www.kadeau.dk. **‹‹‹**

Boderne

Das winzige Fischerdorf, umgeben von Sandstrand satt, ist ein Ort für Individualisten geblieben. Nur die zahlreichen Outlet-Geschäfte sorgen tagsüber für etwas Betrieb. Der winzige, bildschöne Hafen wirkt wie aus einem skandinavischen Reiseprospekt. Rot getünchte Holzkaten säumen die Uferzeile, dahinter liegen Häuser und Feriendomizile teils weit in der Umgebung verstreut.

Von einem „Ortszentrum" zu sprechen, ist ziemlich vermessen; am ehesten wäre es am Ende der 1 km langen Stichstraße auszumachen. Ein Café bewirtet in der Hauptsaison die Gäste, der eigentliche Hauptanziehungspunkt aber ist die riesige, gut sortierte Modeboutique von Pia Stærmose, die einen Hauch von Saint-Tropez verbreitet. Manchmal gleicht Boderne einem modernen Wallfahrtsort, so viele kauflustige Feriengäste strömen in das Geschäft. Die Stimmung trübt dann allenfalls der Truppenübungsplatz, der sich gleich östlich ans Fischerdorf anschließt. Wenn am Strand geschossen wird, kam es schon wiederholt zu Zwischenfällen, weshalb zu diesen Zeiten von Strandspaziergängen dringend abgeraten wird (→ S. 173 f.). Wasserratten suchen sich dann am besten ein Plätzchen in der anderen Richtung. Denn an schönen Stränden mangelt es Boderne beileibe nicht.

Verbindungen Die Straße von Rønne nach Snogebæk und der Radweg Nr. 10 verlaufen 1 km landeinwärts. Am Hostel und Veranstaltungsort Rosengården (s. u.) zweigt die Zufahrt zur Küste ab; **Parkplätze** am Ende der Stichstraße.

Einkaufen Pia Stærmose, die berühmte Designboutique im Zentrum führt intern3ational renommierte Modemarken auf nicht weniger als 450 m². Tägl. 10–18 Uhr. Boderne 2, ✆ 5697-4226, www.piastaermose.dk.

Übernachten Rosengården, Hostel in Alleinlage, 1 km vom Meer entfernt. 20 Zimmer (z. T. mit Bad), Gemeinschaftsküche, Kiosk und Sommercafé mit Sitzplätzen im Garten. Im Sommer Konzertveranstaltungen, Mai bis Okt. geöffnet. DZ ab 460 dkr. Bett im Schlafsaal ab 160 dkr. Bodernevej 28 (an der Straße Rønne–Pedersker), ✆ 5697-4950, www.rosengaarden.dk.

Abstecher ins Hinterland

Das agrarisch geprägte Hinterland präsentiert sich überwiegend flach. Orte wie Poulsker oder Pedersker sind oft nicht mehr als eine Handvoll verstreut liegender Gehöfte und ein weiß getünchtes Kirchlein im Niemandsland.

Unmerklich steigt die Topografie von der Südküste bis Åkirkeby, der historischen Hauptstadt Bornholms, an. Am besten erschließt sich die weite Landschaft mit dem Drahtesel. Die interessanten Dinge liegen hier oftmals verborgen: malerische Höfe, auf denen Kunsthandwerker leben; idyllische Bachauen, durch die gepflegte Pfade führen; Gräber aus der Vor- und Frühgeschichte, auf die verblasste Schilder hinweisen. Wichtigster Besuchermagnet ist das grandiose Erlebnismuseum **Natur-Bornholm** an der südlichen Peripherie von Åkirkeby. Vom Picknickplatz vor dem Museum blickt man auf die waldreiche Hügelkette im Norden: **Almindingen** heißt das grüne Herz der Insel. Es handelt sich um ein abwechslungsreiches Wandergebiet, gespickt mit interessanten Sehenswürdigkeiten.

Poulsker

Von einem Ort zu sprechen, ist in diesem Fall grob übertrieben. Dennoch leben im gleichnamigen Kirchspiel, das flächenmäßig den äußersten Südosten der Insel inkl. Snogebæk und Dueodde umfasst, rund 1100 Menschen. Sie wohnen weit verstreut, weshalb die Wege lang sind, wenn man sich zum sonntäglichen Gottesdienst in der **Poulskirke** (Paulskirche) trifft. Sie steht auf einem einsam gelegenen Hügelsolitär an der Straße von Snogebæk nach Rønne. Es handelt sich um die jüngste romanische Inselkirche (erbaut ca. 1250). Bei der üblichen Erweiterung im 19. Jh. wurde zwar das Kirchenschiff um 5 m verlängert, allerdings ließ man den sonst üblichen Turm hier weg. Ein älterer Glockenturm steht jedoch wie immer abseits am Kirchhof. Innen sind die Kalkmalereien bemerkenswert, eine merkwürdige Steinmetzarbeit befindet sich im östlichen Rahmen des Südportals (Mo–Fr 8–16 Uhr geöffnet).

Pedersker

Das unspektakuläre Straßendorf liegt abseits der stark frequentierten Landstraßen, rund 3 km nördlich der Sømarken. Die zwei baulichen Wahrzeichen befinden sich außerhalb: erstens die weiß getünchte **Windmühle** (Kirkemølle), die zum jüngeren Typus der Holländermühlen gehört und aus dem 18. Jh. stammt, und zweitens die **Kirche St. Peter** (Pederskirke), die auf den ersten Blick wie eine exakte Kopie der Kirche von Bodilsker wirkt (→ S. 166). Der romanische Bau stammt aus der Mitte des 12. Jh., ältestes Inventarstück ist ein spätromanischer Taufstein aus Gotland. Einen Blick verdienen auch die gotischen Altarleuchter aus der ersten Hälfte des 15. Jh. Bei der Restaurierung 1880 gingen die meisten der einstmals vorhandenen Kalkmalereien verloren. 1 km östlich der Ortschaft, auf der anderen Seite des Flusses Øleå, liegen auf dem **Rispebjerg** Reste eines Ringwalls aus dem ersten nachchristlichen Jahrhundert. Es handelt sich um die bedeutendste eisenzeitliche Befestigungsanlage Bornholms. Kern der 10 ha großen, mit einem Holzpalisadenzaun umschlossenen Burg war ein monumentaler Sonnentempel. Archäologen fanden Tonplatten mit eingeritzten Sonnensymbolen, die eventuell von den Menschen als Amulette getragen wurden.

Einkaufen/Essen Karen Dam, die renommierte Textildesignerin hat sich auf Handgewebtes aus Wolle, Flachs, Seide und Papier spezialisiert. Ausstellungen führten sie bis nach England und ins Baltikum. Neben der handwerklichen Qualität beeindrucken ihre Arbeiten (Kleider, Teppiche, Wandbehänge) durch klare Strukturen. Hegnedevejen 15 (an der Kirche nach Norden abbiegen), ✆ 5697-8295, www.karendam.dk.

Wahrzeichen traditioneller Handwerkskultur: die Mühle von Pedersker

Lille Gadegård, im Jahr 2000 pflanzte Jesper Paulsen erstmals Rebstöcke, bereits 2008 gab es den ersten Rotwein. Es dauert wohl noch etwas, ehe dieser ein Zungenschnalzen auslösen wird, aber kosten kann man vom Tropfen schon jetzt (das Glas für 20 dkr). Mittlerweile ist der Vingården 2,9 ha groß, auch Hochprozentiges wird gebrannt. Mai bis Sept. Mo–Sa 11–14 Uhr (Shop), in der Hauptsaison zudem tägl. Mittagsbuffet für 90 dkr. Für aktuelle Termine lohnt der Blick auf die Homepage. Søndre Landvej 63 (an der Straße nach Rønne), ✆ 2162-8857, www.lillegadegaard.dk.

Kirche Mo–Fr 8–16 Uhr geöffnet.

Wie kommen die Hufspuren an die Kirchhofmauer?

Ein Bauer aus den Østre Sømarken konnte einst hellsehen. Die seltene Gabe rührte daher, dass er einer Verbindung zwischen einem Bauern *(Bona)* und einer Nixe *(Vedde)* entstammte, weswegen ihn alle Bonavedde nannten. Die Hellseherei befähigte ihn auch zu etwas, was Normalsterblichen verwehrt blieb: Er konnte mit Bornholms Trollen, den sog. Unterirdischen (→ S. 26 und S 32), kommunizieren. Des Öfteren scherzte und zechte er nachts mit den Trollen in der Kirche von Pedersker. Einmal wurde ihm dabei ein silberner Becher mit einem ziemlich eigentümlichen Inhalt gereicht. Er witterte einen üblen Streich, misstraute dem Getränk und goss den Becherinhalt über die Schulter hinter sich. Unglücklicherweise stand dort sein Pferd. Dessen Haare waren augenblicklich abgesengt, derweil das Wutgeschrei der Unterweltler die Kirche erfüllte. Bonavedde beschloss zu fliehen, saß auf und gab dem Pferd die Sporen. Mit einem Satz preschte es samt Reiter über die Mauer des Kirchhofs davon. Die Hufabdrücke, so erzählt man sich auf Bornholm, seien noch heute an der Mauer zu erkennen. Der Becher hingegen, Corpus Delicti unheiligen Treibens, ist spurlos verschwunden. Eine historische Quelle erwähnt ihn noch im Jahr 1624.

Åkirkeby

Das sympathische Städtchen auf halbem Weg zwischen Rønne und Nexø ist der einzige größere Inselort ohne Hafen. Die ehemalige Bischofskirche liegt – im Unterschied zu den meisten anderen Kirchen Bornholms – im Zentrum und ist nur wenige Schritte vom hübschen Marktplatz entfernt.

Samstagnachmittags und sonntags, wenn die Geschäfte geschlossen haben, ist das ohnehin überschaubare Zentrum fast ausgestorben. Dann kann man sich einen Ausflug in die ehemalige Inselkapitale getrost sparen. Es sei denn, man steuert ohne Umschweife die südliche Stadtperipherie an, wo der moderne Kubus des Museums **NaturBornholm** einen architektonischen und ausstellungsdidaktischen Meilenstein setzt. Wobei „Museum" die Sache nicht ganz trifft; es handelt sich vielmehr um ein Science Center für Naturenthusiasten und Familien mit aufgeweckten Kids. Ein Teil der Besichtigung findet sogar draußen in offener Landschaft statt. Denn wenige Meter südlich des Gebäudes ist eine für die Insel wesentliche Grenze freigelegt: Bereits mit bloßem Auge ist der Bruch zwischen Gneis und Sandstein (→ Geologie, S. 21) erkennbar. Natürlich ist an der betreffenden Stelle der Spagat über rund 1 Mrd. Jahre Erdgeschichte ein beliebtes

Fotomotiv! Zur Einweihung der Bildungs- und Erlebnisinstitution reiste im Mai 2000 sogar eigens ein Spross des dänischen Königshauses an. Und bereits im ersten Jahr zählte Natur Bornholm über 70.000 Besucher. Für die Besichtigung sollte man mindestens drei Stunden einkalkulieren.

Vor allem an Markttagen strahlt der hübsche Platz im Zentrum reichlich Flair aus. Nur wenige Schritte entfernt sollte man keineswegs versäumen, dem **Bornholmer Dom** einen Besuch abzustatten. Der wehrhafte Doppelturm mit seinen steinernen Zinnen ist das bauliche Wahrzeichen der Stadt. Wie die anderen Kirchen der Insel umgibt die Åkirke ein alter Friedhof. Hier liegt u. a. Hans Rømer begraben, der im 19. Jh. für die flächendeckende Aufforstung der Inselmitte (→ S. 19 f.) verantwortlich war.

Åkirkeby ist heute das landwirtschaftliche Zentrum des Inselsüdens: Das Flaggschiff der Lebensmittelproduktion ist die Rapsölmühle mit Senffabrik im Norden der Stadt (www.lehnsgaard.dk). In der Nähe des Naturmuseums verarbeitet Nils Jespersen in der Valsemølle jährlich rund 1200 t Bornholmer Getreide zu Mehl (www.bornholms-valsemoelle.dk). Die einzige Großschlachterei der Insel befindet sich ebenfalls in Åkirkeby. Seit 1864 werden hier hochwertige Fleisch- und Wurstwaren hergestellt (www.bornholmerslagteren.dk).

Geschichte: Åkirkeby wurde offiziell 1346, zeitgleich mit der Hafenstadt Nexø, zur Stadt erhoben. Bis zum Mittelalter war der Ort nicht mehr als ein bedeutungsloses Agrarzentrum gewesen. Die günstige Lage im Inselzentrum und nur unweit südlich der Lilleborg im Almindingen verhalfen Åkirkeby zum Aufstieg. Zwischen 1149 und 1522, unter der Ägide der Erzbischöfe von Lund (→ S. 27 f.), war der Ort die Hauptstadt Bornholms: Hier traf sich

Inszenierung im Museum ▲
NaturBornholm

Der Bornholmer Dom in Åkirkeby ▼

u. a. das *Landsting* – der Landtag – alljährlich in der Johannisnacht (23./24. Juni) zu seinen Versammlungen; hier stand die Kirche des Erzbischofs, die aus diesem Grund bis heute in der Umgangssprache als Bornholmer Dom bezeichnet wird. Dieser war folgerichtig im Mittelalter Sankt Hans (Johannes dem Täufer) geweiht. Wie sehr das Schicksal der Stadt mit dem der Kirche verbunden ist, beweist der Ortsname: Åkirkeby bedeutet nichts anderes als „Stadt der Kirche am Fluss", wobei mit „Fluss" vielleicht ein Bach in der Umgebung – Læså (→ S. 182) oder Grødbyå – gemeint war. Selbst nachdem die politische Herrschaft nach Norden in die Burg Hammershus verlegt wurde, tagte in Åkirkeby bis 1776 das Landgericht; bis ins gleiche Jahr traf sich hier alljährlich die Kirchenversammlung. Danach verlor die Stadt mehr und mehr an Bedeutung, was mit dem parallelen Aufstieg der beiden Hafenstädte Rønne und Nexø einherging. Selbst die Anbindung ans Eisenbahnnetz konnte den Niedergang nicht aufhalten.

Åkirke

Neben den vier Rundkirchen ist der Bornholmer Dom aus der Mitte des 12. Jh. das wichtigste Sakralbauwerk der Insel. Von außen wirkt er etwas spröde, was vor allem der umfassenden Restaurierung 1874 geschuldet ist: Der Kalkputz wurde dabei abgeklopft, das rohe Mauerwerk – grünlicher Sandstein, Silurkalk und rostbrauner Grünschiefer – ist seitdem sichtbar. Der gedrungene, zinnenbewehrte Doppelturm stammt wahrscheinlich aus einer späteren Bauphase. Über die romanische Vorhalle mit der Grabplatte des Lübecker Bierbrauers Schweder Kettingk und seiner beiden Ehefrauen (→ S. 28) sowie zwei Runensteinen gelangt man ins Innere. Auffälligstes Sakralobjekt im Chor ist der aus Eichenholz geschnitzte Renaissance-Altar (1600–1608) mit einer Darstellung der Taufe Jesu, die flankiert wird von zwei Wappensiegeln des Bistums Lund sowie vier Figuren – allesamt Allegorien menschlicher

Kunterbuntes Treiben: Markttag in Åkirkeby

Tugenden. Kunsthistorisch wertvoller ist der gotländische Taufstein aus dem frühen 13. Jh. Die sehenswerten Reliefs an der Außenseite stellen Szenen aus dem Leben Jesu dar, die zugehörigen Untertitel sind in Sandstein gemeißelte Runen! Auch heidnischer Symbolik bediente sich der Künstler: Akanthusranken und Tierköpfe im Sockel stehen für die bösen Triebkräfte, die durch das christliche Sakrament überwunden werden sollen. Im Langschiff sticht die kunterbunte Kanzel mit dem Wappen der dänischen Königin Anna Katharina von Brandenburg (1575–1612) ins Auge. Wie der Altar ist die Kanzel ein Werk der Renaissance, ihre Arkadenfelder sind mit Szenen aus dem Neuen Testament geschmückt. Ebenfalls prächtig verziert sind die Türe, die Galerie sowie der Kanzelaufgang.

April bis Sept. Mo–Sa 8–17 Uhr, Okt. bis März 9–14 Uhr.

NaturBornholm

Wer ein Museum erwartet, wird entweder enttäuscht oder überrascht sein. Aber i. d. R. sind die Besucher vom Ausflug in die Naturgeschichte der Insel begeistert. Das Konzept der Erlebnis- und Bildungseinrichtung ist eine zweifache Zeitreise: Zunächst katapultiert eine kurze Tonbildshow die Besucher rund 1700 Mio. Jahre in der Erdgeschichte zurück. Der „Punkt Bornholm" war einst Eis- und Sandwüste, Gebirge oder tropisches Lagunenland, in dem Krokodile lebten. Danach führt der Rundgang über mehrere Stationen, die das soeben Gesehene anhand von Objekten und Installationen vertiefen, wieder zurück in die Gegenwart. Kinder und Jugendliche finden anschließend in der Erlebnishalle interaktive Experimentierstationen, während sich die Erwachsenen im Café Saurus nebenan ausruhen. Mindestens eine halbe Stunde erfordert abschließend der lohnenswerte Spaziergang ins Klintebakken – ein naturbelassenes Hochheidegebiet außerhalb des Ausstellungskomplexes. Das Areal ist ein kleiner Mikrokosmos, auf dem sich Bornholm-Spezifisches drängt: Wald und Weide, Heideland, Rundfelsen und andere eiszeitliche Spuren sowie ein Sandsteinbruch, in dem man Fossilien fand. Highlight des Rundganges ist sicherlich die geologische Verwerfung zwischen dem 1700 Mio. Jahre alten Gneis und dem Sandstein (540 Mio. Jahre). Eine Tafel weist die Besucher auf die berühmte Trennlinie hin. Von der Ferne wirkt das Haus wie ein monolithischer Kasten, erst bei näherem Hinsehen ist das Stahlnetzwerk in der Fassade auszumachen, das mit Granit gefüllt ist. In mehrfacher Hinsicht zitiert das Gebäude, das der Architekt Henning Larsen entwarf, die Natur Bornholms.

April bis Okt. tägl. 10–17 Uhr (letzter Einlass 16 Uhr). 120 dkr, erm. 60 dkr. Grønningen 30 (im Ortszentrum ausgeschildert), ✆ 5694-0400, www.naturbornholm.dk.

Basis-Infos

Information Das Sydbornholms Turistbureau befindet sich zentral am Marktplatz. In der Saison Mo–Fr 10–12.30 und 13.30–16 Uhr. Torvet 30, ✆ 5697-3720, www.aakirkeby.dk.

Verbindungen Åkirkeby liegt zentral am Kreuzungspunkt mehrerer Straßen, rasche Anfahrt von Rønne und Nexø (jeweils ca. 15 km), die Südküste liegt nur rund 6 km entfernt und ist im Handumdrehen erreichbar.

Der großzügig dimensionierte **Busbahnhof** liegt außerhalb am westlichen Stadtrand,

u. a. fahren Linie 5 von Rønne und Linie 3 von Nexø (nicht alle Linien steuern den Marktplatz im Zentrum an).

Radwege führen von Åkirkeby in alle Richtungen, i. d. R. auf reizvollen Nebenstrecken. Die Westroute Richtung Rønne ist weniger attraktiv, da die ersten 4 km dem stark frequentierten Hauptstraße folgen. Im Ort sind die Radrouten nicht ausgeschildert!

Einkaufen Fast alles – einschließlich Post, Bank und Supermarkt – konzentriert sich rund um den Marktplatz (Torvet). Naturkundliche Bücher und anderes gibt es im Museumsshop von NaturBornholm.

Bornholms Vinforsyning, die Wein- und Spirituosenhandlung am Markt entpuppt sich als Generalist in Sachen „Delikatessen aus Bornholm" und führt auch Honig, Schokolade und Pasta. Mo–Fr 11–17.30 Uhr, Sa 10–13 Uhr. Torvet 2, ✆ 5694-0060, www.bornholmsvinforsyning.dk.

Værfeldsgård, Jacob Nielsen hat sich auf einem alten Bauernhof südlich von Åkirkeby voll und ganz dem traditionellen Wikinger-Handwerk verschrieben: handgeschmiedete Messer, geschnitzte Truhen, Schmuckspangen für die Mittelalterszene. Anfang Juli bis Mitte Aug. Di–Fr 11–17 Uhr diverse Handwerksdemonstrationen, teils kostenpflichtig (40 dkr). Dalegårdsvej 2, ✆ 5697-4864, www.vikingegaard.dk.

Veranstaltungen Krämermarkt: schöne Atmosphäre auf dem zentralen Platz (Torvet). Mai bis Okt. Di/Do 10–15 Uhr.

Übernachten/Essen Auch wenn viele Gäste wohl ein Strandquartier bevorzugen – Quartiere gibt es auch hier. Neben dem Campingplatz machten die Ferienwohnungen mit Außenpool in einem umgebauten und erweiterten Bauernhof einen guten Eindruck (Dams På Bakken, ✆ 2363-5153, buchbar über www.dancenter.de). Kulinarisch hat Åkirkeby jedoch etwas Nachholbedarf, denn der beliebteste Treffpunkt ist der Imbiss zwischen Markt und Kirche.

Kanns Hotel, Neueröffnung 2012, freundlich und familiär. 14 Zimmer im Obergeschoss, kurze Wege zum Markplatz, Restaurant im Erdgeschoss, modern gestaltetes Interieur, Frühstücksterrasse nach hinten raus. Mitte Dez. bis Mitte Jan. geschlossen. DZ 650 dkr. Eskildsgade 6, ✆ 5697-4012, www.kannshotel.dk.

Åkirkeby Camping, familiärer und freundlicher Platz am südlichen Stadtrand, unweit des Museums NaturBornholm. Mit Hüttenvermietung. Ende April bis Mitte Sept. 2 Pers. inkl. Zelt ab 130 dkr, Hütte für 4 Pers. ab 525 dkr. Haregade 23, ✆ 5697-5551, www.acamp.dk.

Rund um Åkirkeby

Læsådalen: Der Bach Læså, der nördlich von Åkirkeby entspringt und bei Boderne ins Meer mündet, ist vor allem Geologen ein Begriff. Der fachlich versierte Spaziergänger entdeckt an den von Schiefer und Kalk dominierten Felsbrüchen des Tales geologische Spuren, die eine Spanne von über 100 Mio. Jahren erdgeschichtlicher Entwicklung abdecken. Auch wer mit solcherlei Finessen nicht so viel am Hut hat, genießt den Fußmarsch auf gepflegten, markierten Pfaden, ganz besonders von März bis Mai, wenn der Bach viel Wasser führt und seltene Blumen blühen. Das Tal steht unter Naturschutz, geeignete Einstiege sind die Hofgüter Vasegård sowie Vejrmøllegård. Letzteres liegt an einer Nebenstraße (Bodelyngsvej) 2 km westlich von Åkirkeby. (Gehzeit hin und zurück zwischen den Einstiegen ca. 1:30 Std.)

Einkaufen Annelise Kofoed-Hansen. Die Grafikdesignerin machte ihren Abschluss an der Kunsthandwerksschule in Kopenhagen. Heute lebt sie in einem Bauernhof im Læsådalen und ist eher durch ihre Handwebkunst ein Begriff. Inspiriert sind die Gobelins u. a. von der indianischen Symbolik. Atelierbesuch nach telefonischer Absprache. Kalbyvejen 30, ✆ 5697-5054, www.annelisekofoed-hansen.dk.

Automobilmuseum: Auf Bornholm scheint man alte Autos und liebevoll restaurierte Oldtimer besonders wertzuschätzen, in der Umgebung von Åkirkeby konzentriert sich diese Hingabe in einer Sammlung restaurierter und auf Hochglanz gebrachter Raritäten der Motorenbranche. Rund 100 Oldtimer (Limousinen, Traktoren und Motorräder) sowie andere nostalgische Requisiten (z. B. ein handbetriebenes Grammofon) können hier bewundert werden.

Mai bis Okt. tägl. außer So 10–17 Uhr. 50 dkr, erm. 25 dkr. Grammegårdsvej 1 (ca. 1 km in Richtung Pedersker/Boderne), ✆ 5697-4595; www.bornholmsautomobilmuseum.dk.

Almindingen ist der drittgrößte Wald Dänemarks

Almindingen

Im grünen, waldreichen Herzen der Insel ist das Meer weit entfernt. Nur vom Aussichtsturm auf dem Rytterknægten, der höchsten Erhebung Bornholms, fällt bei klarer Sicht der Blick bis zur Küste. Der Ausflug ins Inselinnere lohnt aber noch aus zahlreichen anderen Gründen.

Mit einer Fläche von ca. 38 km² ist die grüne Oase im Inselinneren das drittgrößte Waldgebiet Dänemarks. Diese Fläche vergrößert sich beträchtlich, zählt man die umliegenden Moor- und Heidegebiete hinzu. Noch um 1800 war die Inselmitte von Heide bewachsenes Weideland. Im Namen Almindingen steckt das Wort „Allmende", ein vor allem im deutschen Sprachraum verbreiteter mittelalterlicher Rechtsbegriff, der die gemeinschaftliche Nutzung von Agrarland regelte. Der Wald wurde, wie andernorts auf Bornholm, erst in der ersten Hälfte des 19. Jh. angelegt. Federführend leitete der Forstmeister Hans Rømer seit 1800 die Aufforstungsmaßnahmen. Mittels eines Steinwalls verwehrte er gegen den Widerstand der Bauern den Tieren den Zugang, anschließend begann er mit dem Anpflanzen der Bäume. Allenthalben stoßen Besucher auf seinen Namen: Der Rømersvej ist trotz kerzengeraden Verlaufs keine Römerstraße, sondern erinnert an den berühmten Förster, so wie Rømersdal, Rømersminde und das eine oder andere Denkmal im Wald. Bis 1836 wirkte Rømer, dessen Nachfolger das Aufforstungsprojekt fortsetzten. Heute verfolgt die Fortwirtschaft andere Ziele und versucht, punktuell und auf Kosten des Waldes die ursprüngliche Hochheide wiederherzustellen. Geselliger Mittelpunkt des Waldes war ein hölzerner Pavillon, den besagter Forstmeister für ein rauschendes Fest anno 1824 errichtete. In diesem Jahr besuchte der dänische Kronprinz, der spätere König Christian VIII. (1786–1848), die Insel. Weil der letzte Besuch eines Königs schon über ein Jahrhundert zurücklag – 1687 hatte Christian V. die Festung Ertholmene eingeweiht –, legte man sich für diese Feier ganz besonders ins Zeug. Es wurde eifrig gegessen und getanzt und abschließend ein Feuerwerk abgebrannt. Der Ort dieser Waldfete hieß daraufhin Prinz Christians Gedächtnispavillon (Prins Christians Minde). Den Holzbau ersetzte Hans Rømer später durch ein festes Haus, das sich rasch als Partyzone illustrer Tee- und Jagdgesellschaften etablierte und mit der Zeit ausgebaut wurde. Seit der Eröffnung der Bahnlinie Åkirkeby–Almindingen im Mai 1901 stiegen die Gästezahlen rapide an; die Strecke wurde anno 1916 bis Gudhjem verlängert und 1952 wieder stillgelegt. Heute bewirtet das Waldcafé und Restaurant Christianshøjkroen an gleicher Stelle die Erholungssuchenden (s. u.); wichtigster Festplatz hingegen ist inzwischen die Trabrennbahn (Travbane).

> **Das Wisent-Projekt: Wie Wildrinder zur Renaturierung beitragen**
>
> Im südöstlichen Bereich des Waldgebietes Almindingen lebt seit Sommer 2012 in einem eingezäunten Areal eine Wisentherde. Beim Wisent oder Europäischen Bison (Bison bonasus) handelt es sich um eine Wildrindart, die noch in den 1920er-Jahren akut vom Aussterben bedroht war. Im Mittelalter hingegen war der Wisent in den Primärwäldern Mittel- und Osteuropas weit verbreitet. Im Jahr 2008 erklärte die nach dem Zweiten Weltkrieg gegründete Schutzgemeinschaft Deutsches Wild den Wisent zum „Wildtier des Jahres". Wie aber gelangte der Wisent nach Bornholm?
>
> Wisente galten noch in der Neuzeit als begehrte Jagdbeute. Bis auf wenige Tiere wurden sie in Europa daher nahezu ausgerottet. Heute versucht man, die schwer zähmbaren Wildrinder über Zuchtprogramme wieder zu vermehren und auszuwildern. Die Wisente auf Bornholm stammen ursprünglich aus Polen. Durch ihr Grasen, Nagen und Stöbern sollen sie zur Dynamisierung der Natur im Waldgebiet Almindingen beitragen. Mit anderen Worten: Der Wisent schafft Lebensraum und verhindert so das weitere Aussterben bedrohter Tier- und Pflanzenarten. Das Freigehege ist zwar eingezäunt, Besucher dürfen es trotzdem betreten, sofern bestimmte Verhaltensregeln beachtet werden. Wisente sind dem Menschen gegenüber misstrauisch, man sollte sich ihnen daher z. B. nicht zu weit nähern und die Wildrinder selbstverständlich nicht füttern!

Almindingen präsentiert sich heutzutage als sehr abwechslungsreiches Natur- und Kulturland. Mischwälder, Spaltentäler (u. a. das Ekkodalen), Seen, Moore und Heide wechseln sich ab. Neben dem erwähnten Ausflugsrestaurant sorgen zwei Kioske für das kulinarische Wohl. **Rad- und Wanderwege** bilden ein dichtes Netz, das Naturliebhaber eifrig nutzen. Gänzlich für sich bleibt i. d. R., wer die gängigen Pfade verlässt und sich ins Bastemose wagt. Das Schilf- und Feuchtgebiet dient Graugänsen, Blesshühnern und Rohrammern als Brutzone, Ornithologen gewinnen vom Aussichtsturm einen guten Überblick. Neben Ekkodalen und Rytterknægten, der höchsten Inselerhebung, zählt der Besuch der beiden Burgruinen Gamleborg und Lilleborg zu den Highlights. Auch das Arboretum, ein Baumgarten aus den 1930er-Jahren, lohnt einen Abstecher. Die Straße von Rønne passiert das forstbotanische Relikt am Waldrand. Der eiszeitliche Findling (Rokkesten) hält – trotz großzügiger Ausschilderung – dem Vergleich mit dem Brocken in den Paradisbakkerne nicht stand. Tour 10 im Wanderteil des Reiseführers steuert die wichtigsten Attraktionen an, dort befindet sich auch eine Übersichtskarte (→ S. 225). Ein breiter

Wald- und Heidegürtel verbindet Almindingen mit den Paradisbakkerne im Osten. Der Fahrradweg Nr. 22 Rønne–Nexø quert den Waldgürtel auf dem Rømersvej. Die einzelnen Förstereien heißen Åker Plantage, Pedersker Plantage, Poulsker Plantage und Bodilsker Plantage, bleiben jedoch in puncto Abwechslung und Attraktivität hinter Almindingen und Paradisbakkerne zurück.

Verbindungen Almindingen ist der geografische Mittelpunkt Bornholms, Straßen steuern von allen Richtungen das Waldgebiet an und treffen an zwei zentralen Kreuzungen aufeinander. **Park- und Picknickplätze** und die Zugänge zu den wichtigsten Sehenswürdigkeiten sind von den Zufahrtswegen ausgeschildert.

Am günstigsten ist das Gebiet Almindingen mit den **Buslinien** 1 und 4 erreichbar, Reisende aus Nexø, Svaneke oder Dueodde müssen in Østermarie (Linie 1) oder in Åkirkeby (Linie 9; fährt nur in der Hauptsaison) umsteigen.

Kutschfahrten Ein nettes Erlebnis für Familien mit Kindern ist eine romantische Fahrt mit der Pferdekutsche. Ein- und Ausstiegsstationen sind u. a. Ekkodalen, Rytterknægten und Lilleborg. Die Kutsche kann auch exklusiv gemietet werden, die Preise sind abhängig von der Teilnehmerzahl. Jørns Pferdewagen, ✆ 5697-8262, www.hestevogenkoersel.dk.

Veranstaltungen Dyrskue: Die Tierschau ist eines der wichtigsten Inselfeste und findet alljährlich auf der Trabrennbahn statt. Ausstellung und Prämierung von Pferden, Kühen, Schweinen und Hühnern. Präsentation landwirtschaftlicher Geräte, Jahrmarkt mit diversen Fahrgeschäften sowie viel Spaß und geselliges Beisammensein (eintrittspflichtig). Ein Wochenende Ende Juni/Anfang Juli (www.dyrskuebornholm.dk).

Ekkodalen

Das größte und bekannteste Spaltental (→ Geologie, S. 20) Bornholms liegt am südlichen Rand des Waldgebietes und ist unbedingt einen Ausflug wert. Zumal Wanderer von hier aus problemlos den Rytterknægten (→ S. 186) erklimmen können. Das etwa 12 km lange und durchschnittlich 60 m breite Hochtal wird nach Nordwesten durch senkrecht abfallende, meterhohe Felswände begrenzt. Der umgangssprachliche Name Ekkodalen (Echotal) hat sich etabliert, weil von einer bestimmten Stelle ein Echo zu hören ist. Vom Besucherparkplatz sind es nur wenige Schritte bis zur betreffenden Stelle. Der ursprüngliche Name des Tales lautet hingegen Styrtebakkerne, ein sprachlicher Verweis auf die steil abstürzenden Hügel. Das Nordende des Talgrundes wird landwirtschaftlich genutzt, während die südliche Hälfte mehr oder weniger unzugänglich ist. Über die Wandermöglichkeiten informiert ein Faltblatt, das u. a. im Kiosk am Parkplatz, dem klassischen Ausgangspunkt für Spaziergänge, erhältlich ist.

Verbindungen Kürzeste Anfahrt von Åkirkeby (6 km auf der Straße in Richtung Gudhjem). Kurz vor den Almindingen zweigt

Das Echotal ist ein herrliches Wandergebiet

eine Stichstraße links ab (auf Hinweisschild achten). Sie endet am Wanderparkplatz und am Kiosk (s. u.).

Essen & Trinken Ekkodalshuset/Café Glenlyd, vorbildlicher Kiosk und Restaurant bzw. Café im ehemaligen Bahnhof Almindingen, der klassische Ausgangspunkt für Wanderungen und Spaziergänge ins Echotal. Der Inhaber geizt nicht mit Ratschlägen und Tipps zur Tourengestaltung. Tägl. ab 12 Uhr, im Winterhalbjahr Mo/Di geschlossen, im Dez. zusätzlich am Mi. ℡ 5697-0060, www.ekkodalshuset.dk.

 Tour 10: Wanderung durch Almindingen – grünes Herz der Insel → S. 223 ff.
Die Höhepunkte im Inselzentrum auf einen Streich erleben

Gamleborg

Bei der „alten Burg", so die deutsche Entsprechung, handelt es sich um eine von zwei Fluchtburgen aus der Wikingerzeit (800–1050). Eine weitere Burg liegt im Paradisbakkerne (→ S. 153 f.). Viel ist über beide Befestigungsanlagen nicht bekannt. Deren Lage weit im Landesinneren weist möglicherweise auf ihre Funktion hin, nämlich Einheimischen bei Gefahr vom Meer Schutz zu bieten. Es könnte sich aber auch um feudale Herrschaftssitze gehandelt haben. Die spärlichen Reste, die heute zu sehen sind, täuschen darüber hinweg, dass die Fluchtburg über Jahrzehnte hinweg permanent bewohnt war. Das 250 m² große Areal hat eine Länge von 270 m und eine Breite von 110 m und ist von einem Stein- und Erdwall umgeben. Von den Zugängen im Norden und Süden ist Letzterer am besten erhalten. Faktisch handelt es sich um den ältesten Steinbau der Insel. Unkomplizierter Zugang vom Parkplatz Ekkodalen (→ S. 185.)

Rytterknægten

Mit einer Höhe von 162 m ist der „Reiterknecht" alias „Knappe" nicht nur der höchste Berg Bornholms, sondern eine der höchsten topografischen Landmarken Dänemarks. Der Aussichtsturm auf dem Gipfel heißt Kongeminde und ist eigentlich ein Denkmal für den dänischen König, wie eine Gedenktafel über dem Eingang beweist. Spenden der Bewohner Bornholms ermöglichten 1855 den Turmbau zu Ehren von König Frederik VII. (1808–1863) und seiner Gemahlin, die vier Jahre zuvor der Insel einen Besuch abgestattet hatten. Der steinerne Turmsockel ist 13 m hoch, erwies sich aber im Jahr 1899 als zu niedrig, weil inzwischen die umliegenden Bäume so weit in die Höhe geschossen waren, dass sie die Aussicht versperrten. Daher wurde auf den Sockel ein 9 m hohes Metallobergeschoss gesetzt, auf dem sich heute die Aussichtsplattform in luftiger Höhe befindet. Bei klarer Sicht fällt der Blick über weite Teile der Insel bis zum Meer. Neben dem Turm gibt es einen Kiosk.

Verbindungen Die höchste Erhebung Bornholms ist mit dem Auto erreichbar, ein Parkplatz befindet sich am Aussichtsturm. Die Stichstraße zum Gipfel zweigt von der Straße Rønne–Almindingen ab. An der Abzweigung halten die Buslinien 1 und 4 (Rønne–Gudhjem–Allinge).

Kiosk April bis Okt. meist 10–18 Uhr.

Lilleborg

Die „kleine Burg" ereilte ein tragisches Schicksal, denn kaum im 12. Jh. erbaut, wurde sie gleich wieder zerstört. Die wenigen erhaltenen Reste ruhen auf einem Hügel wenige Meter oberhalb eines Waldsees (Borgesø), der die Anlage einst voll-

Die „Kleine Burg" war einmal wichtigstes Herrschaftszentrum der Insel

ständig umschloss und den Bewohnern das Trinkwasser lieferte. Damals lag die Burg im freien Feld, der umliegende Wald wurde erst in späterer Zeit gepflanzt. Fürst Jaromar II. von Rügen soll es anno 1259 gewesen sein, der im Kampf um die Ostsee die Burg eroberte und zerstörte. Münzfunde belegen jedoch, dass die Anlage auch in späterer Zeit noch bewohnt wurde. Die Lilleborg war einst Verwaltungszentrum und Inselvogtei, möglicherweise nutzten sie die Herrscher auch als Jagdschloss. Neben den erwähnten Münzen fanden Archäologen hier ansehnliche Reste von Türschlössern. Mit einer Fläche von 1500 m^2 war die Burg, nach Hammershus, die zweitgrößte Verteidigungsanlage Bornholms. Sie wurde von einer Ringmauer und einem Bergfried geschützt. Dieser verfügte über knapp 2,5 m dicke Mauern und diente als letzter Rückzugsort der Verteidigung.

Verbindungen Die Straße von Rønne in die Almindingen führt an der Lilleborg vorbei (Buslinie 1 und 4). Am besten das Auto auf dem Wanderparkplatz Knappedam abstellen und zu Fuß in wenigen Minuten zur Ruine laufen.

Essen & Trinken Christianshøj Kroen. Einsam im Wald gelegenes Café samt Restaurant mit großer Vergangenheit (s. o.). Nobles Interieur, außen eher rustikal, der Schwerpunkt liegt auf Fisch. Das Dreigangmenü kostet 325 dkr, es gibt aber auch einfache Mittagsgerichte à la carte. Mai bis Sept. tägl. mittags und abends, im Winter nur Sa/So. Segenvej 4008, ✆ 5697-4013, www.christianshojkroen.dk.

Bornholms Brand Park (Trabrennbahn)

Die einzige Trabrennbahn der Insel wurde 1960 eingeweiht. Die Mechanisierung in der Landwirtschaft hatte Pferde durch Traktoren ersetzt, worauf das „Nationalpferd" der Insel – der Frederiksborger ist eine alte dänische Rasse – auszusterben drohte. Gleichzeitig etablierte sich das Reiten als neuer Freizeitsport, und der Bedarf nach Trab- und Rennpferden stieg. Die Nachfrage konnte durch Züchtung und mittels regelmäßig stattfindender Events befriedigt werden. Sporadisch gab es auch schon vor 1960 Trabrennen, aber erst mit der feierlichen Eröffnung der Travbane finden sie von April bis Oktober regelmäßig statt. Höhepunkt des Veranstaltungsjahres ist die große Tierschau Ende Juni (Infos unter www.bornholmstravbane.dk).

Blick über den Hafen nach Frederiksø mit dem Lille Tårn

Ertholmene (Erbseninseln)

Einst setzten dänische Freibeuter von diesem Inselvorposten in der Ostsee aus empfindliche Nadelstiche gegen Engländer und Schweden. Heute ist der fahrrad- und autofreie Archipel ein beliebtes Ausflugsziel und eines der letzten Paradiese im Ostseeraum.

Der Ausblick vom Leuchtturm auf Christiansø über die schmale Hafenpassage auf das Wahrzeichen der Ertholmene, den Festungsturm auf der Nachbarinsel Frederiksø, gehört zu den erhabensten Eindrücken überhaupt. Wenn zudem die steife Brise das Geschrei der Seevögel von den Klippen oder von der Nachbarinsel Græsholm herträgt, dann ist das Nordlandgefühl beinahe perfekt. Nur schade, dass sich der Aufenthalt zumeist auf nur wenige Stunden beschränkt. Am späten Vormittag ergießt sich der Strom der Tagesbesucher über die beiden Hauptinseln Christiansø und Frederiksø, um nachmittags ebenso plötzlich wieder zu verschwinden. Sobald die letzten Fähren nach Gudhjem und Allinge von der Mole ablegen, sind die Bewohner des Archipels wieder unter sich. Bis auf einige wenige Gäste, die in der Inselpension oder auf dem Zeltplatz nächtigen, herrscht fast meditative Einsamkeit. Wer genügend Zeit hat und in aller Ruhe die Stimmung auf den Ertholmene genießen möchte, sollte sich überlegen, ein, zwei Nächte auf Christiansø zu verbringen.

Fast jeder, der den Archipel zum ersten Mal besucht, stolpert über die Namen. Das geht bereits bei der Anreise los, denn die Dänen kennen ihn unter der Bezeichnung **Christiansø**. Nach dem dänischen König Christian V. (1646–1699) ist aber nur die größte Hauptinsel benannt. Bei der bedeutend kleineren Nachbarinsel **Frederiksø**

Ertholmene (Erbseninseln)

stand hingegen dessen ältester Sohn und Nachfolger Frederik IV. (1671–1730) Pate. Die dritte größere Insel heißt **Græsholm** und ist ein Vogelreservat, das nicht betreten werden darf. Darüber hinaus gibt es noch eine Handvoll winziger Schären, die oft kaum mehr sind als ein paar Klippen im Wasser. Sie tragen Namen wie **Lilleø, Tat** oder **Vesterkær**, die im Übrigen kaum ein Mensch jemals gehört hat. Möglicherweise sind es diese kleinen, in der Ostsee verstreuten „Erbsen" gewesen, die zur deutschen Bezeichnung Erbseninseln geführt haben. Eine Ableitung vom dänischen Wort *ært* (für Erbse) ist zwar möglich, lässt sich aber nicht nachweisen. Bei der Bezeichnung **Ertholmene** wiederum handelt es sich um den alten dänischen Namen des Archipels. Dieser war nie in Vergessenheit geraten, auch wenn nach wie vor die amtliche Bezeichnung Christiansø lautet. Die Gesamtfläche der Inselgruppe beträgt nur ca. 36 ha, allein 22 ha entfallen dabei auf die Hauptinsel Christiansø. Es folgen Græsholm (9 ha) sowie Frederiksø (4 ha). Auch der höchste Punkt liegt mit 22 m auf der Hauptinsel; es handelt sich um den vom Gletscher glatt geschliffenen Rundhöcker Møllebakken hinter dem Leuchtturm.

Streng genommen verlassen Einheimische wie Gäste, sobald sie den Boden von Ertholmene betreten, den Bereich der Regionskommune Bornholm (→ Geschichte, S. 32), denn der Archipel untersteht seit 2003 direkt dem dänischen Verteidigungsministerium. Ein Administrator fungiert als Bindeglied zwischen Bewohnern und Ministerium. Er ist Verwalter, Polizist und Zollbeamter in Personalunion. Sein Schiff, mit dem er regelmäßig nach Gudhjem übersetzt, ist ein grauer Kutter mit dem etwas seltsamen Namen „Elephanten". Zudem verbindet regelmäßig das Postschiff die Inselgruppe mit Bornholm. Seit der Strukturreform im Jahr 2007 sind die rund 100 Bewohner von der Kommunalsteuer befreit. Es gibt einen eigenen Inselarzt, und bis zur siebten Klasse gehen die Kinder auf die Inselschule.

Ertholmene (Erbseninseln)

Geschichte: Die Ertholmene rückten mit dem Frieden von Roskilde 1658 in den Fokus der politischen Ereignisse. Nach dem verlorenen zweiten Nordischen Krieg musste Dänemark die südschwedischen Besitztümer räumen und sich auf die neue Machtsituation im Ostseeraum einstellen. Um die schwedischen Bewegungen im Öresund besser überwachen zu können, musste ein neuer Flottenstützpunkt in der Ostsee angelegt werden. Im kleinen Naturhafen zwischen den beiden Hauptinseln fand man ideale Bedingungen vor. 1684 erteilte König Christian V. (nach ihm ist heute die Hauptinsel benannt) den Befehl zum Bau einer Festung und eines befestigten Hafens. Die Mauern und Türme, Kasernen und Magazine, die bis heute dem Archipel ihr unverwechselbares Gesicht verleihen, entstanden in dieser Zeit. Während der folgenden Auseinandersetzungen gegen Schweden und England im Kampf um die Ostsee bauten die Nachfolger des Herrschers die Festung aus. Im Jahr 1808 wurden die Inseln von einem englischen Flottengeschwader angegriffen, es sollte das einzige Mal sein, dass der Archipel tatsächlich zum Kriegsschauplatz wurde. Die Invasion verhinderte damals wohl nur eine aufziehende Schlechtwetterfront. Seit dem 18. Jh. dienten die Ertholmene darüber hinaus als Gefängnisinsel. Für politische Häftlinge, die sich unter dem Eindruck freiheitlicher Ideale gegen den Absolutismus gewandt hatten, wurde 1826 eigens ein neues Arresthaus errichtet. Zu den prominentesten Insassen gehörte Jacob Jacobsen Dampe (→ Kasten, S. 196), der viele Jahre auf der Insel Frederiksø verbrachte. 1855 wurden das Gefängnis mitsamt der Festung und dem Flottenstützpunkt aufgelöst. Wenige Jahre später zogen Fischer, Arbeiter und einige Veteranen in die Soldatenwohnungen auf den Hauptinseln, allmählich kehrte das Leben wieder nach den Ertholmene zurück.

Seit 1926 stehen die Erbseninseln unter Natur- und Denkmalschutz. Gäste sollten sich an die offiziell ausgewiesenen Wege und Pfade halten, das Betreten der Mauern, die aus lose aufgeschichtetem Gestein bestehen, ist strikt verboten. Gleiches gilt für das Pflücken von Blumen, die Abfälle werden wieder zurück aufs Schiff genommen. Ferner ist das Mitbringen von Hunden und anderen Haustieren nicht gestattet!

Badesteg auf Frederiksø

Basis-Infos

Information Reisende mit der Fähre erhalten beim Ticketkauf ein Faltblatt mit wichtigen Aspekten zur Inselgeschichte und zu den Verhaltensregeln während des Aufenthalts. Infos im Internet unter www.christiansoe.dk (dänisch). **Gruppenführungen auf Deutsch:** ✆ 2250-3027 oder post@guide-christiansoe.dk.

Verbindungen Die Überfahrt von Gudhjem mit der „M/S Ertholm" dauert 1 Std., Tickets für die Hin- und Rückfahrt gibt es am Schalter neben der Touristeninformation in Gudhjem. Kosten je nach Saison 200–250 dkr,

Übernachten
1 Teltplads
3 Gæstgiveri
4 Fængslet Ballonen

Essen & Trinken
3 Gæstgiveri

Cafés
2 Kiosk

Kinder bis 14 J. zahlen die Hälfte. Je nach Saison eine bis drei Abfahrten pro Tag, die erste Abfahrt erfolgt i. d. R. um 10 Uhr. Im Winterhalbjahr verkehrt Mo–Fr das etwas langsamere Postschiff. Christiansøfarten, Ejnar Mikkelsensvej 25 in Gudhjem, ☎ 5648-5176, www.christiansoefarten.dk.

Mit der eigenen Jacht: Der Hafen verfügt über 60 Liegeplätze und hat eine Nord- und eine Südeinfahrt (Nordre und Søndre Havn). Letztere kann bei stürmischen Südwinden nicht benutzt werden; bei ganz ungünstiger Wetterlage wird der Hafen ganz geschlossen! Der Hafenmeister ist nachmittags 16–17 Uhr anwesend (☎ 4025-2014), Boote über 20 t benötigen eine Reservierung.

Baden Die Erbseninseln sind zwar keine Badedestination, an der Westseite von Frederiksø gibt es jedoch einen Badesteg zum Abkühlen. Weitere Bademöglichkeiten sind an der Ostseite von Christiansø zu finden.

Übernachten/Essen & Trinken → Karte S. 191

Erste Anlaufstelle bei der Suche nach einem Logis ist die Gæstgiveri am Hafen, von den Einheimischen *Kro* (Gasthaus) genannt. Aufgrund begrenzter Kapazitäten ist bei Übernachtungen eine Vorreservierung zu empfehlen! Bekannteste Inselspezialität ist der Kräuterhering (Kryddersild), den man entweder im Biergarten verzehren oder auf Frederiksø auf die Hand kaufen kann.

Gæstgiveri (Christiansø Kro) 3, der Inhaber der über 100 Jahre alten Pension betreibt auch das Restaurant, den Kiosk und das Inselgeschäft. Sechs renovierte Zimmer mit Dusche/Bad, Restaurant mit gemütlichen Innen- und Außenplätzen. Serviert werden u. a. inseltypische Fischspezialitäten (alle Gerichte um 100 dkr). Die Stimmung ist am schönsten, wenn sich die Einheimischen am Abend in der Stube zum Würfelspiel treffen. In der Hauptsaison tägl. geöffnet, Mitte Dez. bis Mitte Febr. geschlossen, das Restaurant öffnet im Winter nur an wenigen Wochentagen von 17 bis 19 Uhr. DZ ca. 1150 dkr. Christiansø 10, ℡ 5646-2015, www.christiansoekro.dk.

Fængslet Ballonen 4, einziges Logis auf Frederiksø, fünf einfach möblierte Zellen im ehemaligen Gefängnis mit Gemeinschaftsbad und -küche. Handtücher müssen mitgebracht werden! DZ 390 dkr.

Christiansø Administration (geöffnet Mo–Fr 10–12 Uhr), ℡ 5646-2013, www.christiansoe.dk.

Christiansø Teltplads 1, auch hier sind die Kapazitäten begrenzt, nur 24 Stellplätze für kleine Zelte, die Infrastruktur beschränkt sich auf das Nötigste. Dafür liegt der Platz herrlich in wildromantischer Umgebung, meerseitig ein Rest der Festungsmauer. Zelt, Schlafsack sowie Unterlage können gegen Aufpreis gemietet werden. 2 Pers. mit Zelt 155–180 dkr. Christiansø Administration (geöffnet Mo–Fr 10–12 Uhr), ℡ 5646-2013, www.christiansoe.dk.

Kiosk 2, zwischen Kirche und Store Tårn liegt am Treppenaufgang im Gebäude der einstigen Inselwäscherei der Kiosk. Postkarten, Eis und kleine Snacks, einige Picknickbänke stehen vor dem Eingang. Im Juli auch abends geöffnet (Pizza und Burger), ansonsten von Mai bis Sept. 11–16 Uhr. ℡ 5646-2015.

Kriegerische Vergangenheit: Kanonenbastion auf Christiansø

Der „große Turm" ist das Zentrum der Flottenfestung

Christiansø

Die Hauptinsel hieß vor der Festungsgründung 1684 Kirkholm. Sie ist durch eine enge Meerespassage, die früher wie heute als Hafen genutzt wird, von Frederiksø getrennt. Eine schmale **Drehbrücke**, die nur wenige Personen trägt, verbindet beide Inseln. Die Fähren legen i. d. R. auf Christiansø an bzw. ab, hier konzentriert sich logischerweise auch die Infrastruktur: Kiosk und Restaurant mit Terrasse, Post und Inselverwaltung sowie ein Ladengeschäft für die Grundversorgung der Bewohner (Købmandshandel). Zur Infrastruktur gehören zudem die Inselfeuerwehr sowie ein Elektrizitätswerk und eine Bibliothek. Nur Schule, Arztpraxis und Zeltplatz liegen auf der anderen Inselseite. Die Versorgung mit Trinkwasser ist ebenfalls gesichert: Traditionell sammelten Bewohner das Regenwasser, seit man jedoch im Jahr 2006 in rund 50 m Tiefe auf Grundwasser stieß, sprudelt das Wasser aus einem Brunnen (Store Brønd), der im Volksmund *Guds forsyn* – Gottes Vorsehung – heißt. Eine Besonderheit auf Christiansø sind die zahlreichen **Gärten**, nicht wenige davon kleine Paradiese: Es handelt sich i. d. R. um Privatgärten, daher muss meist ein kurzer Blick von außen über den Zaun oder grob aufgeschichtete Feldsteinmauern genügen. Zwischen rund geschliffenen Felsen gedeihen Küchenkräuter, neben dem Haus des Inselarztes befindet sich ein alter Heilkräutergarten. Die meisten Gärten bekommt zu sehen, wer einen der zahlreichen gewundenen Pfade einschlägt, die vom **Store Tårn** (→ S. 194) in alle erdenklichen Richtungen durch das Innere der Insel führen.

In den allermeisten Fällen wählen die Tagesgäste jedoch den **Rundweg** und wenden sich vom Hafen auf breiteren Wegen nach Süden oder Norden. Flankiert wird der Rundweg von Mauern und Küstenbastionen, immer wieder fällt der Blick von den Hügelrücken aufs Meer. Je weiter man sich von der Fähranlegestelle entfernt, desto ruhiger wird es. In südlicher Richtung passiert man zunächst auf einer Straße einige lang gestreckte Gebäude, die eigentliche Kaserne. Anschließend öffnet sich die Szenerie, der Blick fällt auf verstreut liegende Häuser, die heute als einfache Ferienquartiere genutzt werden. Früher wohnten hier Soldaten mit ihren Familien. Ganz im Süden steigt der Rundweg leicht an und erreicht die mit Kanonen bewehrte Königsbastion (Kongens batteri). Sie stammt aus dem Jahr 1735, es handelt sich um den am besten erhaltenen Teil der Küstenschutzbefestigung. In Sichtweite stellt ebenfalls ganz im Süden die etwas ältere Bastion der Königin (Dronningens batteri) die Parität der Geschlechter wieder her. In der Folge wendet sich der Weg nach Norden, die Befestigungsmauer als treuen Begleiter. Am nördlichen Ende von Christiansø – jenseits von **Schule** (s. u.), Pastorenteich, Zelt- und Fußballplatz – gelangt man schließlich buchstäblich ans Ende der Welt (Verdens Ende)!

Store Tårn: Beim 1684 errichteten „großen Turm" handelt es sich um den Kern der Festungsanlage. Er steht in beherrschender Position oberhalb der Hafendurchfahrt. Die Besonderheit ist der Turm im Turm: 1805 wurde nämlich in den Festungsturm ein Leuchtturm (Fyrtårnet) hineingebaut. Von der Aussichtsplattform fällt der Blick über die gesamte Inselgruppe. Zum Zeitpunkt der Drucklegung des Reiseführers wurde der Turm restauriert; im Zuge der Umbauarbeiten erhält er eine Abdeckung aus Plexiglas.
Bis zum Abschluss der Restaurierungsarbeiten 2017 hat die Aussichtsplattform in den drei Sommermonaten sporadisch geöffnet.

Christiansø Kirke: Die Inselkirche befand sich ursprünglich im Store Tårn und wurde erst 1821 verlegt. Das weiße Haus war ursprünglich eine Schmiede und musste daher umgebaut werden. 2008 wurde die Kirche grundlegend saniert, der freistehende Glockenturm stammt aus dem Jahr 1927. Zweimal im Monat kommt „vom Land" – die Bewohner meinen natürlich die Insel Bornholm – der Pfarrer mit seinem Organisten hierher und feiert in der Kirche einen Gottesdienst.

Christiansø Skole (Schulhaus): Die Inselschule befindet sich im alten Pfarrhaus aus dem Jahr 1831. Mit rund zehn Schülerinnen und Schülern ist die Christiansø Skole ein veritables Lernidyll und eine der kleinsten Schulen Dänemarks. Für den Besuch der weiterführenden Schule müssen die Kinder nach der siebten Klasse auf Bornholm ins Internat. Übrigens sind die Zöglinge die einzigen Menschen, denen es erlaubt ist, sich an wenigen ausgewählten Tagen auf der Vogelinsel Græsholm aufzuhalten.

Der Fachwerkglockenturm der Inselkirche

Fischerflair auf Frederiksø

Frederiksø

Das 440 m lange und 160 m breite Eiland erhebt sich an seiner höchsten Stelle nur 8 m über den Meeresspiegel. Frederiksø ist dichter besiedelt als die Nachbarinsel, der Rundgang erfordert aufgrund des kompakteren Aufbaus der Insel weniger Zeit. Den schönsten Blick auf den Hafen und auf Christiansø hat man von der Bastion im Süden: Wendet man sich an der Drehbrücke nach links, gelangt man zunächst zu den Kanonenbootsschuppen. Zwischen Schuppengebäude und Hafen wird heute noch immer der berühmte **Räucherhering** verkauft – hausgemacht nach geheimen Rezepten, die in den Fischerfamilien von Generation zu Generation weitergegeben wurden. Den legendären Ruth's Kryddersild gibt es z. B. nicht nur hier auf die Hand, sondern inzwischen auch in einigen Räuchereien auf Bornholm zu kaufen, u. a. in Allinge. Aber am besten schmeckt er sicherlich am Hafen von Frederiksø auf den rustikalen Holzbänken. Vorbei am ehemaligen **Gefängnis** (→ S. 197) führt der Weg hart an der Küste nach Norden und streift dabei den einstigen Cholerafriedhof, auf dem die Toten zweier Epidemien (1831 und 1853) bestattet wurden. In einer Reiseerzählung schreibt der dänische Schriftsteller und Journalist Herman Bang (1857–1912) über Schwierigkeiten, angesichts der hiesigen Bodenverhältnisse Gräber auszuheben ... Am nördlichen Ende von Frederiksø steht der **Lille Tårn** → S. 197). Das Wahrzeichen des Archipels ist bei ganz klarer Sicht sogar von der Nordostküste Bornholms aus zu sehen! Der Weg zurück zur Drehbrücke führt an der lang gestreckten Kaserne mit dem Versammlungshaus vorbei, das bei Einheimischen **Månen** (der Mond) heißt. Eine schöne Geschichte, die sich mit dem Namen verknüpft, hängt mit einem populären Song der dänischen Poprockgruppe tv-2 zusammen. Das Lied mit dem Titel „Die erste Liebe auf dem Mond" *(De første kærester på månen)* schrieb der Sänger Steffen Brandt, nachdem ihm ein Bekannter erzählt hatte, unter welchen Umständen er auf Christiansø (und zwar im „Mond") seine spätere Freundin kennen und lieben gelernt hatte. Das Lied und das gleichnamige, 2005 publizierte Album waren ein großer Erfolg.

Freiheitskämpfer in Gefangenschaft: Szenen aus dem Arresthaus

Der Politiker, Freiheitskämpfer und Theologe Jacob Jacobsen Dampe (1790–1867) verbrachte ein gefühltes halbes Leben unfreiwillig auf Frederiksø. Man schrieb die Zeit, in der die europäischen Herrscherhäuser nach dem Wiener Kongress 1814/15 die Zeit zurückdrehen und den Geist der Französischen Revolution wieder in die Flasche bannen wollten. Bereits 1799 hatte König Frederik VI. die Druckfreiheit beschränkt und Oppositionsbestrebungen gnadenlos verfolgt. Während der Napoleonischen Kriege wurde die Zensur nochmals verschärft. Erst das Revolutionsjahr 1848 führte wieder zu Lockerungen.

Verfechtern liberaler Ideale wie Jacob Dampe erging es in dieser Zeit oftmals schlecht. Die ersten Wolken zogen auf, als man ihm ein öffentliches Redeverbot erteilte. Dampe setzte sich jedoch darüber hinweg und engagierte sich weiter für die Abschaffung der Monarchie. Der Casus Belli erfolgte im November 1820, als er zu einer Sitzung lud, um eine Verfassung auszuarbeiten. Dampe wurde verhaftet und des Hochverrats angeklagt. Das Todesurteil wurde dann in eine lebenslängliche Freiheitsstrafe umgewandelt, die der Häftling in der Folge auf den Ertholmene abbüßte. 1826, fünf Jahre nach der Verurteilung, traf er auf dem Archipel ein und bewohnte fortan im Inselgefängnis die Zelle Nr. 8 im ersten Stock. Ein einstündiger Spaziergang täglich war ihm erlaubt, wobei er dabei von einem Soldaten mit gezücktem Bajonett begleitet wurde. Der Häftling lebte jedoch nicht isoliert, sondern tauschte sich mit Einheimischen aus und schrieb Briefe an die Tochter. Mehrere Fluchtversuche scheiterten: Durch kräftiges Winken mit den Armen wollte er vorbeifahrende Schiffe auf sich aufmerksam machen. Erst am 24. Mai 1841 wurde Dampe entlassen. Er blieb noch sieben Jahre in Rønne und kehrte dann nach Kopenhagen zurück.

Gefängniszelle auf Frederiksø

Es gab noch weitere prominente Häftlinge: Bereits im Jahr 1778 saß der aus Heidelberg stammende Diplomat und Schriftsteller Johann Wilhelm Franz Freiherr von Krohne (1738–1787) auf den Erbseninseln ein. Der ebenso umtriebige wie höchst eigenwillige Hasardeur fiel in Kopenhagen wegen Ungehorsams am Königshof in Ungnade und wurde daher nach Christiansø gebracht. Wann er wieder auf freien Fuß kam, ist unbekannt. Ein weiterer Fall ist der Philosoph und Publizist Georg Schade (1712–1795). Dieser hatte 1760 eine radikale Religionsschrift mit dem Titel „Die unwandelbare und ewige Religion" veröffentlicht. Der Affront genügte dem Hamburger Senat, ihn postwendend zu verurteilen, worauf Schade von der dänischen Regierung verhaftet und 1761 nach Christiansø verfrachtet wurde. Die späteren Jahre verbüßte er bis zu seiner Begnadigung 1772 im Exil auf Bornholm.

Blick über den Hafen auf den Store Tårn auf Christiansø

Ehemaliges Inselgefängnis: Das 1826 errichtete Arresthaus, umgangssprachlich im Dänischen „Ballonen" genannt, umschloss einst einen Innenhof. Unter den prominenten Häftlingen waren in der ersten Hälfte des 19. Jh. auch viele politische Gefangene, die hierher deportiert wurden (→ Kasten, S. 196). Nach der Auflassung der Festung im Jahr 1855 diente das Gefängnis als Lager für Kohlen und Fischereizubehör. Heute stehen die Gefängnistüren offen, Besucher können einen Blick in die (solide restaurierten) Zellen werfen. Darüber hinaus kann in fünf Zellen übernachtet werden, weitere Räume fungieren als Gemeinschaftsbad und -küche (→ Übernachten/Essen & Trinken, S. 192).

Lille Tårn (Museum): Unübersehbar steht der „kleine Turm", das Wahrzeichen der Ertholmene, am Nordende der Insel. Erbaut wurde er 1685–1687 als Teil der einstigen Festungsanlage. Heute befindet sich im Inneren auf vier Etagen ein bescheidenes Museum mit Exponaten zu militärhistorischen und naturkundlichen Themen. Von Interesse ist ein Miniaturmodell der beiden Hauptinseln, ansonsten hält sich das Vergnügen wegen der ausschließlich dänischen Texte stark in Grenzen.
Mai/Juni und erste Septemberhälfte Mo–Fr 11.30–16 Uhr, Sa/So 11.30–14 Uhr, Juli/Aug. Mo–Fr 11.30–16 Uhr, Sa/So 11.30–16 Uhr. 20 dkr, erm. 5 dkr.

Græsholm

Die etwas abseits gelegene Vogelinsel ist ein Schutzgebiet, Menschen dürfen dieses Eiland nicht betreten. Ornithologisch interessierte Tagesgäste sollten sich jedoch mit einem Fernglas versehen und von den Bastionen der beiden Hauptinseln hinüberblicken. Neben Silbermöwen brüten hier u. a. der Tordalk *(Alca torda)* und die Trottellumme *(Uria aalge).* Die heute selten gewordenen Meeresvögel brüteten früher häufig in den Klippen Bornholms, die sich ausbreitende Zivilisation hat sie aber von dort vertrieben. Græsholm ist heute eines der wichtigsten Vogelschutzgebiete Dänemarks.

Wandergruppe auf dem Hammerknuden

Tour 1	Wanderung an der Küste von Rønne nach Hasle	→ S. 203
Tour 2	Runde um die Halbinsel Hammeren	→ S. 205
Tour 3	Auf dem Drahtesel zu den Höhepunkten im Norden Bornholms	→ S. 207
Tour 4	Zu Fuß von Gudhjem zu den Helligdomsklipperne	→ S. 211
Tour 5	Fahrradrunde von Gudhjem zu Rø Plantage und Spellinge Mose	→ S. 213

Kleiner (Rad-)Wanderführer

Tour 6	Wanderung von Gudhjem ins Kobbeådalen	→ S. 215
Tour 7	Küstenwanderung von Svaneke nach Nexø	→ S. 217
Tour 8	Paradisbakkerne – Wandern im Paradies	→ S. 219
Tour 9	Strandwanderung an der Südküste Bornholms	→ S. 221
Tour 10	Wanderung durch Almindingen – grünes Herz der Insel	→ S. 223

Wandersteg unterhalb der Lilleborg

Kleiner (Rad-)Wanderführer

Natur ist Trumpf auf Bornholm. Es ist daher wenig überraschend, dass die Insel Radfahrern und Wanderern eine luxuriöse Auswahl an Möglichkeiten bietet. Welche Tour auch immer Sie wählen – die Ostsee liegt fast immer in bequemer Reichweite.

Wandern lässt es sich grundsätzlich das ganze Jahr über, Fahrradfahren hingegen besser in der warmen Jahreszeit. Wer die Besenheide in Blüte erleben möchte, weicht auf die zweite Augusthälfte aus, zudem hat dann die Ostsee die angenehmste Badetemperatur. Die Küstenflora ist eigentlich das ganze Jahr über interessant, allerdings stehen von Juni bis Mitte Juli die meisten Pflanzen in Blüte. Über ein gesundes Maß an Trittsicherheit sollten Wanderer stets verfügen, denn insbesondere die Küstenschutzpfade sind nicht immer gut in Schuss – ab und an geht es buchstäblich über Stock und Stein.

Der Küstenpfad *(kyststi)* ist mit dunkelgelben Plaketten bzw. Schildern markiert, während die Wege im Hinterland uneinheitlich ausgeschildert sind. Ein dicht geknüpftes Netz von Wanderwegen findet man auf der Halbinsel Hammeren, zwischen Hammershus und Vang, in der Rø Plantage und im Almindingen sowie in den Paradisbakkerne. Auch die meisten Radwege *(cyclevej)* sind markiert. Hier dienen grüne Schilder der Orientierung, die Ziele sind jeweils mit Kilometerangaben versehen. Teils folgen die Routen Neben- und (manchmal auch) Hauptstraßen, teils folgen sie der einstigen Eisenbahntrasse. Letztere ist überaus angenehm zu befahren, ähnliches gilt für die schmalen Wege im Inselnorden, die ausschließlich Radlern vorbehalten sind. Die Fahrradwege sind nicht immer asphaltiert, oft bildet feiner oder gröberer Schotter den Bodenbelag (Letzteres ist jedoch die Ausnahme). Die Nordhälfte Bornholms sollte jedoch nicht unterschätzt werden: Das Terrain ist kleinteilig und hügelig, zahlreiche steile An- und Abstiege sind die logische Folge. Andererseits ist die Erlebnisdichte hier besonders hoch, weil landschaftliche und kulturelle Höhepunkte nah beieinanderliegen.

Bei den Touren sollte stets eine Karte oder das GPS-Gerät ins Gepäck, obwohl die meisten Routen und Wege ausreichend markiert sind. Trinkflasche sowie Sonnen- und Regenschutz sollte man ohnehin stets mitführen, bei längeren Ausflügen auch etwas Verpflegung. Wer die Süd- oder Westküste als Ziel hat, kann darüber hinaus die Badesachen einpacken. Einkehrmöglichkeiten sind unterwegs eigentlich immer vorhanden, wobei diese in der Vor- und Nachsaison nicht zuverlässig geöffnet haben. Das gut organisierte öffentliche Busnetz macht die Rückkehr ins Quartier oder zum Parkplatz am Ausgangspunkt zum Kinderspiel. Gegen einen Aufpreis von 24 dkr (unabhängig von der Entfernung) nehmen Inselbusse auch Räder mit. Allerdings sollte bedacht werden, dass ein Bus nur maximal vier bis fünf Fahrräder transportieren kann. Für Radler ist die Kompasskarte im Maßstab 1:50.000 das geeignete Orientierungsmedium, Wanderer sind mit dem kostenlos erhältlichen Bornholm-Kortguide am besten beraten (→ Landkarten, S. 76).

Zwei Radrundtouren sowie acht leichte bis mittelschwere Wanderungen werden hier ausführlich beschrieben, wobei die angegebenen Zeiten sich stets auf die reine Gehzeit ohne Pausen beziehen. Die meisten Wanderungen verlaufen entlang der

Küste und folgen mehr oder weniger dem Küstenschutzpfad. Eine Ausnahme ist Tour 9 im Süden Bornholms, denn hier ist der Küstenpfad nicht mehr erhalten.

Vorwiegend (aber nicht ausschließlich) im Hinterland liegen die Spaltentäler: Tour 8 (Paradisbakkerne) und Tour 10 (Almindingen) besuchen die spektakulärsten Vertreter dieser geologisch bemerkenswerten Geländeformationen. Liebhaber der Besenheide sind mit Tour 2 auf der Halbinsel Hammeren gut beraten. Aber auch die Fahrradtour im Inselnorden (Tour 3) und viele andere Touren durchqueren immer wieder zauberhafte Heidelandschaft. Zusätzlich finden Sie im Reiseteil bei den jeweiligen Orten zahlreiche Hinweise auf Routen und Einstiegsmöglichkeiten.

Tour 1:
Wanderung an der Küste von Rønne nach Hasle

Charakteristik: Die physisch anspruchslose Wanderung ist auch mit größeren Kindern machbar. Anfangs geht es durch dichten Sandfluchtwald, später eröffnen sich immer wieder schöne Ausblicke auf die Ostsee. Ab und an trifft man auf Zeugnisse der verflossenen Industriekultur: Tonschlackenhalden, Steinbruchseen und Kipploren. Ziel ist die Fischräucherei in Hasle. Kurz davor lädt ein wunderbarer Sandstrand zum Baden ein. **Länge/Dauer:** ca. 10 km, ca. 2:30 Std. **Einkehrmöglichkeiten:** in Hasle (→ S. 98). **Ausgangspunkt/Anfahrt:** Parkplatz vor dem Campingplatz Nordskoven am nördlichen Stadtausgang von Rønne. Park- und Zeltplatz sind von der Küstenstraße nach Hasle ausgeschildert, der Stichweg (Antoinettevej) zum Meer endet als Sackgasse am Einstieg zur Wanderung. Alternativ kann man auch vom Stadtzentrum Rønne entlang der Küstenpromenade zum Ausgangspunkt laufen.

Wegbeschreibung: Vom Parkplatz **1** am Ende der Stichstraße wählen wir den Wanderweg, der in nördliche Richtung in den Wald hineinführt (in den Karten als Nordskoven bzw. Blykobbe Plantage verzeichnet). Mehrere Markierungen befinden sich an einer **Holzstele** zur Rechten. Gleich darauf führt nach links ein Stichweg Richtung Meer (WC, Fahrradparkplatz), den wir unbeachtet lassen. In der Folge ignorieren wir sämtliche abzweigenden Pfade nach links oder rechts und folgen stattdessen der Markierung (roter Pfeil) bzw. dem Hinweis „Sundhedsspor".

An einer größeren Wegverzweigung **2** führt uns die Pfeil-Markierung vom Meer weg – bislang ab und an zwischen den Bäumen zu erahnen – im rechten Winkel nach rechts. Bei nächster Gelegenheit, kurz vor einer **roten Hütte,** zweigen wir nach links ab und nehmen die ursprüngliche Gehrichtung wieder auf. Nach wie vor kümmern wir uns nicht um die zahlreichen Weg- und Pfadalternativen, die vom Hauptweg abzweigen.

Süßwasserzufluss im Dünengürtel

Tour 1: Wanderung an der Küste von Rønne nach Hasle

Nach 45 Min. schnurstracks durch den Wald endet der Weg an einer **T-Kreuzung 3**, wo wir die eindeutige Wegalternative nach halblinks wählen. Bei der folgenden Gabelung geht es geradeaus weiter. Unser Weg steuert nun die Küste an, fällt kurz ab und quert als Holzplankensteg einen Priel. Danach windet sich der Küstenschutzpfad parallel zur Küste und im Schutz der im Sommer blühenden Dünenbepflanzung nordwärts.

Nach 15 Min. mündet der naturschöne Wanderpfad auf eine **Fahrstraße**, der wir nach links folgen. Sie beschreibt einen Bogen, passiert einige schwarze Fischerkaten und Reste einer Küstenbatterie aus den Kriegen zwischen Dänemark und England zu Beginn des 19. Jh. (→ Foto S. 28). Gleich darauf ein See, der in den Karten als **Pyritsøen** (Pyritsee) verzeichnet ist. Es handelt sich um eine ehemalige Tongrube, die sich nach Ende der Abraumarbeiten mit Wasser füllte. Spuren von Dinosauriern, die man hier in der Gegend fand, sind im Erlebniszentrum NaturBornholm in Åkirkeby ausgestellt.

Zwischen See und Meer quert die Route eine **Tonschlackenhalde** (um an die Kohle zu gelangen, musste erst die Tonschicht abgetragen werden). Sobald der Hauptweg danach landeinwärts schwenkt, zweigt unser Wanderpfad links ab und verläuft wieder parallel zur Küste im Schutz der Dünenbepflanzung (gelbes Schild). Nach gut 15 Min. trifft der Pfad abermals auf das Ende eines **Fahrweges 4** samt Picknick- und Parkplatz sowie WC. Hier orientieren wir uns an dem Schild „Kyststi, Hasle 2,4 km", wenden uns zunächst nach rechts, um nach 150 m den Stichweg nach links wieder zu verlassen (auf Markierung achten).

Der Pfad trifft einmal mehr die **Dünenzone** und quert abermals Schlackenfelder. Die hier ausgestellten Kipploren verweisen ebenfalls auf den Kohleabbau während des letzten Weltkriegs. Kurz vor dem Ziel löst feiner **Sandstrand** den bisherigen groben Schotter an der Küste ab und verführt zu einer Badepause. Der Pfadverlauf ist ungewöhnlich, Windungen und unvermutete Knicks führen urplötzlich landeinwärts durch Wald und wieder zurück zum Meer. Schließlich trifft der Weg kurz vor Hasle auf das Ende des **Glasværksvej** 5. Bei den Picknickbänken wählen wir den schmalen Dünenpfad, der oberhalb der Küste nordwärts führt. 15 Min. später endet dieser am Ziel, der **Fischräucherei Hasle** 6. Mit dem Bus Nr. 4 geht es nach der Einkehr zurück nach Rønne.

Tour 2: Runde um die Halbinsel Hammeren

Charakteristik: Der hoch aufragende Granitschild der Halbinsel Hammeren fällt an vielen Stellen steil zur Küste ab. Heidelandschaft wechselt sich mit Felsküste ab und sorgt für abwechslungsreiche, wunderbare Landschaftseindrücke. Von Sandvig führt der Rundweg über die Nordspitze der Insel zur Ruine Salomons Kapel. Die nächsten Ziele sind der Leuchtturm am höchsten Punkt des Hammerknuden, ein schöner Aussichtspunkt, sowie der größte See Bornholms, der Hammersø. Länge/Dauer: ca. 8 km, ca. 2–2:30 Std. Einkehrmöglichkeiten: in Sandvig (→ S. 115). Ausgangspunkt/Anfahrt: Hafen von Sandvig; problemlos mit dem Auto oder öffentlichen Bus erreichbar.

Wegbeschreibung: Etwas oberhalb des Hafens von Sandvig 1, mit Blick auf die Boote und den beiden Hotels im Rücken, wenden wir uns nach links und steuern als Erstes die lang gestreckte Sandbucht mit dem Schwimmsteg an. Entlang der 2011 neu angelegten **Uferpromenade** halten wir uns zunächst einige Schritte landeinwärts und biegen bei nächster Gelegenheit auf einem Plattenweg nach rechts ab (Schild „WC"). Dieser setzt sich als **Holzplankensteg** parallel zum Sandstrand fort und schwenkt abermals landeinwärts, um bei einem Parkplatz auf eine Asphaltstraße 2 zu münden. Hier geht es rechts weiter.

Salomons Kapel: ländliche Kirchenruine

Unser Weg führt jetzt wenige Meter oberhalb der Küste nordwärts. Das Sträßchen passiert ein Gatter und endet schließlich am **Leuchtturm** 3 an der Nordspitze der Halbinsel. Vom nördlichsten Punkt Bornholms, Hammerodde genannt, liegt die schwedische Südküste nur noch 37 km entfernt, bei klarer Sicht ist die Provinz Schonen gut zu erkennen. Kurz hinter dem Leuchtturm zeigt ein Wegweiser den Einstieg zum Küstenschutzpfad an, der in der Folge immer am Meer entlang Kurs auf die Kirchenruine **Salomons Kapel** 4 nimmt.

Wer abkürzen will, kann von der Kapelle über die Heide in 20 Min. zurück nach Sandvig laufen. Ansonsten setzen wir nach einer kurzen Pause den Weg fort und wenden uns auf dem *Kyststi* südwärts. Nächstes Ziel ist der Leuchtturm Hammer Fyr am höchsten Punkt der Halbinsel. Zu diesem führen vom Küstenweg viele Saumpfade, und es ist eigentlich egal, welchen wir wählen. Aber am besten halten wir uns an der zweiten Verzweigung (rechter Hand steht am Küstenpfad ein

Grenzstein) links und wandern – einen Maschendrahtzaun stets zur Rechten – hügelan. Kurz vor dem Waldrand kreuzt ein **Trampelpfad 5**. Hier wenden wir uns nach rechts und erklimmen, bereits im Wald, eine steile Böschung. Auf dem Plateau lichtet sich die Vegetation, nach wenigen Schritten taucht bereits der Leuchtturm auf. Der Pfad beschreibt einen kleinen Bogen und passiert kurz vor dem Leuchtturm ein Gatter.

Nachdem wir von der **Leuchtturm-Plattform** die Aussicht genossen haben, folgen wir auf dem Parkplatz **6** dem Wegweiser „Krystalsøen" (Kristallsee) nach rechts. Nach kurzer Zeit bereits erreichen wir den **Steinbruchsee 7** und blicken von der abgesperrten Kante in die Senke und auf weitere Seen. In der Folge ergeben sich nach links immer wieder schöne Ausblicke in die einstigen Granitbrüche der Halbinsel, am Horizont schimmert die Ostsee. Auf Stufenwegen geht es teils steil bergab, der Weg ist spärlich mit einem gelben Punkt markiert.

Hinter einer weiteren **Aussichtsplattform,** die einen Ausblick nach Süden zur Ruine Hammershus gewährt, beschreibt der Pfad einen Bogen. Hier wird es stellenweise wegen der Vielzahl an Pfadalternativen etwas unübersichtlich: Das nächste Ziel, der große Parkplatz am südlichen Ende von Opalsø und Hammersø (Opal- und Hammersee), ist jedoch nicht zu verfehlen, wenn wir uns beim Abstieg stets links halten und auf diese Weise den Talgrund und den **Parkplatz 8** erreichen.

Von der Aussichtsplattform gehen wir unter Beibehaltung der bisherigen Gehrichtung zunächst eine kurze Treppe hinunter und gleich darauf eine weitere wieder hinauf. **Vorsicht:** Nach lang anhaltenden Regenfällen ist die Route matschig; in diesem Fall besser den Hammersø rechts auf dem Radweg, dem Hammersøvej, umrunden! Ansonsten führt unser Weg zwischen **Opal- und Hammersee** zurück nach Sandvig. Der Pfad mündet schließlich auf ein Sträßchen, das wenig später an einer Kreuzung **9** auf den Hammersøvej trifft. Hier schlagen wir links den feingeschotterten Weg Richtung Hafen ein und halten uns gleich darauf am Ende eines Wendehammers abermals links. Ein Bachbett zur Linken, führt nun ein schmaler Weg meerwärts und endet am Eingang zum **Sandvig Familie Camping 10**. Der Strandkiosk oder einige Schritte weiter das Café-Restaurant „Tante Ella" laden zur abschließenden Einkehr ein, bevor es auf vertrauter Route zurück zum Ausgangspunkt **1** geht.

Tour 3: Auf dem Drahtesel zu den Höhepunkten im Norden Bornholms

Charakteristik: Der Fahrradrundweg berührt zahlreiche bekannte und weniger bekannte Highlights im Inselnorden, u. a. die Festung Hammershus und die Olskirke. Wegen der vielen Besichtigungen lässt sich die Runde leicht zu einer Tagestour ausdehnen. Auch landschaftlich bleiben hier nur wenige Wünsche offen: Heide, Steilküste, Wald und Ackerland wechseln sich ab. Die zahlreichen kürzeren An- und Abstiege werden ungeübte Radler als herausfordernd empfinden. **Länge/ Dauer:** ca. 36 km, ca. 3:30 Std. (ohne Besichtigungen und Abstecher). **Einkehrmöglichkeiten:** in Vang (→ S. 104), bei Jons Kapel (→ S. 103), in Hasle (→ S. 98), an der Ruine Hammershus (→ S. 107) und in Allinge (→ S. 118 f.). **Ausgangs-/Endpunkt:** Hafen von Allinge.

Wegbeschreibung: Am **Hafen von Allinge 1** wenden wir uns mit dem Rücken zum Hafenbecken auf der Havnegade nach links und schieben unser Rad auf dem kurzen, steil ansteigenden Straßenstück bis zum **Lindenplatz** (Lindeplads) **2**. Hier treffen wir auf die Ortsdurchfahrt, auf der wir wenige Meter nach links fahren, um hinter einem Sonnenstudio nach rechts in die Pilegade einzubiegen (ein Schild weist auf das Steinbruchmuseum Moseløkken hin). Die Straße steigt an und wir lassen die letzten Häuser von Allinge hinter uns. Bis Hasle folgen wir jetzt dem markierten **Radweg Nr. 10**.

Am Waldrand angekommen, kann man sich an der Wegkreuzung ❸ zu einem Kurzabstecher zum **Steinbruchmuseum Moseløkken** entschließen und dabei einen Blick in eine gähnende Granitgrube werfen. Ansonsten führt der markierte Radweg links weiter, wobei in der Folge die Beschilderung nicht immer eindeutig ist. Der abwechslungsreiche Weg quert Wald und Moorheide und schließlich die Fahrstraße ❹ zur Burgruine Hammershus. Auf der anderen Seite setzen wir unsere Tour auf dem beschilderten Radweg fort.

Kurz vor Vang, dem nächsten Etappenziel, verläuft der Radweg Nr. 10 oberhalb des Hafens südwärts. Wer den zusätzlichen Anstieg nicht scheut, fährt von hier alternativ den steil abfallenden Asphaltweg hinunter zum Hafen. Die Route mündet nur wenig später auf die Hafenzufahrt von **Vang**, die kurz darauf am Wasser ❺ endet. Nach einer kurzen Pause schieben wir den Drahtesel ein Stück, bis wir wieder auf den Radweg treffen: Mit dem Rücken zum Hafenbecken wählen wir den Vandmøllevej, der halbrechts vom Wasser weg nach Süden führt (Orientierung bietet ein gelber Kyststi-Wegweiser). Gleich darauf passieren wir eine **Wassermühle**, werfen einen Blick auf das Mühlrad, und treffen oberhalb derselben wieder auf den von links kommenden **Radweg Nr. 10** ❻. Hier fahren wir rechts weiter.

Es folgen An- und Abstiege, ehe der Weg kurz vor dem Kiosk am ehemaligen Hotel Jons Kapel auf eine Fahrstraße trifft. Dieser folgen wir nach rechts bis zur Wendeplattform ❼ mit WC, Kiosk und Picknickplatz. Wer mag, kann jetzt den beschilderten Fußweg zu den Felsbastionen an der Küste namens **Jons Kapel** ❽ (→ S. 102 f.) für einen Abstecher nutzen.

Ansonsten geht es auf besagtem Radweg Nr. 10 in südliche Richtung weiter. **Vorsicht** im Wald, denn hier fällt der Radweg steil ab (am besten an der betreffenden

Der Bergfried der Festung Hammershus ist ein Wahrzeichen

Stelle schieben). Bis Hasle führt die Tour gemütlich am Meer entlang, vorbei an den kleinen Fischerhäfen **Teglkås** 9 und **Helligpeder** 10. Wo die Teerstraße ansteigt und landeinwärts schwenkt, zweigen wir mit dem Radweg rechts ab, bleiben in Tuchfühlung zur Küste und landen schließlich in **Hasle** am Kreisverkehr 11. Hier wenden wir uns nach rechts, passieren den Hafen und fahren immer am Meer entlang nach Süden bis zur **Fischräucherei** 12, die sich für eine Einkehr anbietet.

Anschließend wenden wir uns landeinwärts und wählen die Fußweg-Abkürzung, die vom Parkplatz vor der Räucherei über die Wiese, vorbei am kleinen Spielplatz, im rechten Winkel von der Küste wegführt. Kurze Zeit darauf treffen wir auf die Nebenstraße nach Rønne und folgen ihr nach rechts. Wenig später lassen wir die **Rezeption** 13 des Campingplatzes mit dem Restaurant Krudthuzet rechts liegen. Nach knapp 1 km auf der Straße biegen wir, bereits im Wald, links in den Rubinvej ein. Links schimmert das Wasser des **Rubinsees** 14 zwischen den Bäumen hindurch.

Wieder auf freiem Feld, erreicht der Jydegårdsvej schließlich die Hauptstraße nach Rønne. Bei der Einmündung der Straße von Klemensker steht in wenig romantischer Lage der größte **Runenstein** Dänemarks 15. Auf oben erwähnter Hauptstraße fahren wir erst ein kleines Stück zurück nach Hasle, um bei nächster Gelegenheit rechts in den Tassevej 16 einzubiegen. Es geht nun wieder bergauf. Auch diese Straße verlassen wir nach 1 km in den Kirkedalsvej 17.

Dem Sträßchen bleiben wir bis zum Ende in **Rutsker** treu. Hier wenden wir uns auf der Vorfahrtsstraße 18 nach rechts und peilen gleich darauf die Kirche an, die unübersehbar auf einem kleinen, aussichtsreichen Hügel thront. Nach der Besichtigung der **Rutskirke** 19 setzen wir den eingeschlagenen Weg auf dem Kirkevej fort. Nach 1 km geht es rechts auf dem Nydamsvej 20 weiter. Später geht dieser in den Krogholmsvej 21 über, wobei wir in der Folge stets auf dem Hauptweg bleiben und sämtliche Abzweigungen nach rechts ignorieren. An Feldern und Höfen vorbei geht es nach Nordosten, ehe wir nach 3 km rechts in den Dalegårdsvej 22 abbiegen (Straßenschild „Olsker"). Schon in Sichtweite zur Olskirke mündet das Sträßchen auf die Ortsdurchfahrt. Hier halten wir uns erst rechts, bei nächster Gelegenheit wieder links und stehen kurz darauf vor der sehenswerten **Rundkirche**.

Nach einer Pause setzen wir die Fahrt auf dem Lindegårdsvej fort und treffen kurz darauf auf den Radweg Nr. 26 Almindingen–Slotslyngen, dem wir nach links folgen. In **Olsker** treffen wir ein weiteres Mal auf die Ortsdurchfahrt. Auf dieser fahren wir 250 m nach rechts, um dann auf dem markierten Radweg Nr. 26 links abzuzweigen. Wir passieren Ole Christensens **Skulpturenpark,** radeln zwischen Feldern nach Nordwesten und queren das wildromantische Ravnedalen. Schließlich endet der Radweg an der Hauptstraße Hasle–Allinge, just an der Stelle, wo die Nebenstrecke nach Sandvig abzweigt. Auf dieser bleiben wir, kreuzen den Radweg Nr. 10 4 und steuern die Burgruine Hammershus bzw. den Kiosk links von Straße und Parkplatz an.

Nach der Besichtigung der **Burgruine Hammershus** geht es auf der Straße weiter nach Norden, bis nach 500 m, hinter einem kleinen Wäldchen, die Zufahrt zum Hammer Havn links abzweigt. Wir fahren nicht ganz zum Meer hinab, sondern halten uns bei nächster Gelegenheit rechts. Vom Parkplatz vor dem **Hammersø** nehmen wir den Uferweg nach Sandvig (Hammersøvej) – das Gewässer ist stets zu unserer Linken. Bei den ersten Häusern von Sandvig steuern wir umgehend die Durchfahrtsstraße (Langebjergsvej) an und verlassen sie unterhalb des zur **Pension Langebjerg** umgebauten Bahnhofs wieder auf dem nach rechts abzweigenden Markvej.

Gleich darauf beginnt an einer Rechtskehre ein Fuß- und Radweg, der auf dem einstigen **Bahndamm** nach Allinge führt. Nach etwa 1 km achten wir auf das Hinweisschild „Helleristninger" und versäumen es nicht, einen Blick auf die berühmten Felsritzzeichnungen **Madsebakken** (→ S. 120) rechts vom Bahndamm zu werfen. Auf dem folgenden Stichweg nach links verlassen wir den Bahndamm wieder und gelangen über die Ortsdurchfahrt wieder zum **Hafen von Allinge** ■.

Tour 4:
Zu Fuß von Gudhjem zu den Helligdomsklipperne

Charakteristik: Der Küstenweg von Gudhjem zu den „Heiligtumsklippen" ist ein Klassiker unter den Wandertouren auf Bornholm. Wer mag, kann anschließend dem Kunstmuseum einen Besuch abstatten oder, wie hier vorgeschlagen, zuvor noch einen kurzen Abstecher ins „Donnertal" (Døndal) machen. Es handelt sich um eines der bekanntesten Spaltentäler der Insel. Die abwechslungsreiche Wanderung ist auch für Familien mit fitten und unternehmungslustigen Kindern ein großer Genuss. **Länge/Dauer**: ca. 8,5 km, ca. 2:30 Std. **Einkehrmöglichkeiten**: Dine's Lille Maritime Café ■ (→ S. 124), Museumscafé (→ S. 125). **Ausgangspunkt**: Nørresand Havn in Gudhjem.

> **Zurück nach Gudhjem**: Die Buslinien 1 und 7 fahren vom Museum zurück zum Ausgangspunkt. Ein besonderes Erlebnis ist die Rückfahrt mit dem Boot – im Sommerhalbjahr verkehrt die MS Thor zwischen Gudhjem und Helligdommen (→ S. 124).

Wegbeschreibung: Wir starten nicht vom Haupthafen im Zentrum, sondern vom kleineren Nørresand Havn ■ am nördlichen Ortsrand von **Gudhjem**. Vom Parkplatz

Blütenpracht am Wanderweg

Tour 4: Helligdommen und Døndal

an der ehemaligen Räucherei – ein rot getünchtes Gebäude mit Doppelkamin – wenden wir uns am Meer ortsauswärts und steigen gleich darauf über eine Treppe hoch zur Straße. In der **Haarnadelkurve 2** liegt der Einstieg zur Wanderung: Wir folgen dem gelben Küstenschutzpfad-Wegweiser („Helligdommen 5,4 km") nach rechts; der ansteigende Asphaltweg teilt sich nach wenigen Schritten, wir wählen den rechten Pfad. Der in der Folge ebene, einige Meter über dem Meer verlaufende Weg ist wunderbar zu laufen; bei klarer Sicht sind im Nordosten die Erbseninseln zu erkennen.

Wir passieren eine kleine Gruppe von **Bautasteinen** (→ S. 34). Nach etwa 20 Min. verbreitert sich der Pfad und wird zu einem Wirtschaftsweg. Hinter verstreut liegenden Häusern verengt er sich wieder. Wir queren den **Bobbeå** auf einem Steg. In der Folge führt der Weg meist durch schattenspendenden Wald, nur wenige Schritte von den plätschernden Ostseewellen entfernt. Unmittelbar hinter einem weiteren Bach beginnt die Steilküste. Ein Blick nach links bietet einen Ausblick auf den Viadukt der Küstenstraße. Der jetzt betonierte Pfad umrundet eine Klippe und wendet sich unmittelbar danach landeinwärts: Während an der Landspitze zurückblickend die Häuser von Gudhjem zu erkennen sind, erfolgt ein steiler Anstieg, z. T. über Stufen.

Anschließend verläuft unsere Tour hoch über der Küste. Innerhalb weniger Minuten erreichen wir ein romantisch gelegenes **Café 3**, das sich für einen Zwischenstopp anbietet. In gleicher Gehrichtung setzen wir danach unseren Weg auf dem Küstenschutzpfad fort. Nach 45 Min. zeigt die erste Infotafel an, dass wir die Gegend der **Helligdomsklipperne** erreicht haben. Stichwege zu Aussichtsbalkonen oder Holztreppen, die hinunter zum Wasser führen, lohnen jeweils den Abstecher. Eine Wiese zur Linken heißt **Bornholmerpladsen 4**, ein 1911 ins Leben gerufener Fest- und Picknickplatz. Später rückt linker Hand die moderne Architektur des Kunstmuseums ins Blickfeld. Wer hier die Wanderung beenden möchte, hält sich entweder an der nächsten **5** oder übernächsten Gabelung links und widmet sich dem Kulturgenuss.

Ansonsten setzen wir den Weg entlang der Küste fort. Hinter einer weiteren **Aussichtsplattform 6** führt ein Steig hinab zu einer Anlegestelle am Wasser – von hier fährt die MS Thor zurück nach Gudhjem (→ S. 124). In der Folge lassen wir die Klippen hinter uns, die Szenerie wird sanfter. Nach 20 Min. – links rückt die Küstenstraße nah heran – fällt der Weg zum Meer ab. Unmittelbar nach der Überquerung des Døndalå verlassen wir den Küstenpfad, wenden uns nach links und kreuzen nacheinander Radweg und **Straße** 7. Schräg gegenüber zweigt im

Tour 5 213

rechten Winkel ein Fußweg von der Straße ab und führt in den Wald hinein (wir nehmen nicht den Radweg, der hier ebenfalls landeinwärts schwenkt!). Ein Wegweiser mit der Aufschrift „Vandfald" (Wasserfall) zeigt die richtige Richtung an.

Wir wandern in der Folge stets rechts vom Bach und ignorieren alle Pfadalternativen, die nach unten führen. Nach 10 Min. steigen wir auf einem Stufenweg ab – bereits in Hör- und Sichtweite des **Wasserfalls** – und gönnen uns anschließend am sprudelnden Nass **8** eine Pause. Danach queren wir den Bach auf einem Steg und wenden uns scharf nach links. Nach einem weiteren Steg machen wir uns auf den Rückweg, haben diesmal jedoch den Bach zu unserer Linken. Wir folgen stets dem breiten Weg, bis dieser kurz vor der Straße an einem Parkplatz **9** mit Infotafel und WC endet. Unmittelbar hinter den WC-Hütten wenden wir uns nach rechts. Nach 10 Min. – hier auf Radfahrer achten! – gelangen wir zur Bushaltestelle **10** am **Kunstmuseum**.

Tour 5: Fahrradrunde von Gudhjem zu Rø Plantage und Spellinge Mose

Charakteristik: Diese (kürzere) Radrundtour führt von Gudhjem ins Inselinnere. Erstes Ziel ist die Rundkirche von Østerlars. Anschließend quert die Route Felder, ein großes Waldgebiet sowie das Naturschutzgebiet Spellinge Mose. Von Rø führt eine schwungvolle Abfahrt zurück zur Küste, wo über einen kurzen Abstecher das Kunstmuseum und die Helligdomsklipperne zu erreichen sind. **Länge/Dauer**: ca. 18,5 km, ca. 2:30 Std. **Einkehrmöglichkeiten**: in Rø (→ S. 126), beim Kunstmuseum (→ S. 125), in Gudhjem (→ S. 136 f.). **Ausgangspunkt**: Tankstelle bzw. Bushaltestelle an der oberen Ortsdurchfahrt in Gudhjem.

Wegbeschreibung: Von der Bushaltestelle **1** im oberen Ortsteil von Gudhjem fahren wir zunächst 1 km auf der Küstenstraße Richtung Svaneke bzw. Melsted. Bis kurz hinter dem **Landbrugsmuseum** (Bauernhofmuseum) **2** der Radweg Nr. 25 nach rechts abzweigt. Aufgepasst und nicht zu viel Schwung nehmen, denn das grüne Schild ist erst im letzten Augenblick zu sehen! Am besten bereits bei der Abfahrt abbremsen und frühzeitig runterschalten! Der zunächst feingeschotterte und später asphaltierte Radweg steigt kontinuierlich an; das Meer im Rücken, fällt der Blick auf weite Felder. Nach 3 km zweigt der Radweg gegenüber einer kleinen **Parkbucht** **3** links ab.

Wie unschwer zu erkennen ist, verläuft das folgende Teilstück auf der ehemaligen **Bahntrasse**. Nach einigen Hundert Metern kann man an einer Rechtskurve kurz anhalten, den Drahtesel abstellen und wenige Schritte zu Fuß zu einem **Wasserfall** (→ Tour 6) hinuntersteigen; ein Holzschild („Vandfald") weist den Weg. Unter schattigen Bäumen geht es in der Folge schnurgerade und behutsam ansteigend ins Inselinnere hinein. Unmittelbar hinter einem scharfen Rechtsknick **4** aufgepasst: In Sichtweite zu dem architektonisch bemerkenswerten Kirchenbau biegt der markierte

Radweg links ab. Wir aber radeln geradeaus weiter und steuern ohne Umschweife die **Rundkirche Østerlars** 5 an.

Nach der Besichtigung wählen wir die Stichstraße, die die stark frequentierte Vorfahrtsstraße Gudhjem–Rønne ansteuert. Wir überqueren sie und setzen den Weg auf dem kleinen Nebensträßchen fort. Nach 1 km kommen wir zu einer weiteren Kreuzung 6, wo wir nach rechts auf dem Brommevej unsere Radtour fortsetzen. Erneut nach nur 1 km biegen wir, 50 m vor einem gelben Haus, nach links in den Egeskovvej 7 ein. Nach knapp 3 km stößt der Weg in einer Linkskurve 8 am Waldrand – hier beginnt Rø Plantage – auf den Radweg Nr. 26. Wir folgen jetzt den grünen Schildern in Richtung Spellinge Mose. Der Radweg zweigt rechts ab

Nach ca. 7 km auf gewundenen Wegen und Pfaden (in stetem Auf und Ab) durch dichten Forst quert der Radweg eine größere Straße, bevor er auf einen weiteren, quer verlaufenden **Radweg (Nr. 23)** 9 trifft, dem wir nach rechts folgen. Abermals verläuft der beschilderte Weg auf einer Bahntrasse durch dichten Wald, ab und an ist ein See zwischen den Bäumen zu erahnen – er gehört bereits zum Naturschutzgebiet **Spellinge Mose**. Einen nach links abzweigenden Radweg missachten wir. Kurz

Tour 5: Rø Plantage und Spellinge Mose

Im Naturschutzgebiet Spellinge Mose

hinter der Waldgrenze liegt der Golfplatz von Rø. An einer Zufahrt 10 zu einem Gehöft zur Linken kann, wer mag, das Fahrrad abstellen, um sich ein wenig im Naturschutzgebiet die Füße zu vertreten: An der Metallschranke vorbei geht es quer über die Wiese hinunter zum Schilfgürtel des Sees. Ein spärlich ausgeschilderter „Natursti" beginnt hier und führt im Uhrzeigersinn ums Schutzgebiet.

Wieder zurück, folgen wir weiter dem Radweg Nr. 23, der schließlich in **Rø** am gleichnamigen Steakhouse 11 endet. Wir queren die Straße und setzen unseren Weg auf dem Rø Stationsvej fort, das Restaurant zur Rechten. Gleich darauf treffen wir auf eine Vorfahrtsstraße (Klemenskervej), die uns in rasanter Schussfahrt nach links hinunter gen Küste bringt. Unten mündet sie auf die **Küstenstraße** Allinge–Gudhjem 12. Wer Lust auf einen Abstecher hat, wendet sich hier nach links: Kurz darauf taucht rechter Hand das **Kunstmuseum** 13 auf, ein kurzer Spaziergang führt zu den Helligdomsklipperne. Ansonsten geht es von der T-Kreuzung rechts auf der Küstenstraße zurück nach Gudhjem, wobei man unterwegs noch im hinreißend gelegenen Dine's Lille Maritime Café 14 einen Einkehrstopp einlegen kann. Nach 6 km auf der Küstenstraße endet die Tour am Ausgangspunkt 1 in Gudhjem.

Tour 6:
Wanderung von Gudhjem ins Kobbeådalen

Charakteristik: Der Rundweg führt von Gudhjem zunächst an romantischer Klippenküste entlang in den Nachbarort Melsted. Danach wendet sich die Route landeinwärts und folgt dem Kobbeådalen, einem geologisch interessanten Spaltental, bis zu einem Wasserfall. Bei anhaltender Feuchtigkeit kann der Talgrund schwierig zu begehen sein. Der Rückweg hält sich z. T. an die Route des Radweges Nr. 25.
Länge/Dauer: ca. 10 km, ca. 2:30 Std. **Einkehrmöglichkeiten:** in Gudhjem (→ S. 136 f.).
Ausgangspunkt: Hafen im Ortszentrum von Gudhjem.

Wegbeschreibung: Mit dem Rücken zur **Touristeninfo** 1 und zum Hafenbecken wenden wir uns nach links und treffen zu Beginn des ansteigenden Ejnar Mikkelsensvej auf das gelbe Küstenweg-Schild, dem wir folgen. Über einen Stufenweg gelangen wir auf eine felsige Plattform, die einen Blick zurück auf den Hafen gewährt. Wir ignorieren den Rechtsabzweig zum Café Klippen und setzen unseren Weg treppab fort. In der Folge windet sich der Pfad durch die erhebende Klippenlandschaft und quert anschließend das Areal eines **Campingplatzes** mit den Resten einer Grabanlage ❷ aus der Eisen- und Wikingerzeit.

An der Rechtskurve der geteerten Zufahrt zum Zeltplatz zweigt der *Kyststi* links ab. Wenig später mündet der Pfad in Melsted auf ein Asphaltsträßchen, dem wir in Gehrichtung folgen. Wir wählen stets die meerseitig verlaufende Alternative und gelangen auf diese Weise bis zum beschaulichen **Hafen** ❸. Weiter geht es entlang der Küste in südöstlicher Richtung, abermals weist das gelbe Schild auf den korrekten Einstieg hin. Einen Bach queren wir wahlweise über einen Baumstamm oder Holzsteg und setzen den Weg im Schutz bewachsener Dünen bis zum **Badehotel** ❹ fort.

Hier mogeln wir uns zwischen Schilfgürtel und Hotelanlage hindurch, passieren zwei Gatter und gelangen auf einen weiteren **Campingplatz** ❺. Sannes Familiecamping lassen wir rechts liegen; kurz hinter der Freizeitanlage verlässt der Pfad die Küstenzone und kreuzt an der Mündung des Kobbeå die Küstenstraße ❻. Auf der anderen Seite, unmittelbar vor dem Bachlauf, folgen wir dem asphaltierten Weg im rechten Winkel von der Straße landeinwärts. Kurz darauf wird dieser zu einem Waldweg, der mehrfach den Bach auf Stegen quert. Die Wanderung im **Spaltental** ist überaus kurzweilig. Dabei geht es die ganze Zeit leicht bergan. Schließlich schwenkt der Pfad in einem Bogen nach rechts, passiert den **Stavehøl-Wasserfall** (mit einer Höhe von 4 m) und endet kurze Zeit später am Radweg Nr. 25 ❼.

Um zurück zum Ausgangspunkt zu gelangen, wenden wir uns jetzt nach rechts und folgen dem **Radweg** bis zur Einmündung in eine Straße ❽. Hier wandern wir nach rechts weiter. Nach 1 km folgen wir abermals der Radweg-Beschilderung und

Beschauliche Schärenküste mit Svaneke-Granit

verlassen die Straße **9** wieder. Für 1 km halten wir uns an die Schilder, dann – 100 m hinter einer Rechtskurve – aufgepasst: Hier zweigt ein nicht markierter Weg **10** nach links ab und strebt zwischen Getreidefeldern dem Waldrand zu. Der Weg wird hinter einem Rechtsknick zum Pfad und steigt wenige Meter steil ins **Melstedådalen** ab.

Wir queren den Bach auf einem Steg, halten uns gleich dahinter rechts und folgen dem Gewässer, das wir im weiteren Verlauf der Wanderung noch mehrfach überqueren. Wenn der Pfad das Tälchen verlässt, fällt der Blick auf die mit Holzschindeln verkleidete Mühle von Melsted. Nach dem kurzen Abstecher zur Mühle wenden wir uns der Küstenstraße zu, die wir auf Höhe des **Melstedgård** **11** – dem sehenswerten Museumsbauernhof – erreichen. Nach dem Besuch des Hofmuseums halten wir uns auf der Melsted Langgade meerwärts und treffen wenig später auf den bereits vertrauten **Klippenweg**. Nach links geht es auf bekanntem Weg zurück zum Hafen **1** in Gudhjem.

Tour 6: Von Gudhjem ins Kobbeådalen

Tour 7: Küstenwanderung von Svaneke nach Nexø

Charakteristik: Der Küstenweg verbindet die beiden Städte Svaneke und Nexø und berührt dabei den Ort Årsdale, wo sich der Besuch der Windmühle lohnt. Badetauglich ist der Küstenabschnitt nicht, sieht man einmal vom kleinen Klippenstrand Hullenakke in Svaneke ab. Der Parcours ist flach und durchweg familientauglich, Trittsicherheit erfordern einzelne Wegabschnitte zwischen Årsdale und Nexø, die dafür mit besonders schönen Landschaftseindrücken aufwarten. Zurück zum Ausgangspunkt fahren die Busse 5 und 8. **Länge/Dauer**: ca. 9,5 km, ca. 2:30 Std. **Einkehrmöglichkeiten**: in Årsdale (→ S. 152 und in Nexø (→ S. 165). **Ausgangspunkt**: Picknickplatz nahe dem Hafen von Svaneke.

Wegbeschreibung: Ausgangspunkt der Wanderung ist der Park- und Picknickplatz **1** 100 m südlich vom Hafen von Svaneke, wo die Küstenstraße einen Knick landeinwärts macht. Auf dem Ved Stranden wenden wir uns nach Süden, hinter einigen weiß getünchten Feldsteinen geht das Sträßchen in einen breiten Fußweg über. Dieser mündet wenig später auf ein Asphaltsträßchen, auf dem wir bis zum Leuchtturm (Svaneke fyr) bleiben. Wenige Schritte danach treffen wir auf eine Badestelle und einen freundlichen **Strandkiosk** **2**.

Hinter dem Kiosk wählen wir den nach Süden führenden „Gangsti" und queren den Campingplatz Hullehavn. Auf der anderen Seite setzen wir den Weg an der Küste fort. Er führt jetzt durch das Naturschutzgebiet Frenne Odde/Grisby; der grobkörnige

Svaneke-Granit bildet immer wieder zerklüftete Felspartien. Wenig später fällt der Blick erstmals auf Årsdale, das erste Etappenziel der Wanderung. Der Küstensteig schwenkt landeinwärts und mündet kurz vor Årsdale auf die Küstenstraße bzw. den **Radweg** 3. Nach 200 m auf der Straße biegen wir bei der ersten Gelegenheit links in den Strandvejen ein, passieren das Ortsschild und gelangen ins Zentrum, wo an der **Heringsräucherei (Årsdale Silderøgeri)** 4 die Laksegaden nach links zum Fischerhafen führt.

Wir passieren ein Café am Hafen sowie einen Picknickplatz. Der feingeschotterte, breite Weg umrundet die Landzunge und führt wieder ein kurzes Stück zurück. Nach wenigen Schritten wählen wir den ersten relevanten Abzweig 5 nach links, lassen einen Spielplatz links liegen und setzen den Weg entlang der Küste fort. Der Schotterbelag wird wieder zu Asphalt, und wir erreichen erneut Häuser. Anschließend nimmt die Fahrstraße Kurs auf die **Windmühle von Årsdale,** die wir über einen kurzen Abstecher erreichen können. Auf Höhe der Mühle zweigt der markierte Küstenpfad 6 nach links ab; bis zum Ziel in Nexø sind es von hier noch knapp 4 km.

In der Folge nimmt der Weg stets den logischen Verlauf entlang der felsigen Küste, wobei an manchen Stellen die exakte Wegführung etwas unklar ist. Also gut auf den Pfadverlauf achten: Besonders unübersichtliche Stellen sind mit gelben Punkten markiert. Nacheinander passieren wir Reste zweier Befestigungsschanzen, die vom einstigen Kampf um die Ostsee zeugen, u. a. eine Schanze namens **Malkværn Skanse** 7 (Foto → S. 25). Mit Blick auf die wenig ansprechenden Hafenbauten von Nexø streift der Küstenpfad einen **Campingplatz,** knickt dabei landeinwärts ab und erreicht die Küstenstraße 8. Ortseinwärts passieren wir in der Folge die Zufahrt zum Zeltplatz, eine Fischräucherei sowie einen Skulpturenpark zwischen Straße und Meer. Die Wanderung endet am Busbahnhof 9 von Nexø beim Hafen.

Heidelandschaft in den Paradisbakkerne

Tour 8: Paradisbakkerne – Wandern im Paradies

Charakteristik: Die Paradieshügel, so Paradisbakkerne übersetzt, sind ein Heide- und Waldgebiet im Inselinneren, durchzogen von einem Netz von Spaltentälern und wunderbaren Wanderpfaden. Der nachfolgend beschriebene Rundwanderweg berührt die wichtigsten natürlichen Besonderheiten eines Gebietes, das zu den schönsten Landschaften Dänemarks zählt. **Länge/Dauer**: ca. 9 km, ca. 2:30 Std. **Einkehrmöglichkeiten**: keine. **Ausgangspunkt/Anfahrt**: Parkplatz Klintebygård 2 km nordwestlich von Nexø. Vom Stadtzentrum führt zunächst der Paradisvej, später der Klintebyvejen ortsauswärts, die Abzweigung zum Parkplatz ist ausgeschildert.

Wegbeschreibung: Vom Parkplatz **1** folgen wir zunächst dem breiten Waldweg und der gelben Markierung. Nach wenigen Minuten missachten wir die erste Abzweigung **2** nach links (auf diesem Weg kehren wir am Schluss zurück). Auch bei der folgenden Wegkreuzung im Wald **3** folgen weiter der „*gul rute*" (gelbe Route) und ignorieren die beiden Abzweigungen nach links sowie den Rechtsabzweig. Nach rechts fällt der Blick ins **Kodal**, das erste der vielen senkrecht abfallenden Spaltentäler, die es im Paradisbakkerne gibt.

Anschließend kreuzt der Radweg Nr. 22 **4**, der die Ostküste Bornholms mit Almindingen verbindet, unseren Weg. Schräg gegenüber geht es weiter. Kurz darauf queren wir einen Reitweg und folgen weiter der gelben Markierung. Der Steig führt in der Folge in ein weiteres Spaltental hinab: ein lang gestrecktes, idyllisches Hochmoor namens **Gamledam**. Das Wollgras spiegelt sich im Wasser, Teichrosen sorgen für fotogene Motive. Am anderen Ende des Gewässers trifft unser Pfad auf einen breiten Weg **5**, wo wir uns links halten. Während wir weiterhin nach gelben Zeichen Ausschau halten, passieren wir eine Gruppe von **Findlingen** (Trommerestene).

An einer Verzweigung geht es rechts, dem Wegweiser Richtung Dybedal folgend, über Stock und Stein weiter. Schließlich erreichen wir die Hexentüre (Heksendør) **6** und damit den nördlichsten Punkt der Wanderung. Im spitzen Winkel führt unser Weg anschließend wieder zurück und hart am Rand eines weiteren Spaltentales entlang. Das **Dybedal** ist an manchen Stellen kaum breiter als 2 m. Jetzt aufpassen, um die Markierung nicht aus den Augen zu verlieren! Denn der Pfad windet sich und ändert abrupt die Richtung, abzweigende Pfadalternativen lassen wir unbeachtet. Später knickt die Route wieder nach Süden ab. Wir queren ein Gatter und gelangen auf eine renaturierte **Hochheide,** auf der heute wieder – wie einst – Schafe weiden. Abermals kreuzt der Reitweg, es geht stets leicht auf und wieder ab. Am südlichen Ende der Heide knickt die Route am Waldrand links ab. Nach wenigen Schritten treffen wir auf eine Infotafel **7**.

Fortan halten wir uns ans blaue Quadrat bzw. an die Wegweiser zur Gamleborg. Obwohl die gelbe Route geradeaus weiterführt, wenden wir uns daher nach rechts und wandern in südwestlicher Richtung weiter. Der Pfad quert abermals ein Gatter und gleich darauf den Radwanderweg **8**. Schräg gegenüber finden wir wieder die

Tour 8:
Paradisbakkerne

blaue Markierung. Einen kreuzenden Waldweg ignorieren wir wenig später. An einer weiteren Infotafel **9** wählen wir später den halblinks abzweigenden Pfad. Zunächst kann, wer mag, hier einen 15-minütigen Abstecher nach rechts zur eisenzeitlichen Fluchtburg **Gamleborg** **10** unternehmen.

Ansonsten machen wir uns auf den Rückweg: Unser Weg passiert kurz hintereinander zwei Täler, um hinter einem Gatter – am **Slingesten** – nach links abzuknicken. Anschließend queren wir eine Rodungsfläche. Später kreuzt ein Wanderweg, den wir unbeachtet lassen (obwohl dieser ebenfalls blau markiert ist). Gleiches gilt kurz darauf für den Forstweg. Gut 15 Min. später trifft die von links kommende gelbe Route auf unseren Weg **11**. In der Folge begleiten uns rote, gelbe und blaue Zeichen.

Der Pfad steigt in ein mit Wasser gefülltes Spaltental ab (Grydesø). Wer mag, kann anschließend seine Kräfte am eiszeitlichen Findling **12** versuchen; es handelt sich um den bekanntesten **Rokkestenen** Bornholms. Vom Wackelstein wählen wir nicht den deutlich sichtbaren Holzplankenweg unterhalb, sondern achten auf die roten, gelben und blauen Zeichen bzw. auf das Hinweisschild zum Klintebygård. Vorbei am einsam gelegenen Gehöft geht es bis zu einer T-Kreuzung **2**, wo wir auf den bereits bekannten Weg treffen. Hier biegen wir rechts ab und gelangen wenig später zum Ausgangspunkt **1** unserer Tour.

Tour 9:
Strandwanderung an der Südküste Bornholms

Charakteristik: Die lockere Strandtour am südlichen Ende der Insel ist ein Leckerbissen für Barfußwanderer. Am Ziel, in den Østre Sømarken, locken eine Fischräucherei und ein kurzer Abstecher zum geografischen Knotenpunkt, wo sich Breiten- und Längengrad treffen. Die Badesachen sollten bei dieser Wanderung selbstverständlich ins Gepäck, zurück nach Dueodde geht es mit der Buslinie 8 (nur wenige Verbindungen). **Länge/Dauer:** ca. 8,5 km, ca. 2:30 Std. **Einkehrmöglichkeiten:** in Østre Sømarken **4** (→ S. 175), nach der Rückkehr zum Ausgangspunkt in Dueodde (→ S. 172). **Ausgangspunkt:** Besucherparkplatz von Dueodde (großzügig ausgeschildert).

Wegbeschreibung: Vom Parkplatz Dueodde **1** wählen wir den Strandweg *(„Sti til stranden")* in Richtung Wasser. Der **Holzplankensteg** quert den Dünengürtel. Wenn erstmals die Ostsee ins Blickfeld rückt, gibt es zwei Möglichkeiten: Entweder laufen wir bis zum Meer und halten uns am Sandstrand rechts. In diesem Fall achten wir darauf, nicht versehentlich auf die Nehrung – ein der Küste vorgelagerter, flacher Sandstreifen – zu gelangen, sondern wandern stets am äußersten Rand der Dünen entlang. Im zweiten Fall (wie auf der Karte abgebildet) wenden wir uns auf dem Steg bereits am **Ende der Dünenbepflanzung** **2** nach rechts und queren auf kaum erkennbaren Saumpfaden die Dünen.

Immer wieder fällt der Blick von den erhöhten Dünenkronen aufs Wasser, allerdings muss bei der zweiten Variante hinsichtlich Wegführung hin und wieder etwas improvisiert werden. Wie auch immer, der weitere Verlauf der Tour ist eindeutig: Wenn der **Kieferngürtel** nah ans Wasser rückt, geht es stets hart an der Wasserkante entlang nach Westen.

Nach etwa 45 Min. endet ein weiterer Stichweg am Meer **3**. Wir haben inzwischen den Bereich der **Strandmarken** erreicht. Jenseits eines kleinen Kaps fällt bei klarer Sicht der Blick erstmals auf das Ziel der Wanderung: den kleinen Bootsanleger der

Sand satt zwischen Dueodde und den Sømarken

Østre Sømarken, den wir nach knapp 30 Min. erreichen. Eine familiäre **Fischräucherei** 4 lockt zur Mittagseinkehr, von der rückwärtigen Terrasse fällt der Blick aufs Meer. Wer mag, wandert anschließend auf der schmalen Straße ca. 1 km landeinwärts direkt bis zur Bushaltestelle.

Die reizvollere Alternative ist ein kleiner Schlenker zum geografischen Knotenpunkt Slusegård: In diesem Fall wenden wir uns unmittelbar hinter der Fischräucherei auf der geteerten Stichstraße nach rechts in den **Søvangsvej**. Am letzten Haus setzt sich der Schotterweg als Waldweg fort. In der Folge kümmern wir uns nicht um Abzweigungen, sondern setzen die Gehrichtung nach Osten fort. Schließlich schwenkt der Weg nach links, um ein Ferienhaus anzusteuern. Hier wählen wir den schmalen Waldpfad, der hinunter in ein Tälchen führt und das Flüsschen Øleå auf einem Holzsteg quert. Hinter einem weiteren Steg gelangen wir zu einer restaurierten Wassermühle, der **Slusegård Vandmølle** 5.

Jenseits der Mühle führt der Pfad auf eine mit Heide bewachsene Anhöhe, auf der sich ein Hofgut mit Ausflugscafé befindet. Wegen den vielen Pfade, die durch das Gelände führen, ist in der Folge eine eindeutige Wegbeschreibung schwierig: Am Beginn der Heide 6, in Sichtkontakt zum Meer, halten wir uns halblinks. Der Weg beschreibt einen Bogen

Tour 9: Wanderung an der Südküste

landeinwärts und trifft schließlich zwischen Bauernhof und Küste auf eine Tafel. Daneben ist eine **Denkmalplatte** 7 im Boden eingelassen, die darauf hinweist, dass sich exakt hier der 55. Grad nördlicher Breite und der 15. Grad östlicher Länge treffen. Vom geografischen Knotenpunkt wenden wir uns auf dem breiteren Pfad landeinwärts und gelangen zur Straße 8. Dort halten wir uns rechts und laufen zur nächsten geeigneten Stelle, wo wir einen Bus zurück nach Dueodde per Winkzeichen anhalten können.

Tour 10: Wanderung durch Almindingen – grünes Herz der Insel

Charakteristik: Das großflächige Waldareal ist auf jeden Fall einen Ausflug wert. Diese Rundwanderung erschließt die wichtigsten Sehenswürdigkeiten, u. a. das Ekkodalen (Echotal), die Lilleborg sowie den Rytterknægten, der mit 162 m die höchste Erhebung der Insel ist. Wem die vorgeschlagene Tour zu anstrengend ist, der kann abkürzen und auf alternativen Wegen zum Ausgangspunkt zurückkehren. Der Parkplatz bzw. Kiosk 5 am Eingang zum Ekkodalen ist ebenfalls ein beliebter Ausgangspunkt für Spaziergänge und Wanderungen. **Länge/Dauer:** ca. 12 km, ca. 3–3:30 Std. **Einkehrmöglichkeiten:** Restaurant und Kiosk am Ekkodalen 5 (→ S. 186), Restaurant Christianshøj Kroen 1 (→ S. 187). **Ausgangspunkt/Anfahrt:** Parkplatz Knappedam in der Nähe der Lilleborg; an der Straße von Rønne nach Almindingen, unmittelbar nach der Ruine auf das Hinweisschild achten. Mehrere Buslinien steuern das grüne Herz der Insel von allen Seiten an, am zuverlässigsten ist die Anfahrt mit den Linien 1 und 4.

Wegbeschreibung: Vom Wanderparkplatz 1 starten wir mit dem Rücken zur Straße auf dem leicht abfallenden Schotterweg nach Süden (nach rechts zweigt der Weg Richtung Lilleborg ab). Gleich dabei lassen wir den fast gänzlich zugewachsenen **Græssøen** rechts liegen. Nach 10 Min. treffen wir an einer T-Kreuzung 2 auf den Radweg Nr. 22. Hier wenden wir uns nach links, laufen ca. 30 m auf dem Cycelvej – linker Hand ein großer Picknickplatz –, um beim weißen Haus zur Rechten rechts abzubiegen. Zur Orientierung dient ein gelber Punkt auf einem Stein sowie der Hinweis „Gamleborg".

Die angekündigte „alte Burg" (→ S. 186) erreichen wir nach wenigen Schritten, eine Tafel weist auf das historische Zeugnis aus dem Mittelalter hin. Auf einem Wiesenweg queren wir das weitläufige Areal und verlassen die Anlage durch die Reste des Südtores. Gleich darauf halten wir uns an der Wegkreuzung 3 links und steigen hinunter ins **Ekkodalen**. Am Waldrand ignorieren wir die nach rechts und links abzweigenden Pfade, wandern geradeaus weiter und queren einen Bach. Wenige Schritte hinter der Brücke geht es an einer T-Kreuzung 4 rechts weiter. Der Weg folgt nun dem Talgrund. Bei der nächsten Verzweigung führt unser Weg geradeaus weiter. Wer jedoch eine Einkehrmöglichkeit nebst zugehöriger Infrastruktur benötigt (WC), wendet sich hier nach

links und gelangt auf einen Parkplatz mit Picknickplatz und Kiosk-Restaurant Ekkodalshuset **5**.

Zurück an der Wegverzweigung, geht es nun nach links weiter. Der Talweg passiert nacheinander die berühmte Echo-Stelle und einen Aussichtspunkt. Wieder im Talgrund angekommen, knickt unser Weg nach rechts ab. Wir überqueren den Bach, bevor der Weg in der Folge das Tal verlässt und im Wald steil ansteigt. **Hinweis:** Hier scharf auf die Markierung achten, denn auf den Felsen und Bäumen sind die gelben Punkte nicht immer deutlich zu erkennen! In der Klamm achten wir darauf, die Abzweigung **6** nach links nicht zu verpassen: Eine Treppe zweigt vom Hauptweg ab und erklimmt das obere Ende der Steilwand.

Wir folgen abermals dem Talverlauf, jetzt jedoch oberhalb der Felsen. Ab und an führen schmale Pfade zu Aussichtsplattformen. Nach 15 Min. aufpassen, denn bei einer erst auf den zweiten Blick erkennbaren **Gabelung 7** biegen wir rechts ab. Hier weist ein unscheinbarer Wegweiser auf einem Stein auf das nächste Ziel hin, den „Rytterknægten". Geht man an der Gabelung geradeaus weiter, gelangt man zum Dronningstenen, einem eiszeitlichen Findling, der den kurzen Abstecher

durchaus wert ist. Um zum höchsten Punkt unserer Wanderung (und Bornholms) zu gelangen, steigt der Waldweg in der Folge abermals an, quert den Radweg Nr. 22 Rønne–Nexø und mündet nach 10 Min. auf einen breiten Schotterweg **8**. Diesem folgen wir nach links und gelangen nach wenigen Schritten zum Aussichtsturm, Parkplatz und Kiosk auf dem 162 m hohen **Rytterknægten** **9** (→ S. 186).

Nach der Pause geht es ein kurzes Stück auf der Straßenzufahrt bergab nach Norden. Nach 600 m zweigt am Beginn einer Linkskurve ein Pfad **10** in Gehrichtung ab (Markierung gelber Punkt). In der Folge fällt unser Weg stärker ab, beschreibt einen Linksbogen und quert kurz darauf den **Borgesø** auf einem Holzsteg. Auf dem Hügel zur Rechten ist bereits die Lilleborg, unser nächstes Etappenziel, zu erkennen. Nach einem kurzen Anstieg quert der Pfad eine Mauer und endet in der Burgruine **Lilleborg** (→ S. 186 f.) an einem Picknickplatz **11**.

Wir verlassen die Ruine in Richtung Norden. Gleich darauf, an einer Infotafel zur Burggeschichte, verzweigt sich der Pfad. Wer jetzt genug hat, wendet sich nach rechts und erreicht binnen

Aussichtsturm auf dem Rytterknægten

Kurzem den Ausgangspunkt der Wanderung. Ansonsten geht es links bis zur Straße weiter, der wir ein kurzes Stück nach links folgen, um sie bei der ersten Gelegenheit auf dem rechts abzweigenden Waldweg wieder zu verlassen (gelber Punkt an einem Baum). Nach 5 Min. kreuzt ein breiter Forstweg **12**. Der gelben Markierung folgen wir hier nach rechts auf einem breiten Schotterweg.

Nach weiteren 5 Min. – mit Blick auf einen wundervoll idyllisch gelegenen Teich mit Picknickplatz – zweigt ein Wanderweg links ab (aufgepasst, denn auch die geradeaus verlaufende Route ist hier gelb markiert). Es folgt der vielleicht schönste Abschnitt der Wanderung: Wir halten uns stets im Talgrund eines **Spaltentals,** der nach lang anhaltendem Regen morastig sein kann, und gelangen zu einem weiteren See (Puggekullekær). Dahinter mündet der Pfad, kurz vor einer Dreieckskreuzung, auf einen breiten Weg **13**. Auf diesem halten wir uns rechts, dem gelben Punkt folgend.

Bereits nach wenigen Schritten treffen wir auf einen Stein mit dem Hinweis zum „Rokkestenen" und folgen diesem, indem wir unseren Weg wieder verlassen. Gleich darauf erreichen wir den eiszeitlichen **Findling** und wenden uns anschließend auf dem breiten Forstweg **14** nach rechts. Dieser mündet nach etwa 10–15 Min. in einen weiteren Forstweg **15**, auf dem wir links weiterwandern. Wir queren erneut die Straße und laufen zurück zum Ausgangspunkt **1**.

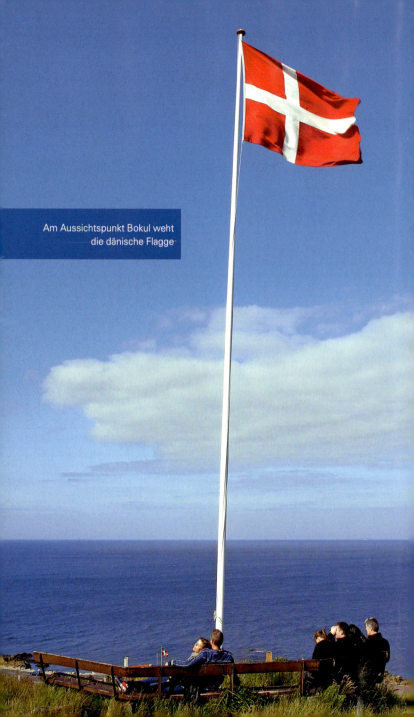
Am Aussichtspunkt Bokul weht die dänische Flagge

Etwas Dänisch

Dänisch gehört zu den skandinavischen und damit germanischen Sprachen, zu denen auch Deutsch und Englisch zählen. Wer Norwegisch oder Schwedisch spricht, wird sich mit dem Dänischen relativ leichttun. Alle anderen können zumindest beim Lesen etwas verstehen, aber wohl kaum beim Hören, denn die **Aussprache** stimmt meist nicht mit dem Schriftbild überein. Hier einige Beispiele:

a	wie a (z. B. „alt": gammel → gaml) oder ä (z. B. „können": kan → kän oder nur kä)
ag	wie ej (z. B. „Freitag": fredag → fredej)
ds	wie s (z. B. „Platz": plads → pläs)
eg/ej/ig	wie aj (z. B. „ich": jeg → jaj; „nein": nej → naj; „dir": dig → daj)
d/g/t	v. a. am Schluss oft verschluckt (z. B. „S-Bahn": S-tog → es-tou; „das": det → de)
h	vor v und j nicht ausgesprochen (z. B. „wer": hvem → wäm)
nd	wie n (z. B. „Wasser": vand → wän)
p	nach s wie b (z. B. „essen": spise → sbise)
tion	wie schon (z. B. „Station": station → staschon)
v	wie w bzw. nach Vokal wie u (z. B. „Hafen": havn → haun)
y	wie ü (z. B. „hell": lys → lüs)

Am schwierigsten empfinden Nicht-Dänen die Aussprache von d nach einem Vokal (z. B. in „Straße": gade), das dann einem Laut zwischen dem englischen th und dem deutschen l ähnelt.

Die im deutschen Alphabet **unbekannten Buchstaben** æ, ø und å werden wie ä (bzw. nach r wie a), ö und o ausgesprochen.

Grammatische Unterschiede zwischen dem Deutschen und Dänischen bestehen v. a. beim grammatischen Geschlecht, beim bestimmten Artikel und bei den Fällen. Das Dänische kennt als grammatische Geschlechter nur Neutrum („et"-Wörter, z. B. et bord = ein Tisch) und Utrum („en"-Wörter, z. B. en stol = ein Stuhl). Stehen „en" und „et" wie in den o. g. Beispielen vor einem Substantiv, stellen sie unbestimmte Artikel dar. Hängen sie dagegen hinten am Substantiv dran, zeigen sie die bestimmte Form an (stolen = der Stuhl, bordet = der Tisch). Die unbestimmte Pluralform wird gebildet, indem man -r oder -er, häufig auch -e oder selten nichts an das Substantiv hängt (værelser = Zimmer, borde = Tische). Die bestimmte Form im Plural entsteht meistens durch ein zusätzlich angehängtes -ne (værelserne = die Zimmer, bordene = die Tische). Eine Voranstellung der bestimmten Artikel „den", „det" und „de" wie im Deutschen kommt nur in Kombination mit Adjektiven vor (den store værelse = das große Zimmer, det store bord = der große Tisch, de store værelse/borde = die großen Zimmer/Tische). Immerhin kennt das Dänische bei der Substantivbeugung nur eine unmarkierte Form und den Genitiv. Letzterer wird durch das Anhängen von -s gebildet.

Achtung: Die Dänen duzen sich fast immer, auch wenn sie sich nicht kennen. Mit dem Chef, der Verkäuferin, sogar mit Politikern ist man in der Regel per Du. Ältere Personen ab etwa 60 Jahren sollte man aber trotzdem mit „De" (Sie) ansprechen.

Elementares

Ja!	Ja!	*Bis bald!*	Vi ses!
Nein!	Nej!	*Mach's gut!*	Hav det godt!
ich	jeg	*Okay!/In Ordnung!*	Det er i orden!
du	du	*Verzeihung!*	Undskyld!
er/sie/es	han/hun/det	*Das macht nichts!*	Det gør ikke noget!
wir	vi	*Wie heißt du?*	Hvad hedder du?
ihr	I	*Mein Name ist …*	Mit navn er …
sie (Pl.)	de	*Wie geht es Ihnen/dir?*	Hvordan har De/du det?
Sie (höfl. Anrede)	De	*Gut, danke! Und Ihnen/dir?*	Fint, tak! Hvad med Dem/dig?
Bitte! (beim Überreichen oder Vorlassen)	Værsgo!	*Das habe ich nicht verstanden.*	Det forstod jeg ikke.
Bitte … (Forderung)	Vær så venlig at …	*Ich spreche. nur wenig Dänisch*	Jeg taler kun lidt dansk.
Danke!	Tak!	*Ich kann kein Dänisch*	Jeg taler ikke dansk.
Vielen Dank!	Mange tak!	*Woher kommen Sie/kommst du?*	Hvor kommer De/du fra?
Tausend Dank!	Tusind tak!	*Ich komme aus Deutschland/ Österreich/ der Schweiz.*	Jeg kommer fra Tyskland/ Østrig/ Svejts.
Gerne!	Det var så lidt! Selv tak! („Selber danke!")	*Ich möchte …*	Jeg vil gerne have …
Hallo!	Hej! Dav!	*Können Sie mir helfen?*	Kan De hjælpe mig?
Guten Morgen!	Godmorgon!	*Hilfe!*	Hjælp!
Guten Tag!	Goddag!		
Guten Abend!	Godaften!		
Gute Nacht!	Godnat!		
Auf Wiedersehen!	Farvel!		
Tschüss!	Hej hej!		

Zahlen

0	nul	11	elleve	22	toogtyve
1	en	12	tolv	30	tredive
2	to	13	tretten	40	fyrre
3	tre	14	fjorten	50	halvtreds
4	fire	15	femten	60	treds
5	fem	16	seksten	70	halvfjerds
6	seks	17	sytten	80	firs
7	syv	18	atten	90	halvfems
8	otte	19	nitten	100	et hundrede
9	ni	20	tyve	1000	et tusind
10	ti	21	enogtyve	1.000.000	en million

Zeitangaben

Montag	mandag	*mittags*	om middagen
Dienstag	tirsdag	*nachmittags*	om eftermiddagen
Mittwoch	onsdag	*abends*	om aftenen
Donnerstag	torsdag	*nachts*	om natten
Freitag	fredag	*Minute*	minut
Samstag	lørdag	*Stunde*	time
Sonntag	søndag	*Tag*	dag
heute	i dag	*Woche*	uge
gestern	igår	*Wochenende*	weekend
vorgestern	i forgårs	*Monat*	måned
morgen	i morgen	*Jahr*	år
übermorgen	i overmorgen	*Wann?*	Hvornår?
jetzt	nu	*Um wie viel Uhr?*	Hvad tid?
später	senere	*Um vier Uhr.*	Klokken fire.
bald	snart	*Viertel nach vier.*	Kvart over fire.
täglich	daglig	*Halb vier.*	Halv fire.
jeden Tag	hver dag	*Viertel vor vier.*	Kvart i fire.
morgens	om morgonen	*vor zehn Minuten*	for ti minutter siden
vormittags	om formiddagen	*in zehn Minuten*	om ti minuter

Unterwegs

Orientierung und Verkehr

Wo ist …?	Hvor er …?
hier	her
dort	der
nach links	til venstre
nach rechts	til højre
geradeaus	lige ud
gegenüber	overfor
weit weg	langt væk
bis	til
Autobahn	motorvej
Brücke	bro
Fußgängerzone	gågade
Gasse	stræde
Kreuzung	kryds
Platz	plads
Sackgasse	blind vej
Straße	gade/vej
Straßenecke	gadehjørne
Ausfahrt	udkørsel
Einfahrt	indkørsel
Grenzübergang	grænseovergang
Abschleppauto	kranvogn
Notrufsäule	nødtelefon
Tankstelle	tankstation
Unfall	ulykke
Gennemkørsel forbudt!	Durchfahrt verboten!
Knallertkørsel forbudt!	Fahrverbot für Mopeds!

Fahrzeugvermietung

Ich möchte für zwei Tage/eine Woche … leihen.	Jeg vil gerne leje … i to dage/ i en uge.
… ein Auto …	… en bil …
… ein Fahrrad …	… en cykel …
… ein Moped …	… en knallert…
… ein Motorrad …	… en motorcykel …
Ausweis	identitetskort
Kreditkarte	kreditkort
Kaution	depositum
Teil-/Vollkasko	delvis/fuld kaskoforsikring
Wochenend- pauschale	fast weekendpris

Flugzeug, Bahn & Co.

Abflug	afrejse
Ankunft	ankomst
Ticket für eine einfache Fahrt/ Hin- und Rückfahrt	enkeltbillet/ returbillet
Mehrfahrtenkarte	stempelkort
Tageskarte	endagsbillet
Wochenkarte	ugekort
Ermäßigung	rabat
Platzreservierung	pladsbillet
Bus	bus
Fähre	færge
Flugzeug	fly
S-Bahn	S-tog
U-Bahn	metro
(Autoreise-)Zug	(bil)tog
Speisewagen	spisevogn
(Haupt-)Bahnhof	(hoved)banegård/station
(Flug-)Hafen	(luft)havn
(Bus-)Haltestelle	(bus)stoppested
(S-/U-Bahn-)Station	(S-tog-/metro)station
Einzel-/Zweibettkabine	enkeltkahyt/dobbeltkahyt
Fahrplan	køreplan
Gepäckausgabe	bagageudlevering
Gleis	spor
Handgepäck	håndbagage
Koffer	kuffert
(Nicht-)Raucher	(ikke)ryger
Wartesaal	ventesal
Entschuldigung, ist dieser Platz frei?	Undskyld, er pladsen ledigt?
Wo muss ich um-/aussteigen?	Hvor skal jeg stige ud/skifte?

Übernachten/Camping

Bauernhof	bondegård
Hotel	hotel
Jugendherberge	ungdomsherberg
Ferienhaus	sommerhus
Badewanne	badekar
Badezimmer	badeværelse
Dusche	brusebad
Einzel-/Doppelzimmer	ene værelse/dobbelt værelse
Fernseher	fjernsyn
Vollpension	helpension
Haustier	husdyr
Handtuch	håndklæde
Küche	køkken
Kühlschrank	køleskab
Frühstück	morgenmad
Schlüssel	nøgle
(Kinder-)Bett	(barne)seng
Bettwäsche	sengetøj
Schlafzimmer	soveværelse
Toilette	toilet
Haben Sie noch Zimmer … frei?	Har de endnu Ledige værelser …?
… für eine Nacht …	… for en nat?
… für zwei Tage …	… for to dage?
… für eine Woche …	… for en uge?
Campingplatz	campingplads
Wohnwagen	campingvogn
Trinkwasser	drikkevand
Gasflaschen	gasflasker
Zelt	telt
Waschräume	vaskerumme
Gibt es hier elektrischen Strom?	Er der tilslutning til el?

Einkaufen, Essen und Trinken

Ich hätte gerne …	Kan jeg få …? Jeg vil gerne have …
… die Speisekarte.	… spisekortet.
essen	spise
trinken	drikke
Salz	salt
Pfeffer	peber
Zucker	sukker

Messer	kniv
Gabel	fork
Löffel	ske
Teller	tallerken

Frühstück (morgenmad)

Brot	brød
Weißbrot	franskbrød
Käse	ost
Roggenbrot	rugbrød
Brötchen	rundstykker
Würstchen	pølser
Aufschnitt	pålæg
Butter	smør

Mittagessen (frokost) und Abendessen (middag/aftensmad)

Tagesgericht	dagens ret
vegetarisches Gericht	vegetarisk ret
Diätkost	diætmad
Ente	and
Spargel	asparges
Beefsteak	engelsk bøf
Fisch	fisk
Fischklößchen	fiskeboller
Gemüse	grøntsager
Gans	gås
Pute	kalkun
Hase	kanin
Huhn	kylling
Fleisch	kød
Lamm	lammekød
Leber	lever
(Brat-)Wurst	(stegt) pølse
(geräucherter) Hering	(røget) sild
belegtes Brot	smørrebrød
Schweinefleisch	svinekød

Desserts (desserter)

Obst	frugt
Kuchen	kage
Sahnetorte	lagkage
rote Grütze mit Sahne	røde med fløde
Blätterteiggebäck	wienerbrød

Getränke (drikkevarer)

Schnaps	akvavit/brændevin/snaps
Orangensaft	appelsinjuice
Weißwein	hvidvin
Kaffee	kaffe
Mineralwasser	mineralvand
Milch	mælk
Rum	rom
Rotwein	rødvin
Apfelsaft	æblemost
Bier (vom Fass)	(fad)øl

Mengenangaben

500 Gramm	fem hundrede gram
1 Kilo	et kilo
2 Stück	to stykker
10 Scheiben	ti skiver
1 Packung	en pakke

Bezahlung

Wie viel kostet das?	Hvad koster det?
Die Rechnung, bitte!	Regningen, tak!
Ich möchte bitte bezahlen.	Jeg vil gerne betale, tak.
Bitte alles zusammen.	Det hele på en regning, tak.
Das stimmt so.	Det passer.

Mit Kindern

Kinderstuhl	børnestol
Wickelraum/-tisch	puslerum/-bord

Sightseeing

Burg	borg
Stadtzentrum	bymidte
Dom	domkirke
Königin	dronning
Altstadt	gamle by
Halle	hal
(botanischer) Garten	(botanisk) have
Kirche	kirke
Friedhof	kirkegård
König	konge

Etwas Dänisch

Dorfkirche	landsbykirke
Denkmal	mindesmærke
(Freilicht-)Museum	(frilands)museum
Rundfahrt	rundtur
Schatzkammer	skatkammer
Schloss	slot
Springbrunnen	springvand
Markt	torv
Ausstellung	udstilling

Baden

Hallenbad	svømmehal
Freibad	friluftsbad
Kinderbecken	børnebassin
Strand	strand
Ich möchte …. mieten/ausleihen	Jeg vil gerne leje …
… ein Boot …	… en båd.
… einen Liegestuhl	… en liggestol.
… einen Sonnenschirm	… en parasol.
… einen Strandkorb	… en strandkurv.
… ein Paar Wasserski	et par vandski.
Kajak	kajak
Ruderboot	robåd
Schlauchboot	gummibåd
Segelboot	sejlbåd
Tretboot	vandcykel
Schnorchel	snorkel
Schwimmflossen	svømmefødder
Schwimmflügel	svømmevinger
Taucherausrüstung	dykkerudstyr
Baden verboten!	Badning forbudt!
Gefährliche Strömung!	Farlig strømning!

Medizinische Versorgung

Mir ist schlecht.	Jeg er dårlig tilpas.
Ich habe …	Jeg har …
… Durchfall.	… diarré.
… Fieber.	… feber.
… Halsschmerzen.	… ondt i halsen.
… Kopfschmerzen.	… hovedpine.
… Zahnschmerzen.	… tandpine.
Ich bin gestochen/ gebissen worden.	Jeg er blevet stukket/bidt.
Ich habe mich verletzt.	Jeg er kommet til skade.
Apotheke mit Nachtdienst	apotek med natåbent
Augenarzt	øjenlæge
Frauenarzt	gynækolog
Hautarzt	hudlæge
Kinderarzt	børnelæge
Zahnarzt	tandlæge

Bank, Post, Polizei

Bank	bank
Geld wechseln	veksle penge
Post	posthus
Brief	brev
Briefkasten	postkasse
Briefmarken	frimærker
Postkarte	postkort
Polizeirevier	politistation
Ich will … anzeigen/ melden.	Jeg vil gerne anmelde …
… einen Diebstahl.	… et tyveri.
… einen Überfall.	… et overfald.
Mir ist … gestohlen worden.	Jeg har fået stjålet …
… meine Handtasche	…min håndtaske.
… meine Brieftasche	…min tegnebog.

MM-Wandern
informativ und punktgenau durch GPS

- für Familien, Einsteiger und Fortgeschrittene
- ausklappbare Übersichtskarte für die Anfahrt
- genaue Weg-Zeit-Höhen-Diagramme
- GPS-kartierte Touren (inkl. Download-Option für GPS-Tracks)
- Ausschnittswanderkarten mit Wegpunkten
- Konkretes zu Wetter, Ausrüstung und Einkehr

Übrigens:
Unsere Wanderführer gibt es auch als App für iPhone™, WindowsPhone™ und Android™

- Allgäuer Alpen
- Andalusien
- Bayerischer Wald
- Chiemgauer Alpen
- Eifel
- Elsass
- Fränkische Schweiz
- Gardasee
- Gomera
- Korsika
- Korsika Fernwanderwege
- Kreta
- Lago Maggiore
- La Palma
- Ligurien
- Madeira
- Mallorca
- Münchner Ausflugsberge
- Östliche Allgäuer Alpen
- Pfälzerwald
- Piemont
- Provence
- Rund um Meran
- Schwäbische Alb
- Sächsische Schweiz
- Sardinien
- Schwarzwald Mitte/Nord
- Schwarzwald Süd
- Sizilien
- Spanischer Jakobsweg
- Teneriffa
- Toscana
- Westliche Allgäuer Alpen
- Zentrale Allgäuer Alpen

Abruzzen • Ägypten • Algarve • Allgäu • Allgäuer Alpen • Altmühltal & Fränk. Seenland • Amsterdam • Andalusien • Andalusien • Apulien • Australien – der Osten • Auvergne & Limousin • Azoren • Bali & Lombok • Barcelona • Bayerischer Wald • Bayerischer Wald • Berlin • Bodensee • Bornholm • Bretagne • Brüssel • Budapest • Chalkidiki • Chiemgauer Alpen • Chios • Cilento • Comer See • Cornwall & Devon • Costa Brava • Costa de la Luz • Côte d'Azur • Cuba • Dolomiten – Südtirol Ost • Dominikanische Republik • Dresden • Dublin • Ecuador • Eifel • Elba • Elsass • Elsass • England • Fehmarn • Föhr & Amrum • Franken • Fränkische Schweiz • Fränkische Schweiz • Friaul-Julisch Venetien • Gardasee • Gardasee • Genferseeregion • Golf von Neapel • Gomera • Gran Canaria • Graubünden • Hamburg • Harz • Haute-Provence • Ibiza • Irland • Island • Istanbul • Istrien • Italien • Span. Jakobsweg • Kalabrien & Basilikata • Kanada – Atlantische Provinzen • Karpathos • Kärnten • Katalonien • Kefalonia & Ithaka • Köln • Kopenhagen • Korfu • Korsika • Korsika Fernwanderwege • Korsika • Kos • Krakau • Kreta • Kreta • Kroatische Inseln & Küstenstädte • Kykladen • Lago Maggiore • La Palma • La Palma • Languedoc-Roussillon • Lanzarote • Lesbos • Ligurien – Italienische Riviera, Genua, Cinque Terre • Ligurien & Cinque Terre • Limnos • Liparische Inseln • Lissabon & Umgebung • Lissabon • London • Lübeck • Madeira • Madeira • Madrid • Mainfranken • Mainz • Mallorca • Mallorca • Malta, Gozo, Comino • Marken • Mecklenburgische Seenplatte • Mecklenburg-Vorpommern • Menorca • Rund um Meran • Midi-Pyrénées • Mittel- und Süddalmatien • Montenegro • Moskau • München • Münchner Ausflugsberge • Naxos • Neuseeland • New York • Niederlande • Norddalmatien • Norderney • Nord- u. Mittelengland • Nord- u. Mittelgriechenland • Nordkroatien – Zagreb & Kvarner Bucht • Nördliche Sporaden – Skiathos, Skopelos, Alonnisos, Skyros • Nordportugal • Nordspanien • Normandie • Norwegen • Nürnberg, Fürth, Erlangen • Oberbayerische Seen • Oberitalien • Oberitalienische Seen • Odenwald mit Bergstraße, Darmstadt, Heidelberg • Ostfriesland & Ostfriesische Inseln • Ostseeküste – Mecklenburg-Vorpommern • Ostseeküste – von Lübeck bis Kiel • Östliche Allgäuer Alpen • Paris • Peloponnes • Pfalz • Pfälzer Wald • Piemont & Aostatal • Piemont • Polnische Ostseeküste • Portugal • Prag • Provence & Côte d'Azur • Provence • Rhodos • Rom • Rügen, Stralsund, Hiddensee • Rumänien • Sächsische Schweiz • Salzburg & Salzkammergut • Samos • Santorini • Sardinien • Sardinien • Schottland • Schwarzwald Mitte/Nord • Schwarzwald Süd • Shanghai • Sinai & Rotes Meer • Sizilien • Sizilien • Slowakei • Slowenien • Spanien • St. Petersburg • Steiermark • Südböhmen • Südengland • Südfrankreich • Südmarokko • Südnorwegen • Südschwarzwald • Südschweden • Südtirol • Südtoscana • Südwestfrankreich • Sylt • Teneriffa • Teneriffa • Tessin • Thassos & Samothraki • Toscana • Toscana • Tschechien • Türkei • Türkei – Lykische Küste • Türkei – Mittelmeerküste • Türkei – Südägäis • Türkische Riviera – Kappadokien • Umbrien • Usedom • Venedig • Venetien • Wachau, Wald- u. Weinviertel • Wales • Warschau • Westböhmen & Bäderdreieck • Westliche Allgäuer Alpen und Kleinwalsertal • Wien • Zakynthos • Zentrale Allgäuer Alpen • Zypern

Reisehandbuch   MM-City   MM-Wandern

Bornholmer Riviera: Täglich grüßt der Pinguin

Register

Åkirkeby 178
Allinge 116
Almindingen 183, 223
Andersen Nexø, Martin (Schriftsteller) 41, 161
Andersen, Hans Schouw (Künstler) 93
Angeln 72
Anreise 46
Arnager 91
Årsdale 152
Ärztliche Versorgung 76
Autovermietung 57

Balka 167
Bautasteine 33, 141, 150, 166
Bildende Kunst 38
Blåskinsdal 106
Blykobbe Plantage (Nordskoven) 90
Boderne 175
Bodilsker 166
Bølshavn 141
Bornholmer Malschule 39

Bornholmerpladsen 124
Bornholms Middelaldercenter (Mittelalterzentrum) 157
Borrelyngen 106

Camping 61
Christensen, Ole (Bildhauer) 128
Christiansø (Ertholmene) 193

Dampe, Jacob Jacobsen (Politiker) 196
Diabas (Geologie) 140
Døndal 123
Dueodde 171

Eintrittspreise 71
Ekkodalen (Echotal) 185
Erbseninseln (Ertholmene) 188
Ertholmene (Erbseninseln) 188
Essen und Trinken 62

Fahrradfahren 74
Fahrzeugpapiere 53
Fauna 22
Feiertage (gesetzliche) 70
Felszeichnungen 33, 120
Ferienhäuser 59
Feste 68
Finanzen 76
Finnedalen 106
Fischräuchereien 62
Fischspezialitäten 64
Flora 22
Frederiksø (Ertholmene) 195
Frokost (Mittagessen) 65
Frühgeschichte 25
Fuglesang Haveparadis (Garten) 154

Gamleborg (Burgruine, Almindingen) 186
Gamleborg (Burgruine, Paradisbakkerne) 154
Geld 76
Geologie 18

Segeljachten im Hafen von Nexø

Register 237

Geschichte 25
Glaskunst 39
Golf 73
Græsholm
 (Ertholmene) 197
Grønbechs Gård 97
Gudhjem 131, 211, 213, 215
Guldgubber 84

Hammer Havn 113
Hammeren
 (Halbinsel) 111, 205
Hammerknuden 111, 205
Hammerodde 112
Hammershus 107
Handwerk (Geschichte) 29
Hansen, Lars (Maler) 125
Hasle 96, 203
Hellig Kvinde
 (Bautasteine) 141
Helligdomsklipperne
 123, 211
Helligpeder 102
Heringsräuchereien 62
Herold, Vilhelm
 (Opernsänger) 97
Høst, Oluf (Maler) 39, 133
Hostels 61
Hotels 60

Ibsker 154
Inoue, Jun-Ichi
 (Bildhauer) 83, 128
Internet 76
Internetseiten 76

Jahnn, Hans Henny
 (Schriftsteller) 30, 43
Joboland (Freizeitpark) 150
Jons Kapel 102
Jugendherbergen 61

Kajakfahren 75
Kartenmaterial 76
Keramikherstellung 40
Kirchen 35
Klemensker 94
Klettern 74
Klima 44
Knudsker 90
Kobbeådalen 140, 215
Krohne, Johann Wilhelm
 Freiherr von (Diplomat
 und Autor) 196

Krølle-Bølle
 (Sagengestalt) 42
Kultur 33, 70
Kunst 33
Kunsthandwerk 39

Læsådalen 182
Ländervorwahlen 76
Landschaft 18
Lilleborg (Burgruine) 186
Listed 142
Literatur 41
Literatur (für die Reise) 76
Louisenlund 150

Madsebakken 120
Märkte 69
Medien 77
Melsted 138
Menhire 33
Mietfahrzeuge 57
Minigolf 73
Mountainbike 74
Museen
 Andersen Nexø Hus 161
 Automobilmuseum 182
 Bornholms
  Kunstmuseum 125
 Bornholms Tekniske
  Samling 106
 DBJ Museum
  (Eisenbahn-
  museum) 162
 Erichsens Gård 85
 Gudhjem Museum 134
 Hjorths Fabrik
  (Keramikmuseum) 85
 Kulturhistorisk
  Museum 86
 Landwirtschaftsmuseum
  Melstedgård 139
 NaturBornholm 181
 Nexø Museum 161
 Oluf Høst Museum 133
 Rønne Fæstning
  (Militärmuseum) 87
 Stenbrudsmuseum
  Moseløkken 120
Musikfestival 69

Nachtleben 68
Neksø (Nexø) 159, 217
Nexø (Neksø) 159, 217

Nordskoven
 (Blykobbe Plantage) 90
Nyker 95
Nylars 92

Ohlendorff, Heinrich
 (Unternehmer) 112
Olsker 126
Öresundregion
 (Metropolregion) 32
Østerlars 156
Østermarie 155
Østre Sømarken 174

Paradisbakkerne 153, 219
Pedersker 177
Pensionen 60
Petroglyphen
 (Ritzzeichnungen) 33
Pflanzen 22
Post 76
Poulsker 176

Randkløve Skår
 (Saltuna) 140
Ravnedalen 106
Reiseliteratur 76
Reisezeit 44
Reiten 74
Restaurants 66
Ringebakker 106
Rispebjerg (eisenzeitl.
 Befestigung) 177
Rø 126
Rø Plantage 157, 213
Rømer, Hans (Förster) 183
Rønne 81, 203
Rønne Fæstning 87
Rønne Plantage 90
Rundflüge 57

Rundkirchen 35
 Nyker 95
 Olsker 126
 Østerlars 156

Runensteine 33, 93, 95, 99
Rutsker 129
Rutsker Højlyng 126
Rytterknægten
 (höchster Berg) 186

Saison auf Bornholm 59
Salomons Kapel 112
Saltuna 140

Leuchtturm auf dem Hammerknuden

Sandkås 121
Sandvig 114
Schade, Georg (Philosoph und Publizist) 196
Schnorcheln 75
Skulpturenpark (Olsker) 71, 128
Slotslyngen 106
Snogebæk 169
Sol over Gudhjem (Fischspezialität) 64
Sommerfuglepark 162
Sorthat 90
Sose Odde (Bucht von Sose) 174
Spaltental 20, 154
Spellinge Mose (Naturschutzgebiet) 126, 213
Sperrnummern (Bankkarten) 77
Sport 72
Sportangeln 72
Stammershalle 123

Storeløkkebakken 120
Strandmarken 173
Surfen 75
Svaneke 143, 217

Tankstellen 53
Tauchen 75
Taxis 57
Teglkås 102
Tejn 122
Telefonieren 77
Theater (Rønne) 86
Tiere 22
Touristeninformationen 77
Trabrennbahn 187
Troldskoven 123
Trolle (Sagen und Legenden) 26, 42

Übernachten 58
Ulfeldt, Leonora Christina (dän. Prinzessin) 108
Unterwegs auf Bornholm 52

Vang 104
Veranstaltungen 68
Verkehrsregeln in Dänemark 53
Vestermarie 94
Vestre Sømarken 174
Vierseithöfe 36
Vorwahlen 76

Wackelstein (Rokkesten) 20
Wandern 74
Wassersport 75
Wassertemperaturen (Ostsee) 45
Wellness 75
Wikingerzeit 27
Wirtschaftsgeschichte 29

Yoga 75

Zeitungen 77
Zweiter Weltkrieg (1939–1945) 30

Die in diesem Reisebuch enthaltenen Informationen wurden vom Autor nach bestem Wissen erstellt und von ihm und dem Verlag mit größtmöglicher Sorgfalt überprüft. Dennoch sind, wie wir im Sinne des Produkthaftungsrechts betonen müssen, inhaltliche Fehler nicht mit letzter Gewissheit auszuschließen. Daher erfolgen die Angaben ohne jegliche Verpflichtung oder Garantie des Autors bzw. des Verlags. Autor und Verlag übernehmen keinerlei Verantwortung bzw. Haftung für mögliche Unstimmigkeiten. Wir bitten um Verständnis und sind jederzeit für Anregungen und Verbesserungsvorschläge dankbar.

ISBN 978-3-95654-193-3
© Copyright Michael Müller Verlag GmbH, Erlangen 2013, 2016. Alle Rechte vorbehalten. Alle Angaben ohne Gewähr. Druck: Phoenix Print GmbH, Würzburg.

Aktuelle Infos zu unseren Titeln, Hintergrundgeschichten zu unseren Reisezielen sowie brandneue Tipps erhalten Sie in unserem regelmäßig erscheinenden Newsletter, den Sie im Internet unter www.michael-mueller-verlag.de kostenlos abonnieren können.

Klimaschutz geht uns alle an.

Der Michael Müller Verlag verweist in seinen Reiseführern auf Betriebe, die regionale und nachhaltig erzeugte Produkte bevorzugen. Ab Januar 2015 gehen wir noch einen großen Schritt weiter und produzieren unsere Bücher klimaneutral. Dies bedeutet: Alle Treibhausgasemissionen, die bei der Produktion der Bücher entstehen, werden durch die Ausgleichszahlung an ein Klimaprojekt von myclimate kompensiert.

Der Michael Müller Verlag unterstützt das Projekt »Kommunales Wiederaufforsten in Nicaragua«. Bis Ende 2016 wird der Verlag in einem 7 ha großen Gebiet (entspricht ca. 10 Fußballfeldern) die Wiederaufforstung ermöglichen. Dadurch werden nicht nur dauerhaft über 2.000 t CO_2 gebunden. Vielmehr werden auch die Lebensbedingungen der lokalen Bevölkerung deutlich verbessert.

In diesem Projekt arbeiten kleinbäuerliche Familien zusammen und forsten ungenutzte Teile ihres Landes wieder auf. Eine vergrößerte Waldfläche wird Wasser durch die trockene Jahreszeit speichern und Überschwemmungen in der Regenzeit minimieren. Bodenerosion wird vorgebeugt, die Erde bleibt fruchtbarer. Mehr über das Projekt unter **www.myclimate.org**

myclimate ist einer der weltweit führenden Anbieter im Bereich der freiwilligen CO_2-Kompensation. myclimate Klimaschutzprojekte erfüllen höchste Qualitätsstandards und vermeiden Treibhausgase, indem fossile Treibstoffe durch alternative Energiequellen ersetzt werden. Das Projekt »Kommunales Wiederaufforsten in Nicaragua« ist zertifiziert von Plan Vivo, einer gemeinnützigen Stiftung, die schon seit über 20 Jahren im Bereich Walderhalt und Wiederaufforstung tätig ist und für höchste Qualitätsstandards sorgt.

www.michael-mueller-verlag.de/klima